मुज्तबा हुसैन के ख़ाके

मुज्तबा हुसैन के ख़ाके

अनुवाद

डॉ. रहील सिद्दीकी

वाणी प्रकाशन

वाणी प्रकाशन
ज्ञान के विविध आयामों के प्रकाशक

वाणी प्रकाशन का 'लोगो' विख्यात चित्रकार मक़बूल फ़िदा हुसेन की कूची से

वाणी प्रकाशन, 4695, 21-ए, दरियागंज, नयी दिल्ली-110002
वाणी प्रकाशन, अशोक राजपथ (पटना कॉलेज के सामने), पटना (बिहार)

MUJTABA HUSAIN KE KHAKE

Translated by Dr. Raheel Siddiqi

Sketches

ISBN : 978-93-5000-209-4

प्रथम संस्करण

मूल्य : 250/-

वाणी प्रकाशन

फोन : 0091#11#23273167, 23275710

फैक्स : 0091#11#23275710

वेबसाइट : www.vaniprakashan.in

ई-मेल : vaniprakashan@gmail.com

vani_prakashan@yahoo.com

आर.टेक ऑफसेट प्रिंटर्स द्वारा दिल्ली-110095 में मुद्रित

अनुक्रम

राजिंदर सिंह बेदी

राजिंदर सिंह बेदी को कौन नहीं जानता। बेदी साहिब भी अपने आपको बहुत अच्छी तरह जानते हैं, जभी तो ख़ुद को 'चोटी' का अदीब कहते हैं और बजा कहते हैं। यक़ीन ना आए तो उन्हें देख लीजिए, वो तो सर ता पा[1] 'चोटी' के अदीब हैं। बेदी साहिब को हमने सन् 1967 में मिज़ाह-निगारों की एक कान्फ्रेंस की सदारत करने के लिए बुलाया था। उनकी आदत है कि कोई काम करने से पहले बहुत सोच-विचार करते हैं। चाहे सोच-विचार से काम बिगड़ ही क्यों न जाए लिहाज़ा वो आदतन सोचते रहे कि मिज़ाह-निगारों की कान्फ्रेंस की सदारत के लिए बुलाने की आखिर वजह क्या है। बहुत सोचा लेकिन कोई माक़ूल वजह उनकी समझ में ना आई। लेकिन इस बीच इत्तिफ़ाक़न उनकी नज़र आईने पर जो पड़ी तो उन्हें आईने में वह 'माकूल वजह' नज़र आ गई! फ़ौरन रज़ामंदी का ख़त लिखा कि मैं उस कान्फ्रेंस में आ रहा हूँ। दरोग़ बरगर्दने रावी[2] बेदी साहिब जब भी किसी मसअले पर सोचने में नाकाम हो जाते हैं तो आईना ज़रूर देख लेते हैं और मिनटों में फैसला कर लेते हैं। इस नुस्खे से हमने भी बारहा फ़ायदा उठाया है। चुनांचे जब भी कोई अहम फैसला करना होता है तो आईना नहीं देखते बल्कि बेदी साहिब की तस्वीर देख लेते हैं।

फिर दिलचस्प बात यह हुई कि उन्होंने कान्फ्रेंस की सदारत क़ुबूल करने का जो ख़त रवाना किया था उसके साथ एक हादिसा पेश आया। यह खत था तो हमारे नाम लेकिन पोस्टमैन ने उसे हमारे घर से चार किलोमीटर दूर रहने वाले एक ऐसे शख़्स के घर में फेंस दिया जिसका नाम तक हमारे नाम से मुशाबेह[3] नहीं था। आज तक यह वजह समझ में ना आ सकी कि बेदी साहिब का ख़त आखिर किस तरह उस शख्स के पास पहुँचा था। वो तो अच्छा हुआ कि उन दिनों हमारी शोहरत चार किलोमीटर की दूरी तक फैल चुकी थी। फिर उस शख़्स ने खत को खोल कर यह पता चला लिया था कि यह ख़त उर्दू के अज़ीमुलमर्तबत[4] अदीब राजिंदर सिंह बेदी का है। सो उसने इस खत को बड़े एहतिमाम[5] के साथ हमारी ख़िदमत में यूँ पेश किया जैसे पुरानी नस्ल नई नस्ल को वर्सा[6] पेश करती है। हमने लिफाफे पर पता

देखा, वो बिल्कुल दुरुस्त था। जब कोई माकूल वजह समझ में ना आई कि यह ख़त हमारे 'महले वुक़ूअ'[7] से चार किलोमीटर दूर कैसे पहुँच गया तो हम ने भी बिलआख़िर आईना देखा। अस्ल वजह तो ख़ैर समझ में नहीं आई लेकिन यह ज़रूर पता चल गया कि बेदी साहिब ने महकमाए डाक की इब्तिदाई मुलाज़मत क्यों छोड़ दी थी।

इस ख़त के चन्द दिन बाद बेदी साहिब ख़ुद बनफ़्से नफ़ीस[8] 'सदारत' करने के लिए हैदराबाद चले आए। इस अंदेशे के तहत कि कहीं बेदी साहिब भी हमसे चार किलोमीटर दूर डिलिवर ना हो जाएँ, हम ख़ुद उन्हें रिसीव करने के लिए हवाई अड्डे पर पहुँचे (दूध का जला छाछ को भी फूँक कर पीता है) उनके साथ यूसुफ नाज़िम भी थे। ग़ालबन इस वजह से बेदी साहिब की शख़्सीयत बड़ी पुरकशिश और जाज़िबे तवज्जोह[9] दिखाई दे रही थी। गर्मी के बावजूद सूट पहन रखा था। सिर पर सलीक़े से पगड़ी बाँधे, होठों पर पान की सुर्खी के अलावा मुस्कुराहट जमाए, अपने दरमियाना क़द को सम्भालते हुए जब वो हमारी तरफ आने लगे तो हम हैरान थे कि इतने बड़े अदीब का किस तरह इस्तिक़्बाल करें। यूँ भी उन दिनों बड़ी शख़्सीयतों को रिसीव करने का हमें कोई ख़ास तज्रिबा नहीं था। आज की तरह मामला नहीं था कि बड़ी से बड़ी शख़्सीयत को मिनटों में 'रिसीव' करके फेंक देते हैं। हमने उनके इस्तिक़्बाल के सिलसिले में कुछ जुम्ले अपने ज़ेहन् में पहले से याद कर रखे थे कि—हम आपके बेहद मम्मून[10] हैं कि आपने अपनी गूनागूँ[11] अदबी और फ़िल्मी मएरूफियात[12] के बावजूद अपना कीमती वक़्त हमें अता किया। और आपने इस कान्फ्रेंस में शिर्कत करके उर्दू तंज़ो-मिज़ाह[13] पर जो एहसान किया है उसे रहती दुनिया तक याद रखा जाएगा। कुछ इस क़िस्म के जुम्ले थे, सोचा था कि पहले ये जुम्ले कहेंगे, फिर वह जुम्ले कहेंगे। और अगर उन्होंने इस जुम्ले का यह जवाब दिया तो फलाँ जुम्ला कहेंगे। यूसुफ नाज़िम ने हमारा तआरूफ़ उनसे कराया तो हमने जुम्ला नम्बर एक कहने की कोशिश की, मगर बेदी साहिब ने छूटते ही एक लतीफा सुना दिया। हम गड़बड़ाकर रह गए। कुछ देर हँसी चलती रही। हमने फिर मौक़े को ग़नीमत जान कर उनका 'इस्तिक़्बाल' करना चाहा, मगर उन्होंने फिर एक लतीफ़ा सुनाकर हमें पसपा[14] कर दिया। चार दिन वो हैदराबाद में रहे, मगर हमें एक भी इस्तिक़्बालिया जुम्ला कहने का मौक़ा ना दिया। नतीजा यह हुआ कि जब वह हैदराबाद से जाने लगे और उन्हें विदा करने का मर्हला आया तो तब भी हमारे दिल में यह ख़लिश रह गई कि ऐ काश! हम बेदी साहिब को रिसीव कर सकते।

बेदी साहिब के साथ मुश्किल यह है कि वो हमेशा ग़ैर रस्मी हालत[15] में रहते हैं! हसरत रह गई कि कभी उन्हीं रस्मी हालत में भी देखा जा सके। तलीफ़े, फड़कदार फ़िक़्रे, जिन्दगी से टूट कर प्यार करने का अछूता अंदाज, खुला दिल, खुला दिमाग़ (पगड़ी के बावजूद), यही बातें बेदी साहिब की शख्सीयत की नुमायाँ खुसूसीयात

हैं। क्या मजाल कि कोई उनकी सुहबत में कोई रस्मी बात या रस्मी जुम्ला कह सके। इसका मतलब यह ना लिया जाए कि वो रोना या दुखी होना जानते ही नहीं। खूब जानते हैं बल्कि ज़रूरत से ज़्यादा जानते हैं। सच तो यह है कि दुख और रंज के मामले में भी वो 'गैर-रस्मी' हैं। उनकी हँसी जितनी बेसाख़्ता होती है उनका दुख भी उतना बेसाख़्ता होता है। उनके इसी दौराए-हैदराबाद की एक याद हमारे ज़ेहन में ताज़ा हो गई। मिज़ाह-निगारों के जलसे में भी तो वो महफिल को ज़ाफ़रान ज़ार बनाते रहे। हद हो गई कि लतीफ़ा गोई की महफिल में भी बढ़-चढ़ कर हिस्सा लिया। मगर दूसरे दिन एक अदबी महफ़िल में उन्होंने अफ़साना सुनाया तो अफ़साना सुनाते-सुनाते अचानक रोने लगे। बेसाख़्ता हँसी तो जगह-जगह देखने को मिल जाती है, मगर ऐसे बेसाख़्ता आँसू कहीं देखने को ना मिले। अफ़साने के आख़िर में तो यह हालत हो गई थी कि अफ़साना कम सुना रहे थे और रो ज़्यादा रहे थे। हमने किसी अफ़साना-निगार को अपने ही अफसाने पर इस तरह रोते हुए नहीं देखा! उनके रोने में एक अजीब रवानी[16] और सलासत[17] थी। आँसू थे कि बेसाख़्ता उमड़े चले आ रहे थे। जलसे के मुंतज़मीन[18] परीशान थे कि उनके रोने को किस तरह रोका जाए। पानी के गिलास पेश किए गए, पंखाँ कुछ और तेज़ चलाया गया मगर बेदी साहिब को किसी तरह क़रार ना आता था। वो चूँकि हमारे मेहमान थे, इसलिए हमारे दिल में यह ख़याल आया कि हम डायस पर जाकर उनसे कहें कि बेदी साहिब अब सब्र कीजिए। जो होना था हो चुका मशीयते एज़्दी[19] को यही मंजूर था आखिर आप कब तक आँसू बहाते रहेंगे। मगर हमारी हिम्मत ना पड़ी क्योंकि उस वक़्त हाज़िरीन भी बेदी साहिब के साथ खुशी-खुशी रोने में मस्रूफ़ थे। जब आदमी ब-रिजाओं रग़्वत[20] रोता है तो उसे रोकना नहीं चाहिए। नफ़्सीयात[21] का यही बुनियादी उसूल है। ख़ुदा-ख़ुदा करके अफ़साना-ख़त्म हुआ तो हमारी जान में जान आई। इनसान होने के नाते हम भी उनके अफसाने के ज़ेरे असर[22] मग़्मूम[23] थे। महफ़िल से निकलकर जाने लगे तो हमने बड़े बोझल दिल के साथ उनके अफ़साने की तारीफ की। इस पर उन्होंने ख़िलाफ़े-तवक़्क़ो[24] एक फड़कदार लतीफा सुना दिया और अपने आँसुओं को पीछे छोड़ कर आतशबाज़ी के अनार की तरह ज़िन्दगी की शिगुफ्तगी[25] में परवाज़ कर गए।

बात दरअसल यह है कि बेदी साहिब हमेशा जज़्बों की सरहद पर रहते हैं और सिकंडों में सरहद को इधर से उधर और उधर से इधर उबूर कर लेते हैं। उन की ज़ात 'झुटपटे का वक़्त' हैं। बरसात के मौसम में आपने कभी यह मंज़र देखा होगा कि एक तरफ़ तो हलकी सी फुहार पड़ रही है और दूसरी तरफ़ आसमान पर धुला-धुलाया सूरज छमाछम चमक रहा है। इस मंज़र को अपने ज़ेहन में ताज़ा कर लीजिए तो समझिए कि आप इस मंज़र में नहीं, बेदी साहिब की शख़्सीयत में दूर तक चले गए हैं। उनकी ज़ात में हर दम सूरज इसी तरह चमकता है और इसी

तरह हलकी सी फुहार पड़ रही होता है। ऐसा मंज़र शाज़ो नादिर[26] ही दिखाई देता है और यह सब कुछ इसलिए होता है कि बेदी साहिब जैसी शख़्सीयत भी इस दुनिया में शाज़ो नादिर ही दिखाई देती है।

उर्दू में एक लफ़्ज़ 'रक़ीकुलक़ल्ब'[27] होता है। हम एक अर्सा से इस लफ़्ज़ को किसी मौज़ूँ[28] शख़्सीयत के लिए इस्तेमाल करना चाहते थे, मगर हमें आज तक ऐसा शख़्स नहीं मिला था। अगर ख़ुदा नाख़्वास्ता बेदी साहिब से हमारी मुलाक़ात ना होती तो हम उर्दूज़ुबान के इस लफ़्ज़ को कभी इस्तेमाल ना कर पाते। सच तो यह है कि हम इस लफ़्ज़ का इम्ला तक भूल चुके थे। अब चुनाँचे इस वक़्त भी 'लुग़ाते किशवरी' को देख कर इस लफ़्ज़ को लिख रहे हैं।

बेदी साहिब से बम्बई और देहली में कई मुलाकातें हुई हैं। हर जगह, हर मक़ाम, हर तूलुलबलद[29] और अर्ज़ुलबलद[30] पर उन्हें यकसा पाया है। जब भी बम्बई जाना होता तो हम पहले यूसुफ़ नाज़िम के हाँ चले जाते जिनके पिछले दफ़्तर और बेदी साहिब के मौजूदा दफ़्तर में Stone's throw distance (पत्थर-फेंक फ़ासिला) है। सन् 1968 में हम पहली बार उनके दफ़्तर 'डाची फिल्मस' गए तो देखा एक छोटे से कमरे में बेदी साहिब बैठे हैं और दफ़्तर में मौजूद लोगों को मिठाई खिला रहे हैं। मिठाई खिलाने की वजह पूछी तो बताया गया कि उनकी फ़िल्म 'दस्तक' की टेरिटरी (Terretory) फ़रोख़्त हो चुकी है। दूसरे साल फिर हम गए तो तब भी मिठाई पेश की गई। फिर वजह पूछी तो बताया गया कि अब दूसरी टेरिटरी फ़रोख्त हुई है। तीसरे साल फिर जाना हुआ तो फिर मिठाई सामने आई, पूछा, "क्या अब तीसरी टेरिटरी फ़रोख़्त हुई?" हँसकर बोले, "नहीं, यह पिछले साल की ही मिठाई है जो बच गई थी, शौक़ से खाइए।"

अपने दफ़्तर में वो फ़िल्मी अदाकारों, फिल्म टेकनीशियनों के दरमियान घिरे बैठे थे। ऐसी ही एक महफ़िल में हँसी-मज़ाक की बातें हो रही थीं कि किसी ने गीताबाली का ज़िक्र छेड़ दिया और बेदी साहब की ज़ात में चमकते सूरज के पसमंज़र में अचानक हल्की सी फुवार बरसने लगी। उन्हें देखकर किसी मासूम बच्चे की याद आ जाती है। जो बयक वक़्त हँसता भी है और रोता भी है।

उनकी फ़िल्मी मसरूफ़ीयत के बारे में हम ज़्यादा नहीं जानते अलबत्ता उनकी फ़िल्में बड़े जौक़ो-शौक़ के साथ एडवांस बुकिंग कराए बग़ैर ज़रूर देखी हैं और यह महसूस किया है कि उनके अदब और उनकी फ़िल्मों में बहुत बड़ा फ़र्क होता है। ख़्वाजा अहमद अब्बास की तरह नहीं कि उनकी फ़िल्म देखिए तो अहसास होता है कि आप ब्लिट्ज़ का आख़िरी सफ़हा पढ़ रहे हैं और ब्लिट्ज़ का आख़िरी सफ़हा देखिए तो लगता है आप उनकी फिल्म पढ़ रहे हैं।

हिंदी के मिज़ाह-निगार रामरिख मनहर ने हमें एक बार बेदी साहिब का एक लतीफ़ा सुनाया था, आपको भी सुनाए देते हैं। बेदी साहिब जब 'दस्तक' बना चुके

तो एक नौजवान उनके पास यह दरख़्वास्त लेकर आया कि वो उसे अपनी किसी फ़िल्म में काम करने का मौक़ा दें। बेदी साहिब बोले, "भई! मैंने अपनी सारी अगली फ़िल्मों की दस साल तक की प्लानिंग कर ली है और सारे अदाकारों का इंतिख़ाब कर लिया है। अब तो मैं तुम्हें कोई मौक़ा नहीं दे सकता। अगर तुम चाहो तो दस साल बाद आकर मुझसे पता कर लेना।"

नौजवान ने वापस जाते हुए कहा, "तब तो ठीक है मैं दस साल बाद फिर आऊँगा, मगर यह बताइए आपसे मिलने के लिए सुबह के वक़्त आऊँ या शाम में।"

वह अपनी ज़ात के बारे में होने वाले मज़ाक को ना सिर्फ़ आम करते थे बल्कि उससे लुत्फ़-अदोज भी हुआ करते थे। यूसुफ़ नाज़िम ने एक बार उनकी फिल्म 'दस्तक' पर तब्सिरा करते हुए बेदी साहिब से कहा, "बेदी साहिब! आपने यह फिल्म सिर्फ़ 'दस तक' क्यों बनाई—बनाना ही था तो ग्यारह तक बनाते, बारह तक बनाते"—बेदी साहिब बहुत मज़ा लेकर यूसुफ नाज़िम का तब्सिरा दोस्तों को सुनाया करते थे। उनकी बातें बहुत दिलचस्प और बेसाख़्ता होती थीं। एक बार देहली की एक महफ़िल में बशीर 'बदर' को कलाम सुनाने के लिए बुलाया गया तो बेदी साहिब ने जो मेरे बराबर बैठे थे, अचानक मेरे कान में कहा, "यार! हमने दरबदर,[31] मुल्कबदर और शहरबदर तो सुना था। यह बशीर बदर क्या होता है।" मैंने ज़ोर से क़हक़हा लगाया तो अचानक यूँ संजीदा बन गए जैसे उन्होंने कुछ कहा ही ना हो।

सरदार 'जाफ़री' के रिसाला 'गुफ़्तगू' के एक शुमारा पर तब्सिरा करते हुए बोले, "इस शुमारा में 'गुफ्त' कम ओर 'गू' ज़्यादा है।" अफ़साना-निगार वाजिदा तबस्सुम का जब भी ज़िक्र करते तो मज़ाक़ में उनका नाम 'वालिदा तबस्सुम' लिया करते थे। उनकी कितनी बातें अब याद आ रही हैं। देहली में एक मुसलमान दोस्त के घर उनकी दावत थी। दावत बहुत पुरतकल्लुफ़ थी। कवाब का एक टुकड़ा मुँह में डालकर उसके ज़ायक़ा की तारीफ़ करते हुए बोले, "भई। मुसलमान का गोश्त बेहद लज़ीज़ होता है।"

सिखों के जितने लतीफ़े उन्हें याद थे, उतने शायद ही किसी को याद हों। अपने हवाले से कहा करते थे, "कि लाहौर में मेरे घर के आगे एक भैंस बँधी रहती थी जिस पर मेरे दोस्तों को एतिराज़ हुआ करता था। एक दिन एक दोस्त ने सख़्ती से एतिराज़ किया तो मैंने कहा, "भई। हिंदू का महबूब जानवर गाय है और मुसलमानों का महबूब जानवर ऊँट है, क्या हम सिखों को अपने महबूब जानवर भैंस को पालने का हक़ नहीं है।"

मुश्किल यह है कि बेदी साहिब खुद अपने बारे में लतीफ़े गढ़ने में मसरूफ़ रहते हैं और फिर ख़ुद ही उन्हें समाज में चला देते हैं।

वो जिन्दगी में यकसानीयत[32] और यकरंगी को बहुत देर तक बरदाश्त नहीं

कर सकते। दो साल पहले की बात है, वो जामिआ मिल्लिया इस्लामिया में 'उर्दू अदब में अस्त्री हिस्सीयत'[33] के मौज़ूअ[34] पर एक सेमिनार में शिर्कत के लिए आए थे। हिंदुस्तान भर के अदीब उस सेमिनार में जमा थे और उर्दू अदब में 'अस्त्री हिस्सीयत' को तलाश करने में जुटे हुए थे। तीन दिन तक कुछ ऐसी संजीदगी के साथ अदब में अस्त्री हिस्सीयत की तलाश जारी रही कि हम जैसे भी बेहिस हो गए। बेदी साहिब को तीन दिन बाद उस सेमिनार का ख़ुत्बाए-सदारत पढ़ना था। बारे ख़ुदा जब उन्होंने खुत्बाए सदारत पढ़ा तो शिगुफ़तगी और लताफ़त के ऐसे दरिया बहा दिए कि सेमिनार की सारी 'अस्त्री हिस्सीयत' उस बहाव में तिनके की तरह बह गई। जो लोग अस्त्री हिस्सीयत से मग़्लूब[35] होकर मुस्कुराने को 'ग़ैर-अस्त्री हिस्सीयत' समझने लगे थे, वो भी कहक़हे लगाने पर मजबूर हो गए।

बेदी साहिब अपने बाग़ों-बहार ख़ुत्बाए सदारत के ज़रीए लोगों के दिमागों से सेमिनार के गर्दो ग़ुबार को साफ़ किया और उन्हें अपनी 'असली अस्त्री हालत' पर ले आए। अगर उस सेमिनार के बाद बेदी साहिब का ख़ुत्बाए-सदारत ना होता तो आज भी बहुत से अदीबों की ज़ातों में यह सेमिनार बदस्तूर मुन्आक़िद होता रहता।

हमें याद है कि उनके इस ख़ुत्बाए सदारत की दाद भी लोगों ने अछूते ढंग से दी। यूँ कहिए कि सचमुच 'अस्त्री दाद' दी। पहले तो लोग बैठकर तालियाँ बजाते रहे। फिर अचानक ना जाने जी में क्या आया कि सब के सब अपनी कुर्सियों से उठकर तालियाँ बजाने लगे। पाँच-सात मिनट तक तो बेदी साहब इस दाद को हँसी-खुशी बरदाश्त करते रहे। लेकिन अचानक उनकी 'अस्त्री हिस्सीयत' जाग उठी और वफ़ूरे जज़्बात[36] से उनकी आँखों में झील सी बह निकली। तब तो लोगों को मज्बूरन अपनी दाद रोकनी पड़ी—

'अनीस' ठेस ना लग जाए आबगीनों[37] को

बेदी साहिब की एक और ख़ूबी या ख़राबी यह है कि वो कभी 'अदब की सियासत' के चक्कर में नहीं रहे। जो कुछ लिखना होता है लिख कर बेतअल्लुक़ हो जाते हैं। लोग उनके अदब को चाहे किसी ख़ाने में रख दें, उससे उन्हें कोई सरोकार नहीं। इस अदा से उन्हें फ़ाएदा पहुँचा है या नुक़्शान, यह उनके नाक़िद[38] जानें।

बेदी साहिब के बारे में मशहूर है कि उनका हाफ़िज़ा ख़ासा कमज़ोर है। वो अपने क़रीबी दोस्तों के नाम भी भूल जाते हैं। इसलिए यूसुफ़ नाज़िम ने बेदी साहिब की शख़्सीयत पर अपने भरपूर मज़्मून में बेदी साहिब के दोस्तों को यह मशविरा दे रखा है कि वह जब भी उनसे मिले तो हिफ़्ज़े मातक़द्दुम[38] के तौर पर अपना नाम ज़रूर बता दें, इसमें दोनों फ़रीकों[40] की आफ़ियत[41] है।

इस मुख्लिसाना[42] मशविरे पर अमल करते हुए जब हमने पिछली बार देहली में बेदी साहिब से मिलन के बाद अपना नाम भी बता दिया तो बोले, "मैं जानता

हूँ आप मुझ पर लिखे गए एक मिज़ाहीया ख़ाके की बिना पर ये हरकत कर रहे हैं जबकि बात ऐसी नहीं है। मेरा हाफ़िज़ा इतना ख़राब नहीं है।" हमने पूछा, "बेदी साहिब। यह ख़ाका किसने लिखा था?" बोले, "इस वक़्त लिखने वाले का नाम याद नहीं आ रहा है।" एक साल पहले यूसुफ़ नाज़िम ने हमें बताया कि बेदी साहिब किसी बात पर हमसे नाराज़ हैं। हमने यूसुफ़ नाज़िम से पूछा, "अगर आप कहें तो मैं बेदी साहिब को ख़त लिख दूँ और अगर वो किसी बात पर ख़फ़ा हों तो माफ़ी माँग लूँ।"

यूसुफ़ नाज़िम बोले, "ख़त लिखने की ज़रूरत नहीं। उनके कमज़ोर हाफ़िज़े पर भरोसा रखो, वो यह बात बहुत जल्द भूल जाएँगे।"

"बेदी साहिब का हाफ़िजा चाहे कितना ख़राब क्यों ना हो, मगर हमारा यह दावा है कि वो कई सदियों तक आने वाली नस्लों के हाफ़िज़े में इसी तरह क़हक़हे लगाते, आँसू बहाते और ज़िन्दगी से टूट कर प्यार करते हुए मौजूद रहेंगे।

(जुलाई, 1978)

राजिंदर सिंह बेदी के इंतिक़ाल की ख़बर अख़्बार में पढ़ी तो ना दिल पर बिजली सी गिरी और ना ही आँखों के आगे अँधेरा छाया जैसा कि बेदी साहिब जैसी बड़ी शख़्सीयतों के इंतिक़ाल[43] पर अमूमन[44] हुआ करता है। वजह इसकी ग़लिबन यह थी कि पिछले पाँच-छह बरसों से बेदी साहिब की ज़िंदगी एक मुसल्सल कशमकश और कर्ब[45] बनकर रह गई थी। फ़ालिज के हमले के बाद बेदी साहिब वो बेदी साहिब बाक़ी नहीं रह गए थे जिन्हें हमने बरसों देखा, सुना और बरता था। बीवी के इंतिक़ाल और फिर अपने जवान बेटे नरेन्द्र बेदी के इंतिक़ाल के बाद तो वो बिल्कुल टूट गए थे।

उनसे मेरी आख़िरी मुलाक़ात दो साल पहले देहली में हुई थी। वो अपने दोस्त सहगल साहिब के घर मुक़ीम थे। मैं उनसे मिलने गया तो बड़ी मुश्किल से सोफ़ा से उठे, गले से लगाया, फिर सोफ़ा पर बैठकर कुछ कहने की कोशिश की। मगर वो शख़्स जो ज़िंदगी भर लफ़्ज़ों का कारोबार करता रहा उसके मुँह से लफ़्ज नहीं निकल पा रहे थे। मैंने उन्हें कुछ बोलने से मना किया तो सोफ़ा पर बैठे चुपचाप अपनी आँखों से आँसू टपकाते रहे। वो बेदी साहिब जिनकी बज़्लासंजी[45] शिगुफ़्तामिज़ाजी[46] और हाज़िर जवाबी की धाक सारे आलम पर बैठी हुई थी, उन्हें इस हालत में देख कर अहसास हुआ कि वक़्त भी अजीब ज़ालिम चीज़ है। कैसी-कैसी अज़ीम इमारतों को ढा देता है। कैसी-कैसी हस्तियों को बुझा देता है। बेदी साहिब जिस महफ़िल में होते वहाँ बुलन्दबाग क़हक़हों का सिलसिला खत्म होने में ना आता था। अब वही बेदी साहिब सामने बैठे ना लतीफ़े सुना रहे थे, ना फ़िक़्रे चुस्त कर रहे थे, ना क़हक़हे लगा रहे थे बल्कि अपनी आँखों से आँसू बहाए चले जा रहे थे।

मुझे याद है कि दो साल पहले देहली की साहित्य अकैडमी में उनके एज़ाज़[47] में एक जल्सा मुन्अक़िद हुआ था। चूकि बोलने में उन्हें दुश्वारी होती थी, इसीलिए अहमद हमेश ने उनका अफ़साना पढ़कर सुनाया था। वो चुपचाप बैठे अफ़साने को यूँ सुनते रहे जैसे उस अफ़साने से उनका कोई तअल्लुक़ ना हो।

बेदी साहिब लिखने के मामले में बहुत एहतिमाम के क़ाइल थे। अफ़साना-निगारी उनके लिए इबादत थी। फ़िल्मी ज़िंदगी में रहने के बावजूद अपने तख़्लीक़ी अदब को फिल्म से दूर रखा। अपने अफ़साने में इतनी तरमीम और इतनी नज़्रे सानी करते थे कि उनकी इस मेहनत पर हैरानी होती थी। वो बिस्यारनवीस नहीं थे, मगर जो भी लिखा वो उर्दू के अदब-आलिया का हिस्सा बन गया। वो कभी अदब की सियासत में नहीं पड़े।

अब जबकि बेदी साहिब हमारे दरमियान नहीं हैं, तो अहसास होता है कि उर्दू अपने एक अज़ीम अफ़साना-निगार से महरूम हो गई। ऐसा क़द्दावर अफ़साना-निगार और ऐसी रंगारंग शख़्सीयत अब उर्दू अदब को शाज़ ही नसीब हो सके। हम लोग इस लिहाज से ख़ुशकिस्मत हैं कि हमने अपनी आँखों से बेदी साहिब को देखा, उन से बातें कीं, उनकी महफ़िलों में शरीक़ रहे।

(नवम्बर, 1984)

संदर्भ

1. सिर से पैर तक, 2. झूठ का गुनाह, बताने वाले के सिर पर होता है, 3. तुल्य, 4. प्रतिष्ठित, 5. ध्यान और मुखता, 6. तका, 7. मकान, 8. स्वयं अपने आप 9. ध्यान आकर्षित व्यक्तित्व, 10. आभारी, 11. भाँति-भाँति की, 12. व्यस्तता, 13. व्यंग्य-हास्य, 14. पराजित, 15. अनौपचारिक दृश्य, 16. भरा हुआ, 17. प्रवाह, 18. प्रबंधक, 19. खुदा की दया, 20. अपनी ख़ुशी व इच्छा से, 21. मनोविज्ञान, 22. प्रभावाधीन, 23. दुखी, 24. आशा के विपरीत, 25. खुशी, 26. दुर्लभ, 27. कोमल हृदय, 28. योग्य, 29. अक्षर-विन्यास, 30. देशांतर रेखा, 31. घर से बाहर, देश से बाहर, 32. समरूपता, 33. सामयिक भावुकता का भाव, 34. विषय, 35. प्रभावित, 36. भावनाओं की अधिकता, 37. प्याले, 38. समालोचक, 39. बचाव जो पहले से किया जाए, 40. पक्ष, 41. हित, 42. सद्भावनापूर्ण, 43. मृत्यु, 44. प्रायः, 45. विनोद भरी बातें, 46. प्रसन्नचित्त, 47. सम्मान।

कृश्न चंदर

कृश्न चंदर के बग़ैर उर्दू अदब पर से पूरा एक साल गुज़र गया। वक़्त भला कभी रुकता है। कृश्न जी की वो मासूम मुस्कुराहट जो उनकी कहानियों की तरह उन ही का हिस्सा थी, पिछले साल कहीं नहीं दिखाई दी। उनकी पहली बरसी पर कितनी ही यादें ज़ेह्‌न में ताज़ा हो रही हैं। वो इतने बड़े अदीब थे, लेकिन अमली ज़िन्दगी में कस्रेनफ़्सी और इन्किसारी[1] के पैकर थे। उनकी इन्किसारी में एक अजीब सा शर्मीलापन था। हर काम करने से पहले शर्माते थे। कोई इनकी तारीफ़ करता तो शर्माते थे, छोटों से मिलते तो शर्माते थे, बड़ों से मिलते तो तब भी शर्माते थे।

उनके एक हाथ पर अंग्रेज़ी में उनका नाम बड़े हुरूफ़[2] में गुदा हआ था, 'KRISHAN CHANDER'। मैंने एक बार मज़ाक़ में उनसे कहा था, "कृश्न भाई। यह आपने अपने हाथ को विज़िटिंग कार्ड क्यों बना रखा है। और फिर यह बताइए कि जब आपका एक हाथ मत्बूआ[3] है तो दूसरे हाथ को क्यों गैर-मत्बूआ रखा है। इस पर भी कुछ लिखिए, बल्कि उर्दू में लिखिए क्योंकि आप तो उर्दू के अदीब हैं, आपके हाथ पर उर्दू को उसका जाएज़ मक़ाम मिलना चाहिए।"

मेरी बात को सुनकर पहले तो जोरदार क़हक़हा लगाया, फिर गंभीर होकर बोले, "हाथ पर अंग्रेज़ी में नाम लिखा हो तो क्या होता है, मेरा हाथ तो उर्दू लिखता है।" उर्दू के मामले में वो फौरन गंभीर हो जाया करते थे।

उनकी एक 'दस्ती विजिटिंग कार्ड' की वजह से एक ज़ोरदार लतीफ़ा भी हुआ था। वो जब देहली आते तो निज़ामुद्दीन के होटल 'राजदूत' में ठहरते थे। एक रात मैं और कृश्न जी होटल के डाइनिंग हाल में पहुँचे तो देखा कि नई नस्ल के कुछ नौजवान काउंटर पर खड़े शराबनोशी में मस्रूफ़ हैं। नौजवान नशे में धुत थे। कृश्न जी काउंटर पर पहुँचे तो एक नौजवान ने क़दरे झुककर उनके हाथ पर गुदा नाम पढ़ा और अपने दो साथियों से सरगोशी के अंदाज में बोला, "दोस्तो! एक कृश्न चंदर तो वो है जिसने गधे की (आत्म कथा) सरगुज़श्त लिखी है और हमारे दरमियान इस वक्त एक ऐसा कृश्न चंदर आया है जो इस आत्मकथा का हीरो है।"

नशा में सरगोशी[4] भी काफ़ी बुलंद हो जाती है। कृश्न जी ने जैसे ही यह जुम्ला सुना बेसाख़्ता क़हक़हा लगाया। प्यार से उस नौजवान के कंधे पर हाथ रख दिया। नौजवान के इस जुम्ले से मेरे तन-बदन में आग-सी लग गई। जी में आया कि उस नौजवान को उसकी बदतमीज़ी का अहसास दिलाया जाए। मगर जब कृश्न जी ने ही अपना दूसरा गाल भी ज़ालिम के आगे पेश कर दिया तो भला मैं क्या कर सकता था। .... मैंने नौजवान से कहा, "बरख़ुरदार! तुम्हें जिस कृश्न चंदर का इंतिज़ार है। वह अभी पैदा नहीं हुआ है। फिलहाल तुम्हारे सामने वही कृश्न चंदर हैं जिन्होंने 'गधे की आत्मकथा' लिखी है।"

नौजवान नशे में तो था ही, यह सुनते ही एहसासे-निदामत के मारे कृश्न जी के क़दमों में झुक गया। यह देखकर उसके दूसरे साथी भी कृश्न जी के क़दम छूने लगे। उनके मना करने के बावजूद ये नौजवान ना सिर्फ़ उनके पैर छूने में मसरूफ़ थे बल्कि इतने में एक ग़ैर-मुतअल्लिक़ शराबी वहाँ से गुज़रा तो वह भी बिला सोचे-समझे कृश्न जी के कदमों में झुक गया। जब चरन छू चुका तो एक हिचकी लेकर बोला, "आख़िर मामला क्या है, इनके चरन क्यों छुए जा रहे हैं? क्या यह कोई महात्मा हैं?" मैंने कहा, "हाँ! हाँ! महात्मा हैं, सचमुच महात्मा। तुम क्या जानो कि यह क्या हैं।"

इस पर वो फिर एक बार कृश्न जी के चरनों में झुक गया और कृश्न जी भी उन शराबियों की हरकतों पर मुस्कुराते रहे। वो ग़ुस्सा जानते ही न थे। ना जाने उनके पास प्यार की इतनी सारी दौलत कहाँ से आ गई थी। हर एक की झोली प्यार से भर देते थे।

खाने के वो बड़े शौक़ीन थे। चटपटी चीज़े तो बहुत शौक से खाते थे। सन् 1968 की बात है, उनके क़ल्ब[5] पर पहले हमले के बाद डॉक्टर ने उन्हें मसालेदार और चिकनी चीज़ें खाने से मना कर दिया था। सलमा आपा (सलमा सिदीक़ी) उन पर कड़ी निगरानी रखती थीं कि यह कहीं कुछ खा न लें। उन दिनों वह खार के 'गुरु निवास' वाले मकान में रहते थे। डॉक्टर ने उन्हें चहलक़दमी करने की इजाज़त दे दी थी। मैं उनसे मिलने पहुँचा, तो सलमा आपा से इजाज़त लेकर मेरे साथ चहलक़दमी के इरादे से सड़क पर निकले। मैंने सोचा था कि यह एक-आध फ़र्लांग की चहलक़दमी के बाद वापस आएँगे। अपने घर के सामने की सारी सड़क उबूर[6] की, दूसरी सड़क पर मुड़कर दूर कुछ देखा। अपनी जेब में कुछ तलाश किया, फिर मुझसे बोले, "तुम्हारे पास एक रुपया है?"

मैंने कहा, "कृश्न जी, भला एक रुपए की क्या बात है?" यह सुनते ही अपनी चहलक़दमी को तेज़ करके सड़क पर खड़े हुए एक ठेले के पास पहुँचे जहाँ गर्म-गर्म पकौड़े तलकर बेचे जा रहे थे और उन्होंने मशीन की सी तेजी के साथ पकौड़े खाने शुरू कर दिए। उस वक्त उनके चेहरे पर अजीबोग़रीब मासूमियत खेल रही थी।

मैंने ऐसी मासूमियत किसी बड़े अदीब के चेहरे पर कभी नहीं देखी। जब खा चुके तो मुझसे कहा, "तुम भी खाना चाहो तो खा लेना, बहुत अच्छे बने हुए हैं।"

मुझे उनकी सादगी पर हँसी आ गई। वापसी पर बोले, "ख़बरदार! सलमा को नहीं बताना। ये औरतें तो यूँ ही परेशान रहती हैं। और हाँ बम्बई में कितने दिन ठहरोगे? जब तक रहो शाम में चहलक़दमी के लिए यहाँ चले आना।"

मेहमाननवाज़ी उनका महबूब मशग़ला[7] था कोई मिलने जाता तो उसके सामने फलों की प्लेटें रखकर खुद फलों को काटने में मसरूफ़ हो जाते थे। सेब ऐसी नफ़ासत में काटते थे कि एक जगह चाकू लगा देते तो सारे छिलके 'बयक जुंबिशे क़लम उतार'[8] देते थे। उनको सेब काटते देखना भी एक अनोखी मसर्रत थी। वो एक सेब काट लेते तो जी कहने को चाहता था "सुबहान अल्लाह, मर्हबा, कुकर्रर[9] इर्शाद हो! क्या-फ़साहत[10] है, क्या बलाग़त[11] है।"

तंज़ोमिज़ाह-निगार की हैसियत से कृश्न जी का रुतबा बहुत बुलंद था इसलिए ज़िंदगी में कहीं भी कोई मिज़ाहीया[12] सूरतेहाल दिखाई देती तो वह उनसे बड़ी दिलचस्पी लिया करते थे। सन् 1966 में जब वह मिज़ाह-निगारों की कुलहिंद कान्फ्रेंस की सदारत करने के लिए हैदराबाद आए तो हम लोगों ने अमली मज़ाक़ के तौर पर सोचा कि उन्हें हैदराबाद के मशहूर मिज़ाह-निगार हिमायतुल्लाह की 'मिज़ाहीया मोटर' में बिठाया जाए। उस पच्चास साला पुरानी मिज़ाहीया मोटर की ख़ूबी यह थी कि उसकी कोई छत नहीं थी। पहिए अलबत्ता थे। सीटें भी कहीं थीं और कहीं नहीं थीं। उस मोटर को बयकवक़्त तीन-चार ड्राइवर मिलकर चलाते थे। एक के हाथ में ब्रेक होता, दूसरे के हाथ में स्टीयरिंग व्हील, तीसरे के पाँव में एक्सीलरेटर और चौथे के हाथ में हार्न। मैंने कृश्न जी से कहा, "कृश्न जी! हम एशिया के अज़ीम अफ़साना-निगार को एशिया की सबसे घटिया मोटर में बिठाकर जल्सागाह में पहुँचाना चाहते हैं।"

हँसकर बोले, "इस मोटर के वसीले से अगर तुम लोग मुझे एशिया का अज़ीम अफ़साना-निगार मानना चाहते हो तो चलो यह ख़तरा भी मोल ले लेते हैं।"

कृश्न जी, सलमा सिद्दीक़ी और यूसुफ़ नाज़िम उस मोटर में बैठ गए। बाक़ी जितने लोग थे वो सब के सब ड्राइवर बन गए। कोई डिप्टी ड्राइवर था, कोई असिस्टेंट ड्राइवर था। और एक तो 'महाचालक' भी था। कृश्न जी उस मोटर में बैठ कर इतने ख़ुश हुए कि बड़ी देर तक उनके चेहरे पर वह खुशी दमकती रही।

कृश्न जी आख़िरी ज़माने में देहली आने से घबराने लगे थे। कहते थे एक बार आया तो भांजा एक हादिसा में चल बसा। दूसरी बार आया तो महिन्दर नाथ गुज़र गए। तीसरी बार आया तो सरला देवी चली गईं। आख़िरी मर्तबा तो जुलाई, 1976 में एक हफ़्ता के लिए देहली आए थे। यूँ तो रोज़ ही मिलते थे, लेकिन 6 जुलाई को दोपहर में मुझसे कहा, "मैं चाहता हूँ कि आज तुम मेरी तरफ से अपने दोस्तों को 'राजदूत' में रात के खाने पर बुलाओ।" वक़्त बहुत कम था। मैं, फ़िक्र

तौंसवी और डॉक्टर गोपीचंद नारंग उनके पास पहुँचे। उनके छोटे भाई ओम भी थे। बस यही आख़िरी मुलाक़ात थी। क़ल्ब पर दो शदीद हमलों के बावजूद ज़िंदगी से सरशार थे, उनका इरादा एक अंग्रेज़ी रिसाला निकालने का था। कहते थे, ''मैं तुम लोगों की चीज़ें अंग्रेज़ी में छापूँगा।''

मार्च 1977 में जब उनके क़ल्ब पर चौथा हमला हुआ, उससे एक हफ़्ता पहले उनका एक ख़त मिला था। क़ल्ब पर पै ब पै[13] हमलों के बावजूद वो ज़िंदगी से मायूस नहीं हुए थे। उनमें जीने का कितना हौसला था! हमने ऐसे अदीब भी देखे हैं, जिन्हें छींक भी आती है, तो वसीयतनामे लिखने को दौड़ते हैं, अहबाब को जमा करते हैं, बीवियों की चूड़ियो को हस्रत की निगाह से देखते हैं। ख़ुद अपने ताज़ियती[14] जल्सों का ख़ाका तैयार कराते हैं।

कृश्न जी ने आख़िरी साँस तक पुराने दोस्तों से कभी मौत की बात नहीं की। उन्हें अपनी मौत की बात करने की ज़रूरत भी नहीं थी क्योंकि कृश्न जी ने अपने क़लम के ज़रिए सदा ज़िंदा रहने का एहतिमाम कर लिया था। वो कृश्न चंदर जो हमारा शऊर है, हमारा ज़ेहन है और कृश्न चंदर का वो बाँकपन जो हिंदुस्तानी अदब का हिस्सा बन चुका है भला कहीं मर सकता है। कृश्न जी ना सिर्फ़ आने वाले बरसों में बल्कि आने वाली सदियों में भी जिंदा रहेंगे। वो अब हमारे अदब के उफ़ुक़[15] पर एक क़ौसे क़ुज़ह[16] की तरह तन गए हैं और उस क़ौसे क़ुज़ह के नीचे से अदब के कारवां गुज़रते रहेंगे।

(मार्च, 1978)

संदर्भ

1. विनम्रता, 2. अक्षरों, 3. मुद्रित, 4. धीमे से बोलना, 5. दिल, 6. यार, 7. प्यारा काम, 8. लेखनी, 9. पुनः, 10. सादगी, 11. अलंकार युक्त भाषा, 12. हास्यपूर्ण, 13. बार-बार, 14. मृत्यु के शोक पर आयोजित, 15. क्षितिज, 16. इन्द्रधनुष।

सज्जाद ज़हीर

जब मैं छोटा था तो मेरे दो बड़े भाई इब्राहीम 'जलीस' और महबूब हुसेन 'जिगर' किसी बन्ने भाई के बारे में आपस में अक्सर बातचीत किया करते थे। बन्ने भाई यह कह रहे हैं, बन्ने भाई वो कह रहे हैं, बन्ने भाई ऐसे हैं, बन्ने भाई वैसे हैं। और मैं सोचता कि यह बन्ने भाई भी बड़े अजीबोग़रीब आदमी हैं कि खानदान में इनका इतना ज़िक्र होता है लेकिन यह ख़ानदान से इतने बेतअल्लुक़ रहते हैं कि कभी पलटकर नहीं पूछते कि हम लोग किस हाल में हैं।

फिर जब मैंने ज़रा होश सँभाला तो पता चला कि यह बन्ने भाई अस्ल में अदब के बन्ने भाई हैं। सियासत और समाज में 'भई-बंदी' का रोना तो एक मामूल है। लेकिन अदब में यह अनोखी बात थी। मेरा ख़याल है कि उर्दू जुबान के सिवाय दुनिया की किसी और जुबान को 'बन्ने भाई' की तरह ऐसा 'भाई' नसी बना हो सका जो सारे अदीबों को एक ही ख़ानदान का फ़र्द[1] समझता हो।

मुझे याद है कि उन दिनों बन्ने भाई, फ़ैज़, मख्दूम, सरदार जाफ़री और कृश्न चंदर की तह्रीरो[2] ने हम सब पर कुछ ऐसा जादू किया था कि हम हर दम 'इन्क़िलाब' की आमद के मुंतज़िर रहते। एक ऐसी सरशारी थी कि दरवाज़े पर कोई दस्तक भी देता तो गुमान होता था कि यह दस्तक इन्क़िलाब की है–

पत्तियाँ खड़कीं तो यह समझा कि लो आप आ ही गए। इन्क़िलाब को देखने की आस में हम लोग अलस्सुबह नींद से बेदार हो जाया करते थे। बरसों इसी बेचैनी और इंतिज़ार में गुज़रे, इन्क़िलाब तो ना आया अलबत्ता अलस्सुबह[3] बेदार होने की आदत पड़ गई।

बन्ने भाई के बारे में इतना कुछ पढ़ रखा था कि उन्हें देखने की बड़ी तमन्ना थी। उन्हें पहले-पहल हैदराबाद के एक अदबी-जल्से में देखा। जब तक़रीर के लिए उनका नाम पुकारा गया तो वो हाज़िरीन के सामने वाली क़तार में से उठकर यूँ सुबुक ख़रामी[4] के साथ माइक पर आए कि उन्हें देखने की सारी आरज़ू का सत्यानाश हो गया। उनके चलने में ऐसी नर्मी, आहिस्तगी, ठहराव और धीमापन था कि एकबारगी

मुझे यह वजह समझ में आ गई कि हमारे मुल्क में इन्क़िलाब के आने में इतनी देर क्यों हो रही है। इन्क़िलाब का तसव्वुर हमारे ज़ेहन में यह था कि उसे सरासर आग, सरासर शोला, सरासर हरकत और सरासर तेज़ी होना चाहिए। यक़ीन ही ना आया कि यह वही बन्ने भाई हैं जिनसे हुकूमत-ख़ाइफ़[5] है। फिर हुकूमत पर भी तरस आया कि यह कैसी-कैसी मासूम और बेज़ार शख़्सियतों से ख़ौफ़ज़दा रहती है।

उस दिन बन्ने भाई ने क्या तक़रीर की यह मुझे याद नहीं, क्योंकि उनकी तक़रीर भी उनकी चाल की तरह थी, रुकती, ठहरती और सँभलती हुई, मगर रुकने-ठहरने और सँभलने के दौरान में जब-जब बन्ने भाई मुस्कुरा देते थे तो उनकी तक़रीर में बड़ी जान पैदा होती थी। उस दिन पहली बार एहसास हुआ कि बाज़ मुस्कुराहटें अपने अन्दर तहरीरो तक़रीर से कहीं ज़्यादा इज़्हार की सलाहियतें रखती हैं। बन्ने भाई की मुस्कुराहट में इतनी ज़बरदस्त कब्वते गोयाई[6] थी कि वो सिर्फ़ मुस्कुरा देते तो लफ़्ज़ों मानी[7] के दफ़्तर खुल जाते थे। मुस्कुराहट क्या थी, अच्छी-ख़ासी डिक्शनरी थी। यह मुस्कुराहट बजाय-ख़ुद एक ज़ुबान थी, एक रस्मुलख़त[8] थी। इस मुस्कुराहट के रस्मुलख़त को सिर्फ़ वही लोग पढ़ सकते थे जो लतीफ़ जज़्बों का कारोबार करना जानते हैं।

मोनालिज़ा की शोहाए आफ़ाक़[9] मुस्कुराहट के बाद अगर किसी मुस्कुराहट ने मुझे मसहूर[10] किया तो यह बन्ने भाई की मुस्कुराहट थी। उन दोनों की मुस्कुराहट में फ़र्क़ सिर्फ इतना है कि ल्योनार्डो दा विंसी ने मोनालिज़ा की मुस्कुराहट को कैनवस पर क़ैद कर लिया था जबकि बन्ने भाई की मुस्कुराहट फैल कर एक अक़ीदा, एक नज़रिया और एक तहरीक बन गई। और फिर यह मुस्कुराहट हमारे अदब, हमारे ज़ेहन, हमारे एहसास और हमारी फ़िक्र का एक अटूट हिस्सा बन गई। मुझे तो बाज़ औक़ात पूरी तरक़्क़ी पसंद तहरीक के पीछे बन्ने भाई की मुस्कुराहट की कारफ़र्माई जल्वागर दिखाई देती है।

बन्ने भाई बहुत बड़े अदीब थे, लेकिन उनकी मुस्कुराहट उनके अदब से भी बड़ी थी। अगर उनके पास दिलों में उतर जाने वाली मुस्कुराहट न होती तो शायद बन्ने भाई इतनी बड़ी तहरीक न चलाते।

बन्ने भाई की मुस्कुराहट की खूबी यह थी कि उसके बेशुमार पहलू और बेशुमार रंग थे। ऐसा तनव्वो था कि हर बार उनकी मुस्कुराहट पिछली मुस्कुराहटों से अलग मालूम होती थी। कभी यह मुस्कुराहट मासूमियत का लिबास पहन लेती, कभी यह सरासर शफ़क़त बन जाती, कभी मुहब्बत, कभी अज़्म, कभी हौसला, कभी नर्मी, कभी शाइस्तगी, कभी अक़ीदा, कभी तंज़ और कभी-कभी तो यह मुस्कुराहट सरासर दर्दो क़र्ब तक का रूप धारण कर लेती थी। बन्ने भाई की मुस्कुराहट के कितने रूप गिनाऊँ।

मैं अक्सर मज़ाक़ में कहा करता, बन्ने भाई की मुस्कुराहट कभी ख़ालिस नहीं होती। इसमें हमेशा किसी न किसी जज़्बे की मिलावट होती है। यही वजह है कि बन्ने भाई कम बोलते हैं, मगर उनकी मुस्कुराहट ज़्यादा बोलती है। इसी मुस्कुराहट के धागे से बँधकर मैं बन्ने भाई के क़रीब हुआ था। सन् 1966 ई. में मैं उनसे पहली बार मिला था। छोटों की हिम्मत अफ्ज़ाई के लिए उनके पास एक अलग सी मुस्कुराहट होती थी। यह मुस्कुराहट उस फ़र्क़ को पाट देती थी जो उनके और छोटों के दरमियान होता था। वह हमेशा इस मुस्कुराहट के ज़रिए मेरी हिम्मत-अफ़्ज़ाई करते रहे। वो मुझे इतना अज़ीज़ रखते थे कि लगता था वो शायद किसी और को इतना अज़ीज़ न रखते हों। मगर बात ऐसी न थी वो अज़ीज़ रखने के मामले में भी मुसावात के क़ाइल थे। हर शख़्स को यूँ महसूस होता था जैसे बन्ने भाई उसे सबसे ज़्यादा अज़ीज़ रखते हैं।

फिर मेरे बचपन के दोस्त अली बाक़िर जब उनके दामाद बने तो उनकी हिम्मत-अफ़्ज़ाई वाली मुस्कुराहट में मेरे लिए कुछ और गहराई आ गई। मुझे याद है, एक बार बन्ने भाई हैदराबाद आए हुए थे। अली बाक़िर को एक जल्से में मज़मून पढ़ना था। जल्से के कन्वेनर की हैसियत से मुझे अली बाक़िर का तआरूफ़ कराना था। मैंने अली बाक़िर के तआरूफ़ के सिलसिले में और बहुत-सी बातें कहने के इलावा यह भी कह दिया कि अली बाक़िर का एक तआरूफ़ यह भी है कि ये हम सबके बन्ने भाई के दामाद हैं और इस खुशफ़हमी में मुब्तला हैं कि इनके बन्ने भाई के दामाद बनने की वजह से बन्ने भाई की शोहरत में इज़ाफ़ा हो रहा है।

इस जुम्ले पर लोगों को हँसना तो था ही, लेकिन बन्ने भाई कुछ इस तरह मुस्कुराए कि यूँ लगा जैसे आसमान पर क़ौसे क़ुज़ह सी तन गई हो।

सन् 1972 में जब मैं देहली आया तो बन्ने भाई को और भी क़रीब से देखने का मौक़ा मिला। कई अदबी जल्सों में यूँ भी होता कि बाज़ नौजवान अदीब उन पर सख़्त एतिराज़ात करते, शदीद हमले करते मगर बन्ने भाई हर एतिराज़ को अपनी मुस्कुराहट के साथ सुनते और फिर उसी मुस्कुराहट के साथ उनका जवाब भी देते थे। मुझे यकीन है कि बन्ने भाई को शायद ही किसी ने ग़ुस्सा की हालत में देखा हो। वो ग़ुस्सा करने के गुर से वाक़िफ ही नहीं थे। ज़रा सोचिए कि वो कितनी बड़ी नेमत से महरूम थे, क्योंकि एक इन्क़िलाबी के लिए ग़ुस्सा के बग़ैर जिंदगी को बरतना ऐसा ही था जैसे एक भूखे शेर के सामने एक निहत्थे आदमी को छोड़ना लेकिन इसके बावजूद बन्ने भाई भूखे शेरों पर काबू पा लेते थे।

सन् 1972 की सर्दियों में एक बार उन्होंने मुझे और आमिना अबुलहसन को अपने यहाँ रात के खाने पर बुलाया। आमिना अबुलहसन के साथ उनकी नौज़ायदा बच्ची नीलोफर भी थी। खाने से पहले जब बन्ने भाई ने पीना शुरू किया तो बोले, "भाई आमिना, आज हम तुम्हारी बच्ची को 'Baptise' करेंगे। इसे सर्दी लग रही

होगी।" इसके बाद उन्होंने व्हिस्की का एक क़त्रा नीलोफर के मुँह में डाला उसने व्हिस्की के तल्ख़ ज़ाइके के जवाब में जब अपने होंठ सिकोड़ लिए तो बन्ने भाई के होठों पर बच्चों की सी मुस्कुराहट फैल गई। फिर वो ना जाने कितनी देर तक उस बच्ची को ख़ुश करने और हँसाने की कोशिश में लगे रहे। यूँ लगा जैसे उस रात की अस्ल मेहमान वही बच्ची थी। मैंने रज़िया आपा से कहा, "रज़िया आपा! बन्ने भाई तो नौज़ायदा[11] बच्चे तक की हिम्मत-अफ़्जाई करने से नहीं चूकते।" उस रात पता चला कि छोटे बच्चे बन्ने भाई की कितनी बड़ी कमज़ोरी थे।

बन्ने भाई अपनी शख्सी ज़िन्दगी में बड़े मुहतात[12] और मोतदिल[13] वाक़े हुए थे। इस लिहाज़ से रज़िया आपा खुशक़िस्मत हैं कि उन्हें कभी बन्ने भाई को इस तरह सिधाना नहीं पड़ा जिस तरह दीगर शाइरों और अदीबों की बीवियाँ अपने शौहरों को सिधाती हैं। सिधा-सिधाया शौहर किसे मिलता है।

बन्ने भाई जब अपनी आख़िरी रूस-यात्रा पर जाने लगे तो दो दिन पहले मुझे अपने साथ घर ले गए। बड़ी देर तक इधर-उधर की बातें करते रहे। फिर बोले, "दिल्ली में तुम्हें कोई तकलीफ़ तो नहीं है?" वो हर चंद दिनों के बाद मुझसे यह सवाल पूछ लिया करते थे। उस दिन मैंने अपनी एक परेशानी का ज़िक्र किया तो बोले, "मैं मास्को से आ लूँ तो मिलना, तुम्हारे मसअले का कोई न कोई हल निकालेंगे।"

फिर वो मास्को चले गए। जब वो मास्को में थे हम चंद अहबाब ने ग़ालिब अकैडमी में मिज़ाह-निगारों के साथ एक शाम के उन्वान से एक महफ़िल मुन्अक़िद की और रज़िया आपा से ख़्वाहिश की कि वे इस महफ़िल में बन्ने भाई पर उनका लिखा हुआ ख़ाका पढ़ें। रज़िया आपा ने यह ख़ाका पढ़ा। उनके एक-एक जुम्ले पर महफ़िल ज़ाफ़रानज़ार बन गई। ख़ाका में रज़िया आपा ने एक जगह लिखा था।

> *"सज्जाद ज़हीर जब घर से निकलते हैं तो उनके घर लौटने का कोई वक़्त मुक़र्रर नहीं होता। कभी सरेशाम आ जाएँगे और कभी देर रात गए। एक बार यह घर से ऐसे गए कि पाँच-छह साल बाद लौटे।"*

(पाँच-छः साल बाद लौटने की बात रज़िया आपा ने उनकी पाकिस्तान यात्रा के पसमंज़र में कही थी) इस बात पर सामिईन ने फलक-शिगाफ़ क़हक़हे बुलंद किए। इस महफ़िल के बाद एक हफ़्ता भी नहीं गुज़रा था कि यह इत्तिला आई कि बन्ने भाई अब की बार कभी न लौट आने के लिए घर से गए थे। फिर उनकी नाश[14] जब आख़िरी दीदार के लिए विडंस पैलेस में रखी गई तो मैंने सोचा कि अब की बार आँखें बन्ने भाई की दिलकश और दिलफेंक मुस्कुराहट को देखने से महरूम रह जाएँगी। मगर ज़ब मैं उनकी नाश के क़रीब पहुँचा तो देखा कि फूलों के ढेर में उनके होंठ तब भी मुस्कुरा रहे थे। मौत ने बन्ने भाई का सब कुछ छीन लिया था लेकिन उनकी

मुस्कुराहट मौत की ज़द से परे थी। यह बड़ी अजीबोग़रीब मुस्कुराहट थी। बड़ी अटल, बड़ी-मुस्तह्कम[15] अज़्म वाली और रासिख़ुल अक़ीदा[16] मुस्कुराहट। जैसे यह मुस्कुराहट बन्ने भाई की सारी जिंदगी का निचोड़ थी, उनका अक़ीदा था, उनका नज़रिया था। मैं उस हैरानकुन मुस्कुराहट को यूँ देखता रहा जैसे उस मुस्कुराहट को हर्फ-ब-हर्फ़ पढ़ना चाहता हूँ। यह कैसी मुस्कुराहट है आख़िर?—मैं सोचने लगा, क़दीम वह्शी इंसान के ग़ैर-मुहज़्ज़ब और बेहंगम क़हक़हे से लेकर बन्ने भाई की मुस्कुराहट तक इनसानी तहज़ीब ने जो नशीबों फ़राज़[17] देखे हैं और जो आगही[18] हासिल की है वह आगही अस्ल में बन्ने भाई की मुस्कुराहट समुंदर की एक लहर की तरह दिखाई दी जो हरदम आगे ही आगे बढ़ती जाती है। वो मुस्कुराहट जो कैनवस या होठों में क़ैद होना नहीं जानती बल्कि हरदम ज़िंदगी की खुशगवारी, जद्दोजहद[19] और अमल का हिस्सा बनना जानती है।

संदर्भ

1. आदमी, 2. लेख, 3. तड़के, 4. धीमी चाल, 5. भयभीत, 6. बोलने की शक्ति, 7. शब्दार्थ, 8. लिपि, 9. विश्वप्रसिद्ध, 10. मंत्रमुग्ध, 11. नवजात, 12. सावधान, 13. संतुलित, 14. सब्र, 15. दृढ़, 16. दृढ़ विश्वास वाला, 17. ऊँचा-नीचा, 18. ज्ञान, 19. संघर्ष।

फ़ैज़ अहमद 'फ़ैज़'

दो साल पहले की बात है, में लंदन से पेरिस जाने के लिए विक्टोरिया स्टेशन के सामने एक बस में सवार हुआ तो एक अंग्रेज़ लड़की मेरे बराबर आ कर बैठ गई! अंग्रेज़ों से मुश्किल यह है कि वो सफ़र में अपने साथी मुसाफ़िरों से उनके बाल बच्चों का हाल पूछना तो दूर की बात है, उनकी तादाद के बारे में भी नहीं पूछते! अपने साथी मुसाफ़िर की तालीम उसके पेशे वगैरा से मुतअल्लिक[1] तफ़सीलात को जान कर अपनी मालूमाते आमा[2] में इज़ाफ़[3] करने से भी उन्हें दिलचस्पी नहीं होती। मुसाफ़िर के इलाके में प्याज का भाव क्या है, यह जानने की भी तमीज़ नहीं होती। सो यह लड़की भी बहुत दूर तक और बहुत देर तक खामोश बैठी रही। मगर मुझे तो सफ़र में प्याज का भाव जानने की आदत पड़ी हुई है। यूँ भी उस बस में देखने को तो बहुत कुछ था लेकिन सुनने को कुछ भी नहीं था। बिल आख़िर मैंने ही उसे छेड़कर पूछा कि वो क्या करती है? कहाँ का क़स्द[4] है? अगर शादी नहीं हुई है तो बच्चे कितने हैं? वगैरा वगैरा। उसने मेरे हर नामाकूल सवाल का माक़ूल सा जवाब दिया, मगर उसने तब भी झूठे मुँह मुझसे यह नहीं पूछा कि मेरी शादी हुई है या नहीं। उसने पूछा तो सिर्फ इतना पूछा कि किब्ल! आप करते क्या हैं?"

मैंने कहा, "राइटर हूँ राइटर जैसे आप के यहाँ बर्नार्ड शॉ, आस्कर वाइल्ड वगैरा गुज़रे हैं।"

पूछा, "आप किस ज़ुबान में लिखते हैं?"

मैंने कहा, "उर्दू नाम की एक ज़ुबान है, उसमें लिखता हूँ।"

लड़की ने त्यौरी पर बल डाल कर कहा, "उर्दू! कहीं नाम तो ज़रूर सुना है कहीं यह वो ज़ुबान तो नहीं जिसमें फ़ैज़ अहमद 'फ़ैज़' शाइरी करते हैं!"

मैंने कहा, "तुमने बिल्कुल ठीक कहा है। मैं उसी ज़ुबान में नस्र लिखता हूँ और फ़ैज़ अहमद 'फ़ैज़' शेर कहते हैं। हम दोनों ने काम बाँट लिया है मगर बीवी! यह तो बताओ कि तुमने फ़ैज़ अहमद 'फ़ैज़' को कहाँ पढ़ा है और यह कि तुम्हें फ़ैज़ को पढ़ने की ज़रूरत क्यों लाहक़ हुई।"

बोली, "मैं अदब की तालिबा[5] हूँ। विक्टर कैरनन ने फ़ैज़ की शाइरी का जो तर्जुमा किया है वो मेरी नज़र से गुज़र चुका है। फ़ैज़ की शाइरी मुझे बहुत पसंद है।"

मैंने दिल में सोचा—यह तो बड़ी अच्छी बात है। यह अदब की तालिबा भी है और फ़ैज़ की शाइरी की मद्दाह[6] भी। क्यों न इससे गुलशन के कारोबार वगैरा के बारे में बात की जाए!

मैं यह सोच ही रहा था कि डोवर की बंदरगाह आ गई। गुलशन के कारोबार में डोवर का खटका तो लगा ही रहता है। फिर वो लड़की वहाँ से गायब हुई तो कहीं नज़र नहीं आई और मैं कूए यार से फिर सूए दार चला आया! रास्ता भर सोचता रहा कि यह कैसी अजीब बात है कि और शाइर तो अपनी ज़ुबान के हवाले से जाने जाते हैं लेकिन उर्दू ज़ुबान फ़ैज़ के हवाला से जानी जाती है। शाइर उस ज़ुबान से भी बड़ा हो जाए जिसमें वो लिखता है तो यही होता है। ज़रा सोचिए अगर फ़ैज़ न होते तो उस अंग्रेज़ लड़की को किस तरह मालूम होता कि उर्दू नाम की भी एक ज़ुबान इस धरती पर बोली जाती है। यह बड़ाई फ़ैज़ की है या ज़ुबान की या फिर दोनों की! उर्दू ने फ़ैज़ पर अहसान किया है या फ़ैज़ ने उर्दू पर एहसान किया है। ऐसी ही ऊटपटाँग बातें सोचते-सोचते पेरिस गया। फिर लंदन वापस आ गया! उन दिनों लंदन में फ़ैज़ पर होने वाले बैनुलअकवामी[7] सेमिनार का हर तरफ़ चर्चा था। फ़ैज़ कुछ दिन बाद लंदन आने वाले थे। लंदन के माहौल में फ़ैज़ के कदमों की आहट सुनाई दे रही थी। जी तो बहुत चाहता था कि कुछ दिन रुककर फ़ैज़ का फिर एक बार दीदार किया जाए। उनके अच्छे कलाम को उनके बुरे लहजे में फिर से सुना जाए, मगर मुझे अमरीका जाना था। यह सोचकर चुप हो गया—कि

बला से हमने ना देखा तो और देखेंगे।
फ़रोग़े-गुलशन व सौते हज़ार का मौसम।।

फ़ैज़ की सालगिरह पर उन्हें याद करने बैठा हूँ तो मुझे अपनी ज़िंदगी के 'माहो साले आशनाई' याद आन लगे हैं! फ़ैज़ उर्दू के वो वाहिद शाइर है जिनका दुख उनका अपना नहीं बल्कि सबका दुख नज़र आता है। उनका इश्क़ उनका अपना नहीं सबका दिखाई देता है। मुझे तीस बरस पहले का वो दौर याद आ रहा है जब 'मख़दूम मुही उद्दीन और फ़ैज़ की शाइरी ने ज़िंदगी को एक अजीबोग़रीब सरशारी अता की थी। उस वक्त तक मख़दूम का 'सुर्ख़ सेवरा' और फ़ैज़ के मज्मूए 'नक्शे फ़रियादी' और 'दस्ते सबा' ही छपकर आए थे। उन दोनों का कलाम मुझे और मेरे दोस्तों को ज़ुबानी याद है। उनका कलाम पढ़ते जाते थे और 'इन्क़िलाब' का इंतिज़ार करते थे। दरवाज़े पर कोई दस्तक भी देता तो गुमान होता कि यह दस्तक इन्क़िलाब की है। जो चाहता कि किसी तरह हमारे मुल्क में भी एक अदद 'इन्क़िलाबे रूस' लाया

जाए! हमारा सोशलिज़्म वही था जो फ़ैज़ और मख़दूम की शाइरी में हमें नज़र आता था। दिलो दिमाग़ की काया ही पलट गई थी। हमारा जी चाहता कि हम भी ख़ूने दिल में अपनी उँगलियाँ डुबोने के अलावा हर हल्क़ाए जंजीर[8] में अपनी जुबान रख दें। उन दिनों मैं लिखता तो नहीं था मगर इसके बावजूद ख़ूने दिल में उँगलियाँ डुबोने की तमन्ना थी। फ़ैज़ से पहले यह सब कहाँ था जब ज़िंदानामा की शाइरी बाहर आई तो यक़ीन मानिए दिल में यह हस्रत बार-बार जाग उठती कि ऐ! क़ाश हम भी जेल में जाएँ, बड़ी अच्छी जगह है। फ़ैज़ से पहले दारो रसन[9] की बात ऐसी कहा थी फ़ैज़ से पहले दरे क़फ़स[10] पर सबा[11] पयाम लेकर कहाँ खड़ी होती थी और तो और महबूब की पहली सी मुहब्बत ना देने का ख़याल किसे आता था[12] किसे पता था कि वस्ल[13] की राहत के सिवा जमाने में और भी राहतें हैं। फ़ैज़ से पहले बादे-नसीम और वादे सबा इस तरह कहाँ चलती थी। फ़ैज़ ने ही वादे सबा को चलने का ढंग सिखाया! वादे सबा की जिम्मेदारियों और काम में इज़ाफ़ा किया। अब सोचता हूँ कि अगर फ़ैज़ की शाइरी न होती तो जज़्बा और अहसास की लताफ़त[14] कहाँ होती ज़िंदगी को देखने और परखने की यह अदा कहाँ से आती! यह सब फ़ैज़ का ही फ़ैज़ बल्कि फ़ैज़े जारिया[15] है!

मैंने फ़ैज़ को कई बरस पहले हैदराबाद के एक मुशायरे में देखा था! अपने महबूब शाइर को देखने का यह पहला मौक़ा था। एक सामे[16] की हैसियत से मैं उन्हें बहुत देर तक देखता रहा मगर जब उन्होंने कलाम सुनाना शुरू किया तो उन्हें देखने का सारा मज़ा किरकिरा हो गया। ऐसी बेदिली से कलाम सुनाते थे जैसे किसी दुश्मन का कलाम सुना रहे हों। सुनाते वक़्त तो अपनी इतनी अच्छी शाइरी के साथ बहुत बुरा सुलूक करते थे! आख़िरी उम्र में साँस की तकलीफ़ की वजह से तो एक ही मिस्रा को कई हिस्सों में तोड़-तोड़कर पढ़ते थे! अपने शेर को बुरे ढंग से पढ़ने की अदा भी उर्दू में फ़ैज़ ने ही शुरू की! मगर उनको इस अदा का एक फ़ायदा यह हुआ कि गुलूकारो[16] ने उनसे उनका कलाम छीन लिया ताकि दुनिया को मालूम हो कि देखो फ़ैज़ अगर शेर नहीं पढ़ सकते तो क्या हुआ, हम उनका कलाम गा सकते हैं। ग़ालिब के बाद फ़ैज़ उर्दू के दूसरे शाइर हैं, जिन्हें गुलूकारों ने सबसे ज़्यादा गाया। हद यह हो गई कि मुशायरों में लोग फ़ैज़ से फ़र्माइश करते थे, "फ़ैज़ साहब! मेहदी हसन वाली ग़ज़ल सुनाइए। अब जरा गुलाम अली वाली ग़ज़ल हो जाए और हाँ वो नूरजहाँ वाली भी ज़रा हो जाए तो अच्छा है।" फ़ैज़ हँसते जाते थे और रुक-रुक कर सारी फ़र्माइशों की तकमील कर देते थे!

फ़ैज़ से देहली में मेरी कई मुलाकातें हुईं। लेकिन वो इतने कम-आमेज़ और कमगो थे कि उन मुलाकातों में जुम्लों का तबादला बहुत कम होता था। उनकी ज़ात में एक अजीब सी गर्मी, घुलावट और धीमापन था। यूँ लगता था जैसे हरदम उनकी ज़ात में कलियाँ चटक रही हों। भला कलियों के चटकने की सदा[18] किसने सुनी

है! गालिबन सन् 1987 की बात है। फ़ैज़ इंडियन कांउसिल फ़ार कल्चरल रिलेशंस की दावत पर हिंदुस्तान आए हुए थे! आज़ाद भवन में उनका जल्सा था! लोग उन्हें देखने के लिए उमड़ आए थे। उनमें ऐसे लोग भी थे जो उर्दू नहीं जानते थे मगर फ़ैज़ को देखने की तमन्ना में आए थे। यूँ भी फ़ैज़ सुन्ने से ज़्यादा देखने की चीज़ थे। मेरे बराबर मेरे दफ़्तर के साथी और तारीख़ के प्रोफ़ेसर अर्जुन देव और तारीख़ की उस्ताद मिस इंदिरा श्रीनिवासन बैठे थे! इंदिरा श्रीनिवासन को उर्दू बिल्कुल नहीं आती। वो सिर्फ़ फ़ैज़ को देखने आई थीं। जब फ़ैज़ ने कलाम सुनाना शुरू किया तो इंदिरा श्रीनिवासन ने मुझसे कहा कि मैं फ़ैज़ के शेरों का अग्रेज़ी में तर्जुमा करता चला जाऊँ। जैसे तैसे एक ग़ज़ल के दो-तीन शेरों का तर्जुमा उन्हें सुनाया। कुछ उनके पल्ले पड़ा कुछ नहीं पड़ा। वो मेरे तर्जुमा पर जिरह करने लगीं तो मैंने इंदिरा से कहा कि वो बाकी ग़ज़लों का तर्जुमा अर्जुन देव से सुनें क्योंकि वो फ़ैज़ की शाइरी को मुझसे ज़्यादा जानते हैं। अब तर्जुमा करने की जिम्मेदारी अर्जुन देव ने सँभाल ली जब फ़ैज़ ने ''गुलों में रंग भरे वादे नौ बहार चले'' वाली ग़ज़ल सुनानी शुरू कर दी तो एक लतीफ़ा हो गया। जब फ़ैज़ ने यह मिस्रा सुनाया :

''चले भी आओ कि गुलशन का कारोबार चले''

तो अर्जुन देव ने कुछ रुककर और सँभलकर इंदिरा से कहा :

Faiz says please came so that the business of garden may start.

इस पर इंदिरा ने सख़्त हैरत के साथ मुझसे पूछा!

Mr. Mujtaba! What is the business of garden? I have never heard of such business before. Is it a profitable business?

मैंने एक ज़ोरदार क़हक़हा लगाकर इंदिरा से कहा, ''उर्दू में तो यह बिजनेस आफ़ गार्डन, बहुत ज़माने से चल रहा है। सरासर घाटे का कारोबार है। फिर भी आप गुलशन का कारोबार चलाना चाहती हैं तो अर्जुन देव से फ़ैज़ के शेरों का तर्जुमा सुनती रहिए। आपको इस कारोबार के वसूल और काइदे-कानून मालूम हो जाएँगे।'' चुनांचे इस बिजनेस आफ़ गार्डन के चक्कर में अर्जुन देव के बाद में गालिबन इदिरा श्रीनिवासन को फ़ैज़ की ग़ज़लों का कुछ ऐसा बामुहावरा तर्जुमा सुनाया कि ख़ुद इन दोनों के बीच गुलशन का कारोबार शुरू हो गया। अब इंदिरा को अच्छी तरह मालूम हो गया कि गुलशन का कारोबार कैसे चलता है क्योंकि अब वो इंदिरा श्रीनिवासन से इंदिरा अर्जुन देव बन गई हैं।

अप्रैल, 1981 में फ़ैज़ हिंदुस्तान आए थे! उनकी सत्तरवीं सालगिरह हिंदुस्तान में धूमधाम से मनाई गई! मेरे बचपन के दोस्त अली बाक़िर ने फ़ैज़ से कहा कि वो एक रात उनके घर गुज़ारें! फ़ैज़ ने तै किया कि जिस दिन भोपाल जाना है उससे पहले की रात वो अली बाक़िर के घर गुजारेंगे उनका इस्तिदलाल यह था कि अली

बाकिर का घर चूंकि एयरपोर्ट से क़रीब है, इसलिए वहाँ से एयरपोर्ट जाने में सुहूलत रहेगी!

मैंने कहा, "अली बाक़िर का घर न सिर्फ़ एयरपोर्ट से क़रीब है बल्कि भोपाल से भी करीब है।" मेरी बात सुनकर अपने मख़्सूस[19] अंदाज से मुस्कुराते रहे। अली बाक़िर के एक दोस्त ने कहा, "फ़ैज़ साहिब को उस रात हम जी भर कर सुनेंगे।"

इस पर अली बाक़िर ने कहा, "जी नहीं! फ़ैज़ चचा उस दिन कुछ नहीं सुनाएँगे। उन्हें सफ़र पर जाना है और आराम भी करना है।" इस पर फ़ैज़ ने अली बाक़िर की बात को काटते हुए कहा, "अच्छा, तो इसका मतलब यह हुआ कि हमें उस रात बगैर मेहनत के रोटी मिल जाएगी।" फ़ैज़ की इस बात पर सब मुस्कुरा दिए मगर मुझे उनकी इस बात में छुपे हुए दर्द की झलक साफ दिखाई दे गई। फ़ैज़ ऐसी ही बातों से तो अपने दर्द को खुशगवार बना देते थे!

उस रात अली बाक़िर के घर दस-बारह अहबाब जमा थे। रात के पिछले पहर तक महफ़िल जमी रही। दुनिया जहाँ की बातें हुईं! सज्जाद ज़हीर, रज़िया सज्जाद ज़हीर का ज़िक्र होता रहा। मैंने फ़ैज़ साहिब को अर्जुन देव और इंदिरा श्रीनिवासन के Business of Garden का लतीफ़ा सुनाया! बहुत महजूज़ हुए। पूछा : "यह बताओ उनके गुलशन के कारोबार में उन्हें कोई फल-फूल मिला भी या नहीं।"

मैंने कहा, "जी नहीं! फ़िलहाल तो यह गुलशन की आबयारी में लगे हुए हैं।"

बोले, "हमारे शेरों की बुनियाद पर गुलशन का कारोबार करेंगे तो यही होगा।"

फ़ैज़ से मेरी आख़िरी मुलाकात थी! मुझे क्या मालूम था कि इन आँखों को फिर फ़ैज़ का दीदार करना नसीब न होगा। वो मोहिनी सी शख़्सियत फिर कहीं दिखाई नहीं देगी।

18 नवंबर 1984 को जब फ़ैज़ के इंतिकाल की ख़बर मिली तो सकता[20] सा तारी हो गया। वो आवाज़ जो सियालकोट की खामोश फ़ज़ाओं से निकलकर सारे जग में गूँजने लगी थी। अचानक खामोश हो गई। उनके पढ़ने का उखड़ा-उखड़ा अंदाज, उनकी नर्मी, मुलाएमत, उनका शबनमी अहसास, उनकी मोहनी बातें सब याद आईं। फ़ैज़ को हमसे बिछड़े हुए एक साल चार महीने बीत गए लेकिन यह बताइए कौन सा दिन ऐसा गुजरता है जब आपको फ़ैज़ के शेर याद न आते हों या आप उनकी ग़ज़लें न सुनते हों। किसी ने कहा था कि बड़े शाइर की ज़िंदगी उसकी आँखें बंद होने के बाद शुरू होती है। सच तो यह है कि फ़ैज़ हमारे दरमियान ही हैं, यहीं कहीं हमारे शुऊर[21] में बसे हुए, हमारे एहसास में हुमकते हुए हमारे जज़्बों में महकते हुए—

तुम्हारी याद के जब ज़ख़्म भरने लगते हैं।
इसी बहाने तुम्हें याद करने लगते हैं।।

(13 फ़रवरी, 1986 को हाउस आफ़ सोवियत कल्चर एंड सोसाइटी, नई दिल्ली की जानिब से मुन्अक़िदा फ़ैज़ की तक़रीबे सालगिरह के मौक़े पर यह ख़ाक़ा पढ़ा गया!)

संदर्भ

1. संबंधित, 2. सामान्य ज्ञान, 3. वृद्धि, 4. इरादा, 5. छात्रा, 6. प्रशंसक, 7. अंतर्राष्ट्रीय, आवाज़, 8. जंजीर की कड़ी 9. सूली और रस्सी, 10. क़ैदखाना, 11. पूर्वा, 12. संदेश, 13. मिलन, 14. कोमलता, 15. निरंतर, 16. श्रोता, 17. गायक, 18. आवाज़, 19. विशिष्ट, 20. मूर्च्छा, 21. विवेक।

मख़दूम मुहीउद्दीन

पच्चीस-छब्बीस बरस उधर की बात है, मख़दूम मुहीउद्दीन अंडर ग्राउंड थे और मैं मिडिल स्कूल का तालिबे इल्म था। उन दिनों भी मुझे इतनी ही अंग्रेज़ी और उर्दू आती थी जितनी कि आज आती है। लिहाज़ा मैं अपने तईं अंडर ग्राउंड का आसान तर्जुमा ज़ेरे ज़मीन[1] करके घंटों हैरान रहा करता था कि मख़दूम भाई आख़िर ज़ेरे ज़मीन रहकर क्या करते हैं। मुझे तो वो यके आज़ मादिनीयात[2] क़िस्म की कोई चीज़ लगते थे। भला एक आदमी को ख़्वाहमख़्वाह ज़ेरे ज़मीन जाकर रहने की क्या ज़रूरत है। तर्जुमे की यह गलती मुझसे बचपन से सराज़द हुई थी, मगर जब बड़े हुए तो कहीं पढ़ा कि पाकिस्तान के एक शाइर से तर्जुमे की यह गलती तो ऐन जवानी में सरज़द हुई थी। जिन दिनों बन्ने भाई यानी सज्जाद ज़हीर पाकिस्तान में फार्टी की सरगमियों के सिलसिले में रूपोश थे। तार्जुकिस्तान के मशहूर शाइर मिर्जा तिर्सून ज़ादा पाकिस्तान के दौरे पर आए और एक पाकिस्तानी शाइर से फारसी में पूछा, सज्जाद ज़हीर कुजा अस्त।[3] पाकिस्तानी शाइर ने बड़ी रवानी के साथ फारसी में तुर्की-ब-तुर्की जवाब दिया सज्जाद जहीर ज़ेरे जमीन अस्त।

यह सुनते ही मिर्जा तिर्सून ज़ादा की आँखों में कमोबेश इतनी ही रवानी के साथ आँसू आ गए। बोले यह कब हुआ। हमें तो कुछ पता न चला। आख़िर उन्हें क्या बीमारी हो गई थी?

पाकिस्तानी शाइर को अचानक अपनी फारसीदानी का अहसास हुआ तो हाथों और भवों के इशारे से माबक़ा[4] फारसी बोलते हुए मिर्जा तिर्सून ज़ादा पर ज़ेरे ज़मीन और रूपोश होने के नाज़ुक फर्क़ को वाज़ेह किया। इसी तरह मख़दूम भी मेरे लिए एक अर्सा तक ज़ेरे ज़मीन ही रहे और किसी ने मेरी ग़लतफ़हमी दूर नहीं की।

फिर जब हमने शऊर सँभालना शुरू किया तो अहसास हुआ कि मख़दूम बड़ी तेज़ी से हमारे शऊर का हिस्सा बनते जा रहे हैं। फिर हिस्सा बनते-बनते वो मुकम्मल शऊर ही बन गए! मख़दूम से अक़ीदत का यह आलम था कि मेरे एक दोस्त मख़दूम के मज्मुआए-कलाम सुर्ख़ सवेरा को रिहल पर रखकर ना सिर्फ पढ़ा करते थे बल्कि

मुतालआ के दौरान में आगे और पीछे झूलते भी थे! है कोई शाइर जिसका कलाम इस तरह पढ़ा गया हो?

साहिबो! वो भी क्या दिन थे। हर सुबह बिस्तर से जागते ही आसमान पर नज़र जाती थी कि कहीं सुर्ख सवेरा तो नहीं आ गया। जी चाहता था कि अपने मुल्क में भी एक अदद इन्किलाबे रूस ले आएँ। इन्किलाब के इंतिज़ार में सिग्रेटें पी-पीकर कई रातें गुज़ारीं। हमारा सोशलिज़्म वही था कि जो मख़दूम और फ़ैज़ की शाइरी कृश्न चंदर के अफ़सानों, सज्जाद जहीर और सरदार जाफ़री की तह्रीरों के वसीले से हम तक पहुँचा था। यह खालिस्तन[5] उर्दू सोशलिज़्म था। मगर हम हैदराबादियों के लिए मख़दूम सिर्फ शाइर और दानिशवर नहीं थे बल्कि बहुत कुछ थे। मख़दूम के ज़ेरे ज़मीन रहने की आदत की वजह से उनकी शख्सीयत के अतराफ[6] एक अजीब सा सिह्र[7] पैदा हो गया था। यार लोगों ने उनके बारे में बातें भी कुछ ऐसी फैला रखी थीं कि कभी-कभी मख़दूम एक माफ़ौक़ुलफित्रत[8] शै दिखाई देते थे। कहा जाता था कि मख़दूमबयक वक़्त चार मुख़्तलिफ मक़ामों पर मौजूद रहते हैं। अगर चार बजे वरंगल में मजदूरों के एक खुफ़िया जल्से से ख़िताब कर रहे हैं तो ठीक उसी वक्त नलगुंडा में एक ज़मींदार की ज़मीन किसानों में बाँट रहे हैं। और फिर ठीक उसी समय हैदराबाद के एक मुहल्ले में अपने एक दोस्त को अपनी ताज़ा नज़्म सुना रहे हैं। और फिर उसी वक़्त—अब खैर जाने भी दीजिए। ऐसी बातें कहाँ तक सुनाई जाएँ। मख़दूम के बारे में इस क़िस्म के इन्किशाफ़ात[9] को सुनकर हमारे कमसिन और नौख़ेज ख़ून की जो हालत होती होगी उसका अंदाज़ा आप ख़ुद भी लगा सकते हैं। ख़ून रगों में उबला पड़ता था। जिसे बाद में मख़दूम के कलाम के जरिए ही ठंडा किया जाता था! इलाजे बिल मसल[10] इसी को कहते हैं। उस वक़्त तक मख़दूम को नहीं देखा था हालाँकि उनके हर जगह होने (Omni-present) की इतनी सारी अफ़वाहें सुन रखी थीं।

फिर यूँ हुआ कि मख़दूम जब क़ैद से रिहा हुए तो हमें इत्तिला मिली कि वो शाहआबाद में मजदूरों के एक जल्से से ख़िताब करने के लिए आ रहे हैं। उन दिनों मैं गुलबर्गा इंटरमीडिएट कॉलेज में पढ़ता था! जिस शाइर का कलाम अपने लिए वज़ीफा था और जिसकी तस्वीर सदा दिल के आईने में रखी रहती थी, उसके शाहआबाद आने की इत्तिला मिली तो रगों में खून कुछ इस ज़ोर से उबला कि मैं और मेरा वो दोस्त जो 'सुर्ख सवेरा' को रिहल पर रखकर पढ़ा करता था। स्टेशन की तरफ भागे। मालूम हुआ कि शाहआबाद जाने वाली मद्रास मेल अभी जा चुकी है। इन्क्वायरी से पूछा की शाहआबाद का यहाँ से कितना फासिला है। जवाब मिला, पच्चीस किलोमीटर। हमने कहा ठीक है। आज इश्क़ आतशे नमरूद में कूद पड़ेगा और 25 किलोमीटर का फासिला तै करेगा। अपने जुनून की कहाँ तक तशहीर[11] की जाए! यह हमारी जिंदगी की पहली और आखिरी लांग मार्च थी। मगर शाहआबाद पहुँचे

तो मालूम हुआ कि मख़दूम आए भी और चले भी गए। हम दोनों एक-दूसरे के माथे पीटकर चुप हो रहे। मगर मख़दूम माफ़ौकुलफित्रत शै तो थे ही। उन्हें गालिबन किसी ग़ैबी ताक़त ने बता दिया था कि गुलबर्गा में दो रूहें उनसे मिलने के लिए बेताब हैं! लिहाज़ा पंद्रह दिन बाद मख़दूम गुलबर्गा चले आए! मज़दूरों के किसी जल्से को मुख़ातब करने! जल्से के बाद कॉलिज के नौजवानों ने उन्हें घेर लिया। मुझे याद है वो पूरे चाँद की रात थी। ऐसा रौशन चाँद हमने ज़िंदगी में फिर कभी नहीं देखा। गुलबर्गा के मोमिनपुरा में एक बुर्जुग के मज़ार के सामने एक चबूतरे पर मख़दूम हम नौजवानों के साथ बैठे थे। आधी रात बीत चुकी थी और मख़दूम हम सबको अपना कलाम सुना रहे थे। सुर्ख सवेरा तो हमें ज़ुबानी याद था ही, लिहाज़ा हमने कहा मख़दूम भाई! अपना कोई गैर-मत्बुआ कलाम सुनाइए। हँसकर बोले मैं गैर मत्बुआ कलाम नहीं कहता हमेशा मत्बुआ कहता हूँ।

फिर मैं हैदराबाद आया। मख़दूम से अनगिनत मुलाकातें हुईं। फिर यूँ हुआ कि कई बरसों बाद एक दिन मैं प्रोफेसर हसन अस्करी और मख़दूम हैदराबाद के वीकाजी होटल में बैठे थे। मुझे मख़दूम से मिलने का वो पहला और अछूता इश्तियाक़[12] याद आया। मैंने मख़दूम से कहा, "मख़दूम भाई! आपको पता नहीं कि कई बरस पहले आपसे मिलने के लिए मैंने और मेरे एक साथी ने गुलबर्गा से शाहआबाद तक पैदल सफ़र किया था।

यह सुनते ही निहायत राज़दारी के अंदाज में बोले, "अच्छा तो अब मिलो! बताओ क्या काम था तुम्हें मुझसे कोई खास बात थी क्या।"

मुझे बेसाख़्ता हँसी आ गई। मैंने कहा, "मख़दूम भाई! अब तो मुझे याद नहीं रहा कि मैं उस वक्त आपसे क्यों मिलना चाहता था। जिंदगी के सफर में बहुत सी बातें बहुत सी ख़्वाहिशें और बहुत से काम यूँ ही ओझल हो जाते हैं।"

बोले, "याद करके बताना। तुम्हारा हाफ़िज़ा ख़ासो कमज़ोर होता जा रहा है और हाँ आइंदा कभी पैदल चलने की गलती ना करना।" यह कहकर मख़दूम ने जोरदार क़हक़हा लगाया, मुझे आज तक पता नहीं चल सका कि मख़दूम ने यह क़हक़हा मुझ पर लगाया था या अपने आप पर बाज़ क़हक़हों के सरचश्मे का सुराग लगाना बहुत दुश्वार होता है! अपनी बात को ख़त्म करके मख़दूम ने मुझसे और हसन अस्करी से ज़ोरदार मुसाफेह किए! उनकी आदत थी कि जब भी कोई चुभता हुआ फ़िक़्रा कहते जो वो अक्सर कहते थे, तो मुख़ातब से मुसाफ़हा ज़रूर कर लिया करते थे। यही वजह थी कि जब भी मख़दूम रूबरू[13] होते तो मैं बाएँ हाथ से सिगरेट पीता था और दाएँ हाथ को मुसाफे के लिए महफूज़ रखता था। एक बार मुझे और मख़दूम को एक अदबी तक़्रीब में शिर्कत के लिए बंबई जाना पड़ गया। हैदराबाद के स्टेशन पर मैं पहुँचा तो मेरे एक हाथ में अटैची केस था और दूसरे में होल्डाल। मख़दूम ने मुझे देखते ही मुसाफा वाला फ़िक़्रा कह दिया और मैंने अटैची केस को

नीचे रखकर उनसे मुसाफ़ा किया। फिर उन्होंने ताबड़-तोड़ कई बार बा मुसाफ़ा फ़िक्रे कह कर मुझसे अटैची केस को नीचे रखवाया। मैं उनके फ़िक्रों से ऐसा इलर्जिक हुआ कि अभी वो आधा फ़िक्र ही कहते थे कि मैं अटैची केस को नीचे रख देता था। इस सूरते हाल को देखकर बोले, "बेटा! अब तो मेरे ऐसे फ़िक्रों पर भी अटैची केस नीचे रखने लगे हो जिन पर मैं मुसाफ़ा नहीं करता। तुम ख़ुद वर्ज़िश करना चाहते हो तो करो।"

यह कह कर मुझे अटैची केस नीचे रखने का हुक्म दिया। मुसाफ़ा किया और बोले, "ख़बरदार जो अब कभी अटैची केस नीचे रखा।" और इसके बाद मुसाफ़ा की मंज़िल आ गई।

मख़दूम की बज़्लासंजी और शिगुफ़्तामिज़ाजी के बेशुमार वाक़ियात मुझे याद हैं। अपना मज़ाक आप उड़ाने में उनका कोई सानी नहीं था। एक बार अलल सुबह[14] ओरियेंट होटल में पहुँचकर बैरे से पूछा, "निहारी?"

बैरा बोला, "नहीं है।"

मख़दूम ने पूछा, "आमलेट है?"

बैरा बोला, "नहीं है।"

मख़दूम ने पूछा, "खाने के लिए कुछ है?"

बैरा बोला, "इस वक़्त तो कुछ नहीं है।"

इस पर मख़दूम बोले, "यह होटल है या हमारा घर कि यहाँ कुछ भी नहीं है।"

उनकी आदत थी कि जब भी कोई नई ग़ज़ल कहते तो उसे सुनाने के लिए दौड़ पड़ते थे। अपनी इस आदत से मुतअल्लिक़ ख़ुद ही एक लतीफ़ा सुनाया करते थे। एक दिन उन से ग़ज़ल हो गई तो फ़ौरन ओरियेंट होटल चले आए कि कोई माई का लाल मिल जाए तो उसे ग़ज़ल सुनाएँ। यहाँ कोई ना मिला तो 'सबा' के दफ़्तर चले गए। वहाँ भी कोई ना मिला। थक-हारकर चाइनीज़ बार में चले गए। बार के बैरे क़ासिम को बुलाकर कहा, "दो पेग व्हिस्की ले आओ।" क़ासिम व्हिस्की ले आया तो उससे बोले, "बैठो और व्हिस्की पियो।" क़ासिम शर्माता रहा मगर वो मुसिर[15] रहे। उसने खड़े-खड़े व्हिस्की पी ली। फिर बोले, "दो पेग व्हिस्की और ले आओ।" दूसरे दौर में उन्होंने क़ासिम को व्हिस्की पिलाई। फिर तीसरा दौर चला। इसके बाद मख़दूम ने क़ासिम से कहा, "अच्छा क़ासिम! अब मेरे सामने बैठो, मैं तुम्हें अपनी ताज़ा ग़ज़ल के कुछ शेर सुनाना चाहता हूँ।"

यह सुनते ही क़ासिम ने कहा, "साहिब! आप बहुत पी चुके हैं। आपकी हालत ग़ैर हो रही है। चलिए मैं आपको घर छोड़ आऊँ।।"

मख़दूम कहा करते थे कि अपनी होश मंदी के हज़ार सुबूत पेश करने के बावजूद क़ासिम ने उस रात उनकी ग़ज़ल नहीं सुनी। यह लतीफ़ा सुनाकर ख़ुद ही

हँसते थे और मुख़ातब से ज़ोरदार मुसाफ़ा करते थे। यह लतीफ़ा भी मख़दूम ही सुनाया करते थे जो उनके दौरे रूपोशी[16] से मुतअल्लिक़ हैं। कहते हैं कि एक बार ये अपने एक ब्राह्मन दोस्त के घर रूपोश हो गए। उनका ब्राह्मन दोस्त भी पार्टी का मेम्बर था। उनके दोस्त ने उनसे कह रखा था कि "मख़दूम भाई! मेरे वालिद बड़े क़दामत-परस्त[17] है। इसलिए उन पर कभी यह ज़ाहिर ना करना कि आप ब्राह्मन नहीं हैं। अपनी ब्राह्मनीयत की लाज रखना।"

एक दिन उनके दोस्त के वालिद ने मख़दूम से कहा, "भई! तुम लोग कम्यूनिस्ट पार्टी के हो, तुम्हारे धर्म का कोई भरोसा नहीं, कहीं तुम ग़ोश्त तो नहीं खाते।"

मख़दूम ने झट से कहा, "लाहौल विलाक़ूवत, यह आपने कैसे सोच लिया कि मैं गोश्त खाता हूँ। नऊजु बिल्लाह! यह तो मुझ पर सरासर तुहमत है।"

इस नान-वैजीटेरियन जुम्ले के बाद उनकी रूपोशी का क्या बना, इसके बारे में मख़दूम कुछ नहीं कहते थे। वो खुश मज़ाकी और शिगुफ़तामिज़ाजी के पैकर थे, वहीं अक़ीदें के मामले में बेहद संजीदा हो जाते थे। हमने अक्सर देखा कि वो हँसते-खेलते सीटी बजाते ख़ुश-ख़ुश ओरियंट होटल आते, मगर टेबल पर बहस के बाद जब जाने लगते तो मुट्ठियाँ भिंची होती थीं, मुँह से कफ़ निकल रहा होता था! और आँखों से शोले बरस रहे होते थे। इस एतिबार से मख़दूम बहुत अहतियात से बरतने की चीज़ थे। ज़रा कोई चूक गया और मख़दूम की मुट्ठियाँ भिंच गईं।

उनके इंतिक़ाल से दो बरस पहले की बात है, हैदराबाद में एक अज़ीमुश्शान मुशायरा बरपा था। मख़दूम डायस पर बैठे थे और एक शाइरा माइक पर कलाम सुना रही थी। डायस के नीचे एक लहीम-शहीम शख़्स नशा में धुत बैठा शाइरा को घूरे जा रहा था। फिर उसके जी में ना जाने क्या आई कि उसने अचानक शाइरा की तरफ छलाँग लगाई। मख़दूम ने भी चीते की सी फुर्ती के साथ उस शख़्स की तरफ छलाँग लगाई। सैकंड़ों में उस शख्स को डायस से नीचे गिराया और उसके सीने पर सवार हो गए। मैं कैसे बताऊँ कि बीस-पच्चीस बरस बाद मख़दूम के अंदर छिपे हुए इन्क़िलाबी को फिर एक बार सरगर्मे अमल[18] देखकर कितनी खुशी हुई। लोगों ने मख़दूम की इस अदा की दाद भी उसी तरह दी जिस तरह उनके कलाम पर दिया करते थे।

वो छोटों के साथ बहुत शफ़क़त के साथ पेश आते थे। हैदराबाद के कितने ही अदीबों और शाइरों की ज़ेहनी तर्बीयत उन्होंने की। सुलेमान अरीब, अज़ीब क़ैसी, इक़्बाल मजीत, वहीद अख्तर, जीलानी बानो, अनवर मुअज़्ज़म, आमिना अबू अलहसन, शाज़ तमकनत, आतिक़ शाह, इवज़ सईद और मुग़नी तबस्सुम ये सब मख़दूम से मुतअस्सिर थे। वो मेरी भी हर क़दम पर हिम्मत अफ़्जाई करते थे। चुनांचे मुझे 'मस्ख़रा' कहकर पुकारते थे। अब इससे ज़्यादा कोई मेरी हिम्मत अफ़्जाई करके दिखा दे। उर्दू के मस्ख़रों यानि मिज़ाह-निगारों की पहली कुलहिंद कान्फ्रेंस हुई, तो उसका

इफ़्तिताह उन्होंने ही फर्माया। मेरे मज़ामीन के पहले मज्मूए की रस्मे इज्रा भी उन्होंने अज़-राहे- तमस्खुर[19] अंजाम दी थी।

अदीबों से उलझते भी थे। इस मामले में वहीद अख़्तर पर उनकी बड़ी नज़रे इनायत रहा करती थी। कभी-कभी दोस्तों को जान-बूझकर छेड़ते भी थे। एक रात सुलेमान अरीब के घर पर हैदराबाद के मशहूर आर्टिस्ट सईद बिन मुहम्मद से कहा, "शाइरी मुसव्विरी से कहीं ज़्यादा ताक़तवर मीडियम है।"

सईद बिन मुहम्मद ने ब्रश बक़फ़[20] जवाब दिया, "मुसव्विरी और शाइरी का क्या तक़ाबुल[21]। शाइरी में तुम जो चीज़ बयान नहीं कर सकते, हम रंगों और फार्म में बयान कर देते हैं। तुम कहो तो सारी उर्दू शाइरी को पेंट करके रख दूँ।"

मख़दूम बोले, "सारी उर्दू शाइरी तो बहुत बड़ी बात है, तुम इस मामूली मिस्रे को ही पेंट कर दो—

'पंखुड़ी इक गुलाब की सी है'

सईद बिन मुहम्मद बोले, "यह कौन सी मुश्किल बात है, कैनवस पर गुलाब की एक पंखुड़ी बना दूँगा।"

बोले, "पंखुड़ी गुलाब की तो पेंट हो गई मगर 'सी' को कैसे पेंट करोगे।" सईद बिन मुहम्मद बोले, "सी भी भला कोई पेंट करने की चीज़ है?" मख़दूम बोले, "मिस्रे की जान तो 'सी' ही है। सईद आज मैं तुम्हें जाने नहीं दूँगा जब तक तुम 'सी' को पेंट नहीं करोगे।"

यह सुनते ही सईद बिन मुहम्मद वहाँ से भाग खड़े हुए। मुझे उस वक़्त मख़दूम का वह मज़्मून याद आ रहा है जो उन्होंने हैदराबाद के उर्दू अदीबों और शाइरों के बारे में बजुबाने अंग्रेज़ी 'इलस्ट्रेटिड वीकली आफ़ इंडिया' में लिखा था। मज़्मून की इशाअत का चूंकि पहले ऐलान हो चुका था इसलिए जिस दिन वीकली का शुमारा हैदराबाद पहुँचा, उर्दू अदीबों और शाइरों ने धड़ाधड़ इसकी कापियाँ खरीद लीं। न्यूज़पेपर स्टाल वाला सख़्त हैरान कि उर्दू शाइरों को आज क्या हो गया कि अंग्रेज़ी का रिसाला ख़रीदे चले जा रहे हैं। मैं आबिद रोड से गुज़र रहा था कि हैदराबाद के एक बुजुर्ग शाइर वीकली का शुमारा हाथ में पकड़े मेरे पास आए और कहने लगे, "भई। इसमें मख़दूम का मज़्मून कहाँ है बताओ।" मैंने मख़दूम का मज़्मून निकाल कर दिखाया तो बोले, "अच्छा। अब यह बताओ कि इसमें मेरा नाम कहाँ है।"

पहले तो मैं बड़ी देर तक अपना नाम मज़्मून में तलाश करता रहा। यह ना मिला तो शाइरे मौसूफ़ का नाम तलाश करने लगा। हस्बे तवक़्क़ो यह भी वहाँ मौजूद ना था। मगर इसी बीच मुझे एक शरारत सूझी। मैंने सुलेमान 'अरीब' के नाम के नीचे एक लकीर खींचते हुए शाइरे मौसूफ़ से कहा, "लीजिए, क़िब्ला। यह रहा आपका नाम।"

शाइरे मौसूफ़ वीकली के शुमारे को सीने से लगाए खुश-खुश चले गए। थोड़ी दूर जाने के बाद मख़दूम उन्हें मिल गए तो उन्होंने बड़ी एहसानमंदी के साथ मज़्मून में उनका नाम शामिल रखने का शुक्रिया अदा किया।

मख़दूम ने कहा, "क़िब्ला। आपको किसने बताया कि आपका नाम मज़्मून में शामिल है।"

वो बोले, "अभी-अभी मुज्तबा ने मुझे बताया था।"

मख़दूम बोले, "मौलाना, मुज्तबा को इतनी ही अंग्रेज़ी आती है जितनी कि आपको आती है। जाइए, जाइए आपका नाम मैंने नहीं लिखा है।"

इसके बाद हैदराबाद के कई नौजवान उदीबों को मख़दूम से शिकायत हो गई। एक दिन ओरियेंट होटल में यही मज़्मून ज़ेरे बहस था। मख़दूम बोले, "भाई! अदीब और शाइर को अपने नाम और शोहरत से बेनियाज़ रहना चाहिए। उसका नाम या कलाम छपे या ना छपे, उसे तो बेतअल्लूक रहना चाहिए।"

इसके बाद बहस ख़त्म हो गई और दूसरे मसाइल ज़ेरे बहस आ गए। मगर इसी बीच मुझे फिर एक शरारत सूझी। मैंने बिल्कुल ही बेनियाज़ हो कर कहा, "मख़दूम भाई! आपकी एक नज़्म दिल्ली के एक रिसाले के ताज़ा शुमोर में बड़े एहतिमाम के साथ शाए हुई है।"

पूछा, "कौन से रिसाले में?"

मैंने कहा, "मुझे नाम तो याद नहीं मगर आबिद रोड के बस स्टाप वाले बुक स्टाल पर अभी-अभी मैं यह रिसाला देखकर आ रहा हूँ।"

मख़दूम थोड़ी देर तो अनजान और बेतअल्लूक़ बने रहे। फिर अचानक कुर्सी से उठकर खड़े हुए जैसा कि उनकी आदत थी। फिर बोले, "अच्छा अब चलते हैं।" यह कहकर वो तेज़-तेज़ क़दमों से बाहर निकल गए।

मेरे साथ कुछ अहबाब भी बैठे थे। मैंने कहा, "मख़दूम भाई यहाँ से सीधे बुक स्टाल पर जाएँगे, चलो हम भी चलें।"

हम लोग बुक स्टाल पर पहुँचे तो मख़दूम सचमुच वहाँ मौजूद थे और रिसालों को उलट-पुलटकर देख रहे थे। जूँ ही हम पर उनकी नज़र पड़ी, फ़लक-शिगाफ़ क़हक़हा लगाया और बोले, "क्यों वे मस्खरे! हमसे बदमाशी करता है।"

मैंने कहा, "मख़दूम भाई! मैं तो सिर्फ़ यह बताना चाहता था कि शाइर अपने कलाम से किस हद तक बोनियाज रह सकता है।"

मख़दूम को हैदराबाद से बेपनाह प्यार था जिसे वो हमेशा 'वतने मालूफ़'[22] कहा करते थे। हैदराबाद की गली-गली में उनके चर्चे थे। हैदराबादियों ने उन्हें टूटकर चाहा था। डॉक्टर राजबहादुर गौड़ ने तो अपने घर का नाम चंबेली का मंडवा, रख छोड़ा था जो मख़दूम की एक मशहूर नज़्म का उन्वान है। लोग अपने घरों के नाम रखते हैं, डॉक्टर गौड़ ने अपने घर का उन्वान रखा था। अगरचे अपने घर में

मानवीयता[23] पैदा करने के लिए 'चंबेली का मंडवा' कम और मख़दूम की नज़्म ज़्यादा नज़र आती है। वो डिस्पिलिन के बड़े पाबंद थे। सारा दिन पार्टी का काम करते और शाम को थोड़ा-सा वक़्त दोस्तों में गुजारते थे। जहाँ एहसास हुआ कि वक़्त ज़ाए हो रहा है, पटसे उठ जाते थे और महफ़िल से ग़ायब। वो दुनिया से गए भी इसी तरह यानि एक दिन चटसे चले गए।

आख़िरी मर्तबा जब वो दिल्ली जा रहे थे तो मुझसे रोज़नामा 'सियासत' के दफ्तर में मिले। मैंने पूछा, "मख़दूम भाई वापसी कब होगी?"

बोले, "यही दो चार दिन में आ जाऊँगा।"

वो बात के बड़े पक्के थे। लिहाज़ा हैदराबाद वापस आए मगर कुछ इस शान के साथ कि डॉक्टर राजबहादुर गौड़ के कंधों पर सवार थे। सियासी कामरानियों के बाद मख़दूम का डॉक्टर गौड़ के कंधों पर सवार होना या मख़दूम के कंधे पर डॉक्टर गौड़ का सवार होना कोई नई बात नहीं थी। मगर इस बार वो डॉक्टर गौड़ के कंधे पर सवार हुए तो नीचे नहीं उतरे, हमेशा के लिए सबके दिलों में एक ज़ख़्म बनकर उतर गए। मख़दूम के जनाज़े में हज़ारों लोग धाड़ें मार मार कर रो रहे थे। ऐसा जनाज़ा किसी शाइर और वो भी उर्दू शाइर को भला कहाँ नसीब होगा। और यूँ वो फिर 'ज़ेरे ज़मीन' चले गए। मगर इस बार वो 'ज़ेरे ज़मीन' जाते हुए अपने साथ कुछ भी नहीं ले गए। अपना सब कुछ दुनिया को सौंप गए। अपनी शाइरी, अपना अक़ीदा, अपनी बातें, अपने लतीफे, अपनी यादें, ग़रज़ सब कुछ।

मख़दूम के बारे में अब सोचता हूँ तो एहसास होता है कि मख्दूम एक इन्सान नहीं थे, जीता-जागता साँस लेता हुआ शहर थे। इस शहर की हमने बरसों सैर की, हम सब इसी शहर में आबाद थे। इस शहर में कितनी सड़कें थीं, कितनी गलियाँ थीं, कितने मोड़ थे और ये सब रास्ते इन्सानियत और सच्चाई की तरफ़ जाते थे।

(मई, 1978)

संदर्भ

1. ज़मीन के अंदर, 2. खनिजों में से एक, 3. कहाँ हैं, 4. शेष, 5. शुद्ध रूप, 6. चारों ओर, 7. जादू, 8. अलौकिक, 9. रहस्य खुलना, 10. मरज़ की तासीर के मुताबिक इलाज़ करना, 11. ढिंढोरा पीटना, 12. लालसा, 13. आमने-सामने, 14. तड़के, 15. जिद करना, 16. छिपे रहने का ज़माना, 17. रूढ़िवादी, 18. कार्यरत, 19. मज़ाक के नाते, 20. हाथ में ब्रश लिए, 21. तुलना, 22. प्यारा देश, 23. वास्तविक अर्थ।

शह्‌रयार

शह्‌रयार से मेरी शख़्सी दोस्ती कुछ ज़्यादा पुरानी नहीं है। पाँच साल पहले मेरे दोस्त डॉ. हसन अस्करी शोबाए समाजीयात[1] में रीडर बनकर हैदराबाद से अलीगढ़ आए तो एक दिन मैं उनसे मिलने के लिए यूँ ही अलीगढ़ चला गया। शह्‌रयार भी हसन अस्करी के यहाँ यूँ ही चले आए और मेरी उनसे यूँ ही मुलाकात हो गई। जो दोस्तियाँ बस यूँ ही शुरू हो जाती हैं वो हमेशा अच्छी होती हैं हसन अस्करी अगरचे अब लंदन चले गए हैं, लेकिन जो लोग हसन अस्करी से वाकिफ़ हैं वो जानते हैं कि हसन अस्करी से मिलने के बाद आदमी को किसी और से मिलने की हाजत नहीं रह जाती। बड़ी दिल नवाज़[2] और सह्र अंग्रेज़[3] शख़्सीयत के मालिक है। मगर शह्‌रयार गालिबन वो वाहिद शख्सीयत है जिनसे हसन अस्करी की मौजूदगी में भी मिलने को जी चाहा। रात हसन अस्करी के घर पर महफ़िल सजी। अस्करी ने अपनी बातों का जादू जगाया। उसके बाद शह्‌रयार ने अपनी शाइरी का जादू इस तरह जगाया कि हम लोग सारी रात जागते रहे। सुबह होने लगी तो शह्‌रयार जाने लगे। मैंने पूछा, "कहाँ जाइएगा?" बोले, "यूनिवर्सिटी क्लब जा रहा हूँ।"

मालूम हुआ कि यह अब क्लब जाएँगे और ताश खेलेंगे। दूसरे दिन दोपहर में हसन अस्करी के साथ यूनिवर्सिटी क्लब गया तो देखा कि शह्‌रयार बड़े इन्हिमाक[4] के साथ ताश खेल रहे थे। तीसरे दिन मैं देहली वापस होने लगा तो सोचा कि शह्‌रयार से मिल लूँ। उनके घर गया तो भाभी (मिसेज़ नज्मा शह्‌रयार) ने बताया कि वो यूनिवर्सिटी क्लब में ताश खेल रहे हैं। मगर मैं इनसे मिलने के लिए यूनिवर्सिटी क्लब नहीं गया क्योंकि मुझे यक़ीन था कि वो उसी टेबल पर उसी इन्हिमाक के साथ ताश खेल रहे होंगे!

शह्‌रयार से यह मेरी पहली मुलाकात थी! मैं उनकी शाइरी का पुराना मद्दाह[5] तो था ही, लेकिन ताश के लिए उनके इन्हिमाक को देखकर मुझे अहसास हुआ कि जो शख़्स ताश के लिए इतना संजीदा हो सकता है वो दोस्ती क्या ख़ाक कर सकेगा। मगर उसके बाद शह्‌रयार एक दिन अचानक देहली आ गए और इत्तिफ़ाक़

से मेरे दफ्तर के गेस्ट हाउस में मुक़ीम हुए। उस वक्त उन्होंने अहसास दिलाया कि जिस इन्हिमाक के साथ वो ताश खेलते हैं, उसी इन्हिमाक के साथ दोस्ती भी कर सकते हैं। यह और बात है कि जब दोस्ती करते हैं तो ताश नहीं खेलते और जब ताश खेलते हैं तो दोस्ती नहीं करते। उसके बाद से शह्रयार से कई मुलाकातें अलीगढ़ और देहली में हो चुकी हैं। वो देहली आने वाले होते हैं तो मैं उनके लिए आँखें बिछाता हूँ और जब मैं अलीगढ़ जानेवाला होता हूँ तो वो मेरे लिए आँखें बिछाने के अलावा दिल भी बिछाते हैं। शह्रयार की एक अदा मुझे बहुत ज़्यादा पसंद है वो यह कि एक सच्चे बेनियाज़ आदमी हैं अपनी शाइरी से बेनियाज़, अपनी ज़िंदगी से बेनियाज़ और अपने घर से बेनियाज़। ना शोहरत की तलब, ना ओहदे की हवस, ना पैसे का लालच, न मर्तबे की हिर्स। ऐसा आदमी अमूमन अपने घर से निज़ाई और समाज में हमेशा ग़ैर-निज़ाई होने के सारे नुक्सानात बर्दाश्त करता है। एक ज़माना था जब ग़ैर-निज़ाई आदमी फ़ायदे में रहता था। मगर अब निज़ाई आदमी फ़ायदे में रहता है। निज़ाई आदमी से लोग डरते हैं और जिनके ख़ातिर वो निज़ाई बनता है वो उसके मफादात का तहफ़्फ़ुज भी करते हैं जबकि ग़ैर-निज़ाई आदमी जिंदगी का सफ़र कुछ इस तरह तै करता है कि :

दुनिया में हूँ दुनिया का तलबगार नहीं हूँ।
बाज़ार से गुज़रा हूँ खरीदार नहीं हूँ।।

शह्रयार को मैंने हर हल्के और हर गिरोह में गैर-निज़ाई पाया है। वो एक ऐसा घाट है जिस पर शेर और बकरी दोनों साथ पानी पीते हैं। शह्रयार की इस अदा के बाइस मैं जब भी अलीगढ़ जाता हूँ तो उन्हीं के पास ठहरता हूँ और हत्तलमक़्दूर[6] उन्हें नुकसान पहुँचाता हूँ! शह्रयार की जिस खुसूसियात का मैंने ऊपर ज़िक्र किया है उनके तकाज़े के तौर पर शह्रयार जिंदगी को बहुत धीमे अंदाज में बरतते हैं। ना जिन्दगी में कुछ पाने की जल्दी और ना ही कुछ बनने की उज्लत![7]

वो हमावक्ती[8] शाइर नहीं है। खुद से कभी शेर नहीं सुनाते बहुत इस्रार[9] किया तो किसी ग़ज़ल के दो-चार शेर सुना देंगे। दाद से बेनियाज़ होने का सुबूत यह है कि किसी शेर पर दाद दी जाए तो झुक-झुककर सलाम नहीं करते वो। ख़ास सुहबतें और ख़ास लम्हे होते हैं जब शह्रयार तरन्नुम में कलाम सुनाते हैं। मैंने ऐसी खास सुहबतों और खास लम्हों का काफ़ी लुत्फ़ उठाया है। शह्रयार से जब मेरी मुलाकात हुई थी तो फ़िल्मों से उनका तअल्लुक पैदा नहीं हुआ था। एक दिन अचानक पता चला कि शह्रयार फ़िल्म 'गमन' के लिए गीत लिख रहे हैं। फ़िल्म रिलीज़ हुई तो मैंने बतौर खास यह फ़िल्म देखी। मैं फिल्म बहुत कम देखता हूँ और वो भी सिर्फ ऐसी फ़िल्में देखता हूँ जिनके बारे में पता हो कि उसके गीत या मुकालमे किसी दोस्त ने लिखे हों। एक तल्ख़ तज्रिबे के बाद मैंने ऐसी फ़िल्मों को भी देखना तर्क

कर दिया है। मेरे एक दोस्त ने एक फ़िल्म की कहानी और मुकालमे लिखे थे और मेरे अलावा कई दोस्तों से ख्वाहिश की थी कि जब फ़िल्म रिलीज़ हो तो उसे ज़रूर देखना। दोस्त का दिल रखने के लिए मैं वक्त आने पर हिंदुस्तानी फ़िल्में भी देख लेता हूँ। सो हम चार अहबाब मिलकर यह फ़िल्म देखने गए। शो का वक्त शुरू हुआ तो देखा कि थियेटर खाली है और फ़िल्म के मुकालमा निगार के सिर्फ़ चार अहबाब थियेटर में मौजूद हैं। फ़िल्म को साढ़े छह बजे शुरू होना था मगर सात बजे तक भी फ़िल्म शुरू न हुई। थोड़ी देर बाद थियेटर का मैनेजर हमारे पास आया और हमारे दोस्त का नाम लेकर कहने लगा, "आप लोग गालिबन फ़िल्म के मुकालमा निगार के दोस्त मालूम होते हैं।" हमने कहा, "बेशक हम उनके दोस्त हैं।"

म नेजर बोला, "साहिब। एक एहसान अपने दोस्त की खातिर यह कीजिए कि यह फ़िल्म ना देखिए। आपने जो टिकट खरीदे हैं उसके चार गुना दाम मैं आपको देने के लिए तैयार हूँ। कोई अच्छी-सी फ़िल्म देख लीजिए। मैं अगर आप चार अहबाब के लिए फ़िल्म चलाऊँ तो ढाई सौ रुपए का खर्च आ जाएगा। हम पर यह एहसान कीजिए प्लीज।"

और इसके बाद हमने मैनेज़र से चार गुना दाम वसूल किए और बड़ी अच्छी सी शाम गुजारी। शहूरयार की फ़िल्म भी मैं इस ख़याल से देखने गया था कि फ़िल्म देखने के बाद शायद टिकट के चार गुना दाम मिल जाएँ और शाम अच्छी से गुज़र जाए! मगर बड़ी मायूसी हुई। उस दिन यक़ीन आया कि हमारे अहबाब भी फिल्मों के लिए अच्छी ग़ज़लें और अच्छे गीत लिख सकते हैं!

मैंने सोचा कि फिल्मों में गीत लिखने के बाद शहूरयार राहेरास्त पर आ जाएँगे और अपनी ईवाएती बेनियाजी से बेनियाज हो जाएँगे। मगर मैंने देखा कि फिल्मों में गीत लिखने के बावजूद वो ज्यों के त्यों बरक़रार हैं। ये और बात है कि अब उनकी शोहरत अदबी हल्कों से निकलकर आम हल्कों में फैल गई है कहीं यह जाते हैं और लोगों को पता चलता है कि यह 'गमन' वाले शहूरयार है तो फ़ौरन फ़र्माइश शुरू हो जाती है कि "साहिब! 'गमन' के गाने सुनाइए।" उनकी गज़ल :

"सीने में जलन आँखों में तूफान सा क्यों है।
इस शहर में हर शख़्स परीशान सा क्यों है।।"

का रिकार्ड इतना मक़बूल[10] हुआ कि बच्चा-बच्चा अब 'सीने में जलन' की शिकायत करता है। अक्सर ऐसा हुआ कि किसी पनवाड़ी की दुकान पर पान खरीद रहे है कि अचानक रेडियो से शहूरयार का यह 'सवालनामा' बजना शुरू हो गया कि "इस शहर में हर शख़्स परीशान सा क्यों है?" हमने पान खाते-खाते पनवाड़ी के कान में इत्तिला दी कि "मियाँ! इस गाने में जितने मुश्किल सवाल पूछे गए हैं, उनके पूछने वाले साहिब यही हैं।" बस फिर यह होता है कि पनवाड़ी तवज्जोह से पान

बनाता है अपने हाथों से खिलाता है, दो-चार फाज़िल पान हमारे हाथ में थमाता है। हमारे पसंदीदा सिगरेट की डिब्बियाँ भी दे देता है और आख़िर में हमसे पैसे नहीं लेता। फिर उसकी समझ में आ जाता है कि "इस शहर में हर ाशख़्स परीशान सा क्यों है?" शह्रयार हमसे शिकायत करते हैं कि हम उनके लिए इतने सारे पान और इतनी सारी डिब्बियाँ क्यों ख़रीद लेते हैं। अब उन्हें कैसे बताया जाए कि इस सवाल का जवाब इन्हीं के गीत में पोशीदा है।

जब से शह्रयार के गीत मक़बूल हुए हैं लोग हर महफ़िल में उन्हें सर-आँखों पर बिठाते हैं। चूँकि वो देहली में मेरे पास ठहरते हैं इसलिए अक्सर लोगों की ख्वाहिश होती है कि जब भी देहली आएँ तो उन्हें ले आऊँ। एक बार देहली की एक मशहूर मारुफ़[11] मुग़न्निया[12] के घर शह्रयार गए। मुझे भी साथ ले गए। शह्रयार की आड़ में मेरी भी खूब आवभगत हुई। मुग़न्निया ने मुझसे पूछा, "आप क्या करते हैं?"

मैंने कहा, "शह्रयार के मिस्रे उठाता हूँ।" वो बोली, "बड़े खुशनसीब हैं आप। वर्ना इनके मिस्रे उठाने की सआदत किसे नसीब होती है।"

बहुत देर तक इधर-उधर की बातें होती रहीं! जब जाने का वक़्त आया तो शह्रयार ने मुग़न्निया से कहा, "अगर आपके कुछ लाँग प्लेइंग रिकार्ड्स हों तो बजा दीजिए। हम भी आपकी आवाज़ सुन लेंगे।"

मुग़न्निया बोली, "इस वक़्त हमारा रिकार्ड प्लेयर ख़राब है मगर मैं तो ख़राब नहीं हूँ तो आपके लिए गा सकती हूँ!"

इसके बाद मोहतरमा ने हारमोनियम सँभालकर जो गाना शुरू किया तो समा बाँध दिया। इस क़दर खूबसूरत आवाज़ थी कि बस कुछ ना पूछिए। मैं दाद देते-देते थक सा गया मगर शह्रयार खामोश बैठे रहे! मैंने अहिस्ता से कान में कहा, "यह क्या मज़ाक़ है? दाद तो दीजिए।" जवाबन अहिस्ता से मेरे कान में बोले, "कैसे दाद दूँ? कमबख़्त ने मेरी ही गज़ल छेड़ दी है कहीं अपने ही कलाम पर दाद दी जाती है?"

उस रात मुग़न्निया मौसूफ़ा ने बड़ी देर तक महफ़िल जमाई और शह्रयार को दाद देने का मौक़ा न दिया। सारी गज़लें शह्रयार की सुनाईं।

शह्रयार खामोश खामोश से बेनियाज़ बैठे रहे। मुग़न्निया के घर से बाहर निकलने के बाद मैंने शह्रयार से कहा, "अब आप इत्मीनान रखें, आपका कलाम मुनासिब हाथों में चला गया है। यह सीना-सीना और गोश व गोश[13] ज़माने में चलता रहेगा। अच्छा ही हुआ कि आपका कलाम नाक़िदों[14] के ज़ालिम हाथों से निकल कर नाज़ुक हाथों में पहुँच गया है जहाँ पर यह हमेशा महफूज़ रहेगा।"

शह्रयार इस जुम्ले को सुनने के बाद कुछ न बोले। सिर्फ़ इतना कहा, "भैया, सिर्फ़ इतना ख़याल रखना कि जब अलीगढ़ आओ तो नज़्मा (मिसेज़ नज़्मा शह्रयार) से इस बात का ज़िक्र ना करना।" चुनांचे मैं अब तक अपने वादे पर क़ाइम हूँ

और आइंदा भी क़ाइम रहूँगा।

शह्रयार नज़्मा भाभी का बहुत ज़्यादा ख़याल रखते हैं! यह और बात है कि भाभी को इसकी इत्तिला नहीं हो पाती, क्योंकि हर बेज़रर[15] हरकत के बाद तो अपने किसी न किसी दोस्त से यह वादा ले लेते हैं कि वो इसकी इत्तिला नज़्मा भाभी को नहीं देंगे!

कभी देहली आते हैं और उनसे मज़ीद दो-एक दिन रुकने के लिए कहा जाए तो नज़्मा भाभी के परेशान होने का हवाला देकर फ़ौरन सफ़र का सामान समेट लेते हैं। बस यही एक मामला है जिसमें मैंने शह्रयार को फिक्रमन्द पाया वर्ना वो जिन्दगी को बड़ी बेफिक्री के साथ बरतने के आदी हैं। बेफिक्री की मिसाल यह है कि उनके कई शागिर्दों ने पी-एच. डी. कर ली है मगर वह अब तक इस तोहमत से पाक हैं। ताजा अफ़वाह यह है कि उन्होंने बिल-आखिर पी-एच. डी. कर ली है। पता नहीं अब वो इस डिग्री का क्या करेंगे!

शह्रयार जिन्दगी में मंसूबाबंदी को ज़रूरी नहीं समझते! बहुत-सी छोटी-छोटी मगर ज़रूरी बातों का ख़याल नहीं रखते। अगर अपने घर पर पाँच अहबाब को खाने पर बुलाना हो तो पन्द्रह-बीस अहबाब को जमा कर लेंगे!

शह्रयार की एक और ख़ूबी यह है कि वो अपने शागिर्दों को शागिर्द नहीं दोस्त समझते हैं। यही वजह है कि उनके अक्सर शागिर्द बाद में शाइर और अदीब में तब्दील हो जाते हैं। शह्रयार की मारिफ़त ही अलीगढ़ के नौजवान अदीबों और शाइरों से मेरी मुलाकात हो चुकी है। शह्रयार शाइर तो अच्छे हैं ही मगर मैं उन्हें एक अच्छे इन्सान और अच्छे दोस्त की हैसियत से ज़्यादा पसंद करता हूँ और इसीलिए उनकी दोस्ती की बड़े जतन से हिफ़ाजत करता हूँ।

(1980)

संदर्भ

1. समाजशास्त्र, 2. दिल को भाने वाला, 3. जादू जगाने वाला, 4. लगन, 5.लालच, 6. यथाशक्ति, 7. जल्दी, 8. हर समय का, 9. अनुरोध, 10. लोकप्रिय 11. विख्यात, 12. गायिका, 13. एक कान से दूसरे कान तक, 14. समालोचक, 15. जो हानि न पहुँचाए।

ख़्वाजा अहमद अब्बास

कुछ लोग ऐसे होते हैं, जिनसे आप ज़िंदगी में कभी नहीं मिलते या बहुत कम मिलते हैं लेकिन यूँ महसूस होता है जैसे आप इन्हें जन्म-जन्म से जानते हैं इसके बरख़िलाफ़ कुछ लोग ऐसे भी होते हैं, जिनसे आप बार-बार और लगातार मिलते हैं, लेकिन जूँ-जूँ मुलाकातें बढ़ती जाती हैं, अजनबियत और बेगानगी की खाई कुछ और भी फैलती चली जाती है! ख़्वाजा अहमद अब्बास के बारे में अब कुछ लिखने बैठा हूँ तो याद आता है कि ज़िंदगी में बमुश्किल तमाम पाँच-छह मर्तबा उनसे मिला हूँ और वो भी सरसरी तौर पर! इन सरसरी मुलाकातों के बावजूद यूँ महसूस होता है जैसे ख़्वाजा साहब से मैं अपनी पैदाइश से भी पहले मिला था और अब आगे उनकी मौत के बाद भी उनसे मिलता रहूँगा! एक सच्चा अदीब और एक खरे फ़नकार से किसी की वाबस्तगी[1] ज़मानो मकान[2] की पाबंद नहीं होती।

मुल्क की आज़ादी से पहले जब मुझमें उर्दू अफ़सानों को पढ़ने की ज़रा सी सलाहियत पैदा हुई और जो मैंने पहला उर्दू अफ़साना पढ़ा वो ख़्वाजा अहमद अब्बास ही का था! 'दो प्याली चावल' नाम था उसका! दस ग्यारह बरस की उम्र में आदमी अदब से मुतअस्सिर तो बहुत होता है, लेकिन उसे पूरी तरह समझने की सकत नहीं रखता। इस गहरे तअस्सुर का एक सबब तो यह होता है कि इस उम्र में ज़िंदगी को समझने की जुस्तजू और उसे बरतने की आरज़ू कुछ और भी सिवा[3] होती है। याद पड़ता है कि उस ज़माने में पढ़े हुए या सुने हुए बहुत से शेर ऐसे होते थे जो पूरी तरह समझ में तो नहीं आते थे, लेकिन जितने भी समझ में आते थे, उन पर फौरन अमलपैरा[4] होने को जी चाहता था बल्कि हम जैसे ना आक़िबत अदेश[5] तो अमलपैरा हुए भी और कम उम्री में हत्तलमक़्दूर[6] नुकसान भी उठाया जो बाद में अदब को समझने के मामले में सूदमंद साबित हुआ। बहुत से अफ़साने और शेर हमारे सरों से गुज़र जाते थे या फ़िर हम ही अफ़सानों और शेरों के सरों पर से गुज़र जाते थे। कुछ अफ़सानों को हमने समझा और जिनको नहीं समझा उन्होंने

बाद में ख़ुद हमें समझ लिया! तरक़्क़ी पसंद तहरीक के उरूज का ज़माना था। कैसे-कैसे अलबेले और क़द्दावर फ़नकार उस वक्त मौजूद थे!

मुझे याद है कि ख़्वाजा साहिब के अफ़साने जू-जू पढ़ता था ज़ेहन की गिरहें खुलती जाती थीं और सारे वजूद पर एक सरशरी सी तारी हो जाती थी! फ़िर आज़ादी के पाँच बरस बाद जब मैं गुलबर्गा इंटरमीडिएट कॉलिज में पहुँचा और कॉलिज के ड्रामा क्लब की जानिब से सालाना तक़्रीब के मौक़े पर एक ड्रामा स्टेज करने का फ़ैसला किया गया तो यह ड्रामा भी इत्तिफ़ाक से ख़्वाजा अहमद अब्बास का लिखा हुआ था! इसका उन्वान था 'यह अमृत है' बहुत कम लोगों को अब यह ड्रामा याद होगा, मगर मुझे तो इसके कई मुकालमे अब तक याद हैं क्योंकि मैंने इस ड्रामे का सबसे अहम किरदार यानि मज़दूर का किरदार अदा किया था! गोया ज़िंदगी में पहली बार जो अफ़साना पढ़ा वो ख़्वाजा अहमद अब्बास का था और ज़िंदगी में पहली बार जिस ड्रामे में हिस्सा लिया वो भी ख़्वाजा अहमद अब्बास का लिखा हुआ था। ड्रामे की थीम मुझे अब तक याद है। एक साइंसदान बरसों की मेहनत और ताज्रिबे के बाद एक ऐसा अमृत ईजाद करता है जिसे पी लेने के बाद आदमी कभी नहीं मरता! अमृत की मिक्दार[7] इतनी महदूद है कि उसे सिर्फ एक ही आदमी इस्तेमाल कर सकता है! साइंसदान के पास हर तब्क़ा का किरदार इस अमृत को हासिल करने की ग़रज़ से आता है! शर्मायादार, ताजिर और अफ़सर! हर किसी की ख़्वाहिश होती है कि वो इस अमृत को पी ले। साइंसदान शाशपंज[8] में मुब्तला है कि वो यह अमृत किसे पेश करे! इसी अस्ना में[9] साइंसदान की नज़र उस मज़दूर पर पड़ती है जो उसकी लेबोरेट्री के एक हिस्से की मरम्मत कर रहा होता है। साइंसदान अचानक सोचता है कि यह मजदूर भी अजीबो-ग़रीब किरदार है। उसके दिल में इस अमृत को पीने की आरज़ू पैदा नहीं हो रही है। साइंसदान मज़दूर की इस बेनियाज़ी से बेहद मुतअस्सिर होता है और फ़ैसला कर लेता है कि अब तो यह अमृत मज़दूर को ही पिलाएगा! चुनांचे साइंसदान मज़दूर को अपने पास बुलाता है और अमृत का प्याला उसे पेश करता है। लेकिन मज़दूर उसे पीने से इंकार कर देता है क्योंकि वो जानता है कि जिंदा रहने के लिए अमृत की नहीं मेहनत की ज़रूरत होती है! बाज़ुओं में ताक़त की हाजत होती है और उसे अपने बाज़ुओं और अपनी मेहनत पर पूरा भरोसा है इसलिए वो अमृत को पीने से इंकार कर देता है और अमृत का प्याला साइंसदान के हाथ से छूटकर गिर जाता है। यह ड्रामा का क्लाइमेक्स था, जिसमें इंसानी मेहनत की अज़्मत[10] को निहायत खूबसूरती के साथ पेश किया गया था! मैंने इस ड्रामे में मज़दूर का क़लीदी[11] किरदार अदा किया था और मैंने उस किरदार की अदाकारी में अपनी मेहनत और लगन से वो जौहर दिखाए थे कि गुलबर्गा की सबसे बड़ी टेक्सटाइल मिल के मालिक ने मेरी अदाकारी से खुश होकर या फ़िर मज़दूर के किरदार

से घबराकर सौ रुपये का इनाम देने का ऐलान किया था यह भी एक इत्तिफ़ाक है कि वह मेरी ज़िंदगी का पहला इनाम था जिसे हासिल करने के लिए मुझे बड़ी मेहनत करनी पड़ी थी! क्योंकि टेक्सटाइल मिल के मालिक ने इनाम का ऐलान तो कर दिया था, लेकिन इनाम की रक़म देने का नाम न लेता था। गरज़ ज़िंदगी का पहला इनाम मैंने यूँ हासिल किया। जैसे इनाम नहीं ले रहा हूँ बल्कि अपना दिया हुआ कर्ज़ वसूल कर रहा हूँ!

अब्बास साहिब की तहरीरों से यह मेरा इब्तिदाई रबत था[12]। उसके बाद उनकी फ़िल्मों से भी साबिका[13] पड़ा और उनकी सहाफती तहरीरों से भी नाता जुड़ा! लेकिन उनसे शख़्सी तौर पर मुलाक़ात की नौबत नहीं आई थी! ग़ालिबन सन् 1968 में वो अपनी फ़िल्म 'आसमान महल' की शूटिंग के सिलसिले में अपने यूनिट के साथ हैदराबाद आए थे। इस मौक़ा से फ़ायदा उठाकर हैदराबाद की एक अंजुमन ने इनके एज़ाज[14] में एक अदबी महफ़िल आरास्ता[15] की! और मुझे भी इस मौक़ा पर एक तंज़िया मज़्मून पढ़ने की दावत दी। उन दिनो अहमदाबाद में फ़सादात का दौर-दौरा था! मैंने फ़सादात को बुनियाद बनाकर एक तंज़िया मज़्मून लिखा, जिसका उन्वान था ''सिंदबाद जहाज़ी का सफ़रनामा''! यह एक तरह की फ़ंतासी थी, जिसमें सिंदबाद जहाज़ी हिंदुस्तान के फ़िर्कावराना फ़सादात का दीदार करने की ग़रज़ से हिंदुस्तान आता है। ख़्वाजा अहमद अब्बास उस महफ़िल की सदारत कर रहे थे। जैसे ही मैंने मज़्मून ख़त्म किया तो ख़्वाजा साहिब कुर्सीए सदारत से उठ खड़े हुए! मेरी निशस्त की तरफ़ आए मुझे गले से लगा लिया। आमतौर पर जल्सों के सदर किसी मज़्मून पर इस तरह दाद नहीं देते। इस तरह की पहली और बेसाख़्ता दाद भी मुझे ख़्वाजा साहिब ही से मिली। वो अपने यूनिट के साथ कई दिन हैदराबाद में रहे! उन्होंने अर्जी तौर पर एक मकान किराए पर ले लिया था जहाँ उनके यूनिट के सारे अफराद यूँ रहते थे जैसे सब एक ही ख़ानदान के रुक्न[16] हों! खाना भी सीधा-सादा बनता। मैंने पृथ्वीराज कपूर को पहली बार इस घर में देखा। दाल और चावल खाते जाते थे और खाने के ज़ायके की तारीफ़ करते जाते थे। अस्ल में ज़ायका खाने में नहीं ख़्वाजा साहिब के खुलूस और उनके हुस्न सुलूक में होता था। खाना भी यूनिट के अफ़राद ही बनाते थे। उनकी फ़िल्म की हीरोइन फ़िल्म में काम करने के इलावा घर का काम भी करती थी। सारे यूनिट को यह फिक्र रहती थी कि इख़राजात[17] ज़्यादा ना होने पाए! एक दिन मैंने अपनी आँखों से यह मंजर देखा कि पृथ्वीराज कपूर एक साइकिल रिक्शा में हैदराबादी नवाबों का ज़र्क़-वर्क़[18] लिबास पहने और सिर पर ताज रखे चले जा रहे हैं। पता चला कि यूनिट की मोटर किसी वजह से नहीं आ सकी तो पृथ्वीराज कपूर साइकिल रिक्शा में ही सवार होकर निकल खड़े हुए। बड़ा अजीबो-ग़रीब मंजर था। उसे याद करता हूँ तो अब भी हँसी आती है।

ख़्वाजा साहिब के असिस्टेंट वहीद अनवर हैदराबादी होने के नाते मेरे पुराने दोस्त थे। उनके ज़रिए ख़्वाजा साहिब की बहुत सी बातों का इल्म होता रहता था। काम और लिखना-पढ़ना ख़्वाजा साहिब के लिए दीन और ईमान की हैसियत रखता था। एक-एक पल मस्रूफ रहते थे। फ़िर उनकी शख़्सीयत भी कई ख़ानों में बँटी हुई थी। फिल्म बना रहे हैं, 'ब्लिटज' का आख़िरी सफ़हा लिख रहे है। कहानियाँ लिख रहे हैं। सहाफ़ती तहरीरें अलग लिख रहे हैं। सियासी सरगर्मिदाँ भी जारी है। आदमी क्या ये—आइनाखाना थे। लेकिन इतने खानों में बँटने के बावजूद उनकी शख़्सीयत की इन्फिरदीयत मजरूह नहीं होने पाती थी। जो काम भी करते, उसमें उनका अक़ीदा और ज़ावियाए निगाह साफ़ दिखाई देता था! एक बार मैंने कहीं मज़ाक़ में यह जुम्ला कह दिया था कि अब्बास साहिब की फ़िल्म को देखिए तो यूँ लगता है जैसे आप 'ब्लिटज' का आख़िरी सफ़हा पढ़ रहे हैं और 'ब्लिटज' का आख़िरी सफ़हा पढ़िए तो यूँ महसूस होता है जैसे आप अब्बास साहिब की फ़िल्म देख रहे हैं। मेरे इस जुम्ले से वो बहुत लुत्फ़-अदोज[19] हुए थे।

मैं कई बार बंबई गया, लेकिन उनसे मुलाक़ात की कोशिश नहीं की—क्योंकि मुझे उनकी मसूफियत का अंदाजा था। सन् 1976 की सरसरी मुलाक़ातों के ग्यारह साल बाद उनसे मेरी जो मुलाक़ात हुई वो एक दिलचस्प माहौल में हुई! सन् 1979 में मेरे दफ़्तर यानि नेशनल काउंसिल आफ़ एजुकेशनल रिसर्च एण्ड ट्रेनिंग में एडिटर की एक आसामी के लिए एक इंटरव्यू मुक़र्रर था। मैं भी आसामी[20] के लिए एक उम्मीदवार था। जब इंटरव्यू के लिए मुझे तलब किया गया तो देखा कि ख़्वाजा साहिब इंटरव्यू बोर्ड के मेम्बर बने बैठे हैं। मैंने हैरत से उन्हें देखा तो उनके होंठों पर एक शफ़कत-आमेज़ मुस्कुराहट फ़ैल गई। सिलेक्शन कमेटी के एक रूक्न ने ख़्वाजा साहब की तरफ़ इशारा करके मुझसे पूछा, "क्या आप इन्हें जानते हैं?" मैंने कहा, बहुत अच्छी तरह जानता हूँ और इसलिए भी जानता हूँ कि इनकी वजह से कम अज कम एक रिसाला को मैं गलत ढंग से पढ़ता हूँ। यानि शुरू से आख़िर तक पढ़ने की बजाए आख़िर से शुरू तक पढ़ता हूँ! मेरा इशारा 'ब्लिटज' की तरफ़ था! जिसका आख़िरी सफ़हा ख़्वाजा साहिब लिखते थे। और जब तक ख्वाज़ा साहिब जिंदा रहे, कभी ऐसा नहीं हुआ कि मैंने 'ब्लिटज' ख़रीदा हो और उसका मुतालआ शुरू से शुरू किया हो। इस रिसाले को हमेशा आख़िर से शुरू तक पढ़ता!

मेरे जवाब को सुनकर ख़्वाजा साहब की शफ़कत-आमेज़ मुस्कुराहट में कुछ और भी शफ़कत शामिल हो गई!

इंटरव्यू बोर्ड के सारे अर्कान[21] ने मुझसे कुछ न कुछ ज़रूर पूछा लेकिन ख़्वाजा साहिब आख़िर से शुरू तक खामोश बैठे रहे। इंटरव्यू जब ख़त्म होने लगा तो बोर्ड के चेयरमैन ने ख़्वाजा साहिब से कहा कि वो भी मुझसे कोई सवाल पूछें। इसके

जवाब में ख़्वाजा साहिब ने कहा—'मैं अच्छी तरह जानता हूँ कि यह मेरे किसी सवाल का क्या जवाब देंगे! सवाल उस शख़्स से करना अच्छा लगता है जिसे आप न जानते हों।'' इस जुम्ले ने मेरा हौसला कितना बढ़ाया था इसे शायद मैं लफ़्ज़ों में बयान नहीं कर सकूँगा। बाद में पता चला कि उस आसामी के लिए मेरा इंतिख़ाब हो गया। ख़्वाजा साहब देहली में दो-तीन दिन रहे, लेकिन मैं उनका शुक्रिया अदा करने के लिए ना जा सका, क्योंकि मैं जानता था कि अगर मैं उनका शुक्रिया अदा करूँ तो वो उसका क्या जवाब देंगे!

चार-पाँच महीनों बाद महाराष्ट्र उर्दू अकैडमी की दावत पर मुझे बंबई जाने का मौक़ा मिला। उस तक़्रीब से कन्हैयालाल कपूर भी मौजूद थे जलसा जारी था कि ख़्वाजा साहिब हाथ में किताबों का एक छोटा-सा बण्डल उठाए चले गए, और पिछली निशस्तों पर बैठ गए। जल्से के बाद ख़्वाजा साहिब से मुलाक़ात हुई। बड़ी मुहब्बत से मिले। अपने नाविल ''इन्कलाब' की एक जिल्द मुझे अपने आटोग्राफ़ के साथ दी। लिखा था ''मुज्तबा हुसैन के लिए—जिनके पते को मुझे हमेशा तलाश रहती है!'' वो अदबी महफ़िलों में कम जाते थे। लेकिन गालिबन कन्हैयालाल कपूर से मिलने की इश्तियाक़ उन्हें महफ़िल में खींच लाया था। ख़्वाजा साहिब से यह मेरी आख़िरी मुलाक़ात थी। इसे भी दस बरस बीत गए। इसके बाद उन्हें जल्सों में देखा लेकिन मिलने की हिम्मत नहीं पड़ी।

सन् 1986 में अंजुमने तरक्की पसंद मुसन्निफ़ीन[22] की गोल्डन जुबली तक़्रीब में शिर्कत के लिए वो देहली आए। तक़्रीब के दूसरे दिन से इज्लास में वो आए तो कुछ इस तरह कि दो आदमी उन्हें थामे हुए थे और वो बड़ी मुश्किल से कदम उठा रहे थे। उन्हें स्टेज पर पहुँचने में पंद्रह-बीस मिनट लग गए। बेहद कमज़ोर हो गए थे। उन्हें इस तरह तकलीफ़ से चलते हुए देखकर आँखों में आँसू भर आए। वक़्त की संगीनी और बेरहमी पर गुस्सा आया कि वो आदमी को क्या से क्या बना देती है! लेकिन जब ख़्वाजा साहिब ने अपना खुत्बा[23] पढ़ा तो आवाज़ में वही करारापन था लहजे में वही अज़्म[24] व हौसला था! एक-एक लफ़्ज से उनकी अना और उनके पक्के अक़ीदे का इज़हार होता था। उनमें एक ऐसी ज़बरदस्त क़ूवते इरादी थी जिसके बलबूते पर वो सब कुछ करने का हौसला रखते थे! जिस्मानी कमज़ोरियों के बावजूद उन्होंने आखिरी वक़्त तक लिखा। लिखने को तो इबादत समझते थे!

उनकी सबसे बड़ी खूबी यह थी कि जिस अक़ीदे को उन्होंने सच्चा जाना उस पर आख़िरी वक़्त तक क़ायम रहे! जेहनी कलाबाज़ियाँ लगाने और करतब दिखाने के वो क़ायल नहीं थे। अदीब पैदा होते रहेंगे, लेकिन ख़्वाजा अहमद अब्बास जैसे बूते वाला अदीब उर्दू का शायद ही नसीब हो! पानीपत अपनी ज़मीं के लिए मशहूर

है और मुझे यूँ महसूस होता है जैसे पानीपत की आख़री और अस्ली लड़ाई ख़्वाजा अहमद अब्बास ने अपनी तहीरों के ज़रिया लड़ी थी। यह लड़ाई थी जालिम के ख़िलाफ़ मज़्लूम के हक़ में, सर्मायादार के खिलाफ़ मज़्दूर के हक़ में, जुल्मत के खिलाफ़ उजाले के हक़ में, और ताकतवर के खिलाफ़, कमज़ोर के हक़ में। और जब तक उस लड़ाई का फ़ैसला नहीं हो जाता, हमें ख़्वाजा साहिब की तहीरें कदम-कदम पर याद तो रहेंगी। और इस याद को ताज़ा रखना हम सबका फ़र्ज़ है।

(नवंबर, 1988)

संदर्भ

1. संबंध, 2. काल-देश, 3. अधिक, 4. अमल करना, 5. अदूरदर्शी 6. यथाशक्ति, 7. मात्रा, 8. असमंजस, 9. बीच में, 10. महानता, 11. मुख्य, 12. संबंध, 13. वास्ता, 14. सम्मान, 15. सजाई, 16. सदस्य, 17. व्यंग्य, 18. तड़क-भड़क वाला, 19. आनंदित, 20. नौकरी, 21. सदस्यों, 22. प्रगतिवादी लेखक संघ, 23. भाषण, 24. संकल्प।

ज़ोए अंसारी

आठ-नौ महीने पहले इसी गालिब अकेडमी के एक जल्से में ज़ोए अंसारी से मेरी आख़िरी मुलाक़ात हुई थी। बहुत ख़ुशगवार मूड में थे।

मैंने पूछा, "देहली में कब तक क़याम रहेगा?"

बोले, "अब तो मुस्तक़िल्लन[1] देहली में ही क़याम फ़र्मने का इरादा है।" फिर अपनी आवाज़ के मख़्सूस उतार-चढ़ाव के साथ सरगोशी के अन्दाज में बोले, "तुम्हें यह जानकर ख़ुशी होगी कि देहली में मुझे अपना मकान मिल गया है दो-चार दिन बाद बंबई जाऊंगा। महीना भर में वहाँ से अपना सब कुछ समेट कर यहाँ आ जाऊँगा।"

दूसरे दिन उन्होंने मुझे फ़ोन करने का वादा किया था, मगर उनका फ़ोन नहीं आया। ज़ोए अंसारी से मेरी यही आख़िरी मुलाक़ात थी! पिछले चंद बरसों में जब भी उनसे मुलाक़ात होती वो यही कहते थे कि वो अपनी जिन्दगी के आख़िरी दिन देहली में गुजारना चाहते हैं। कुछ बरस पहले पंजाबी बाग में उन्होंने अपना एक मकान भी बनवाया था। मगर बाद में पता चला कि उन्होंने उस मकान को फरोख़्त कर दिया है।

मुझे याद है कि ज़ोए अंसारी से मेरी पहली मुलाक़ात कमोबेश पच्चीस बरस पहले हैदराबाद के हवाई अड्डे पर हुई थी। वो किसी सेमिनार में शिर्कत की गरज़ से हैदराबाद आए थे और सेमिनार के मुंतज़िमीन[2] ने मेरे ज़िम्मे यह काम सौंपा था कि उनके हैदराबाद में क़याम के दौरान मैं उनकी देखभाल करूँ। अब जो मैंने उनकी देखभाल करने की कोशिश की तो अहसास हुआ कि ज़ोए अंसारी उन लोगों में से हैं जिन्हें किसी देखभाल की ज़रूरत नहीं होती। यों न सिर्फ अपनी देखभाल के मामले में मुक्तफ़ी[3] थे बल्कि जिंदगी के कई मामलों में खुदकफ़ील[4] भी थे। हैदराबाद में तीन-चार दिन यों रहे और हर घड़ी मेरी देखभाल करते रहे!

ज़ोए अंसारी सचमुच खुदसाख़्ता[5] इंसान थे उनके माँ-बाप उन्हें जिल्ले हस्नैन नक़बी बनाना चाहते थे। लेकिन यह ज़ोए अंसारी बन गए। उस वक़्त का मुआशरा[6] उन्हें अरबी और फारसी का आलिम बनाना चाहता था, मगर इन दोनों ज़ुबानों के

अलावा रूसी और अंग्रेज़ी के भी आलिम बन बैठे। क़ुदरत उन्हें जब मुहक़्क़िक़[7] बनाना चाहती थी तो वो सहाफ़ी बन जाते हैं और जब उनके सहाफ़ी बनने का मौक़ा आता था तो वो साहिबे तर्ज़ इंशापर्दाज़[8] बन जाते थे। और अब अदीब बनने का मर्हला आता तो वो उस्ताद बन जाते थे। ज़ोए अंसारी ने अपनी शख़्सीयत को न जाने ऐसे कितने ही साँचों में ढाल रखा था। ज़ोए अंसारी उन लोगों में से थे जिन्होंने अपनी शख्सीयत और किरदार की तशकील[9] के लिए क़ुदरत को कम से कम ज़हमत दी और अपनी मेहनत और लगन पर ज़्यादा से ज़्यादा भरोसा किया!

ज़ोए अंसारी उर्दू अदीबों में सबसे मुख़्तलिफ़ थे। उनके रख-रखाव में उन अजीब सा बाँकपन और सजीलापन था! बात करने का ढंग ऐसा अनोखा था कि उनसे इख़्तिलाफ़ रखनेवाला भी थोड़ी देर के लिए ही सही, उनसे इत्तिफ़ाक करने पर मज़बूर सा हो जाता था। जब वो महसूस करते कि कोई उनकी बात से मुत्तफ़िक[10] नहीं हो रहा है तो वो अपने चेहरे के उतार-चढ़ाव आवाज़ के ज़ेरो बम[11] आँखों की चमक दमक और हाथों और गर्दन के पेचो ख़म[12] से कुछ ऐसा जादू जगाते थे कि देखने वाला देखता ही रह जाता था। मेरी ज़ाती राय यह है कि वो जितने बड़े अदीब मुहक्क़िक़, सहाफ़ी और मुक़र्रार[13] थे उतने ही बड़े अदाकार भी थे। हममें से कितने लोग हैं जो जब बात करते हैं तो अपने पाँचों हवास[14] को वरूयेकार[15] लाते हैं। ज़ोए अंसारी बात करते तो लगता क़ुदरत ने उन्हें दस-बारह हवास से नवाज़ रखा है।

बात चाहे पुरानी ही क्यों न हो उसे नए ढंग से कहने का गुर ज़ोए अंसारी को आता था। यूँ भी अफ़लातून और अरस्तू से लेकर, आज तक इस दुनिया में ऐसी कौन सी बात रह गई है जो पहले ना कही जा चुकी हो। हमारे हिस्से में सिर्फ़ यही आया है कि हम पुरानी बात को नए ढंग से करते रहे 'असगर' गोंडवी का शेर है :

सुनता हूँ बड़े ग़ौर से अफ़सानाए हस्ती।
कुछ ख़्वाब है, कुछ अस्ल है, कुछ तर्ज़े अदा है।।

दुनिया के यहाँ तक आते-आते अब ख़्वाब भी सारे पुराने हो चुके हैं बल्कि इन्हें देखते-देखते आँखें पथराने लगी हैं। अस्ल का राज़ भी बहुतों को मालूम है। अब अहमियत सिर्फ़ तर्ज़ अदा की ही रह गई है। बल्कि हमारे लिए अदब और आर्ट की कुल सच्चाई यही है ज़ोए अंसारी अपनी तहीर और तक़्रीर दोनों में तर्ज़े अदा के क़ायल थे। वो बोलते और लिखते तो लफ़्ज ना सिर्फ़ कानो में सुनाई देने लगता था बल्कि आँखों से दिखाई देने के अलावा ज़ुबान पर उसका ज़ायका तक सिमट आता था। जिल्द[16] उस लफ़्ज के लम्स[17] को और नाक उस लफ़्ज़ की खुशबू तक को महसूस करने लग जाती थी। ज़ोए अंसारी के नाक़ाबिले तक़्लीद[18] उसलूब[19] का यही कमाल था। ऐसा उसलूब जिसकी लज़्ज़त को महसूस करने में इनसान के पाँचों

हवास को मस्रूफ़ हो जाना पड़ा, हमअस्र[20] अदीबों में किसके हिस्से में आया है। यह ज़ोए अंसारी का हिस्सा है।

उनसे पच्चीस बरस के मरासिम[21] थे। सैकड़ों महफ़िलों में उनका साथ रहा! हिंदुस्तान के कई शहरों में साथ-साथ जाने का मौक़ा मिला! हर जगह उनकी कुलाहे कज[22] के बाँकपन में कोई फ़र्क़ ना आया। वो मुझे बहुत अज़ीज़ रखते थे, और इसकी वजह शायद यह हो कि उनकी हिस-ए-मिज़ाह बहुत तेज़ थी। शिगुफ्तगी ज़राफ़त और शोखी उनके मिज़ाज में कूट-कूटकर भरी हुई थी, मगर किसी संजीदा काम में जुट जाते तो मज़ाक़ को अपने पास फटकने नहीं देते थे। जिन दिनों वो अमीर ख़ुस्रो सोसाइटी के सेक्रेटरी थे, उन दिनों उनकी हर बात अमीर खुस्रो से शुरू होकर हज़्रत अमीर खुस्रो पर ही ख़त्म हो जाती थी। उन दिनों का एक लतीफ़ा मुझे याद आ रहा है जिसके रावी[23] अज़ीज क़ैसी हैं। ज़ोए अंसारी को किसी तक़रीर के सिलसिले में औरंगाबाद जाना पड़ा। वहाँ उन्होंने अपनी तक़रीर का आगाज़[24] इस तरह किया, "दोस्तो मैं औरंगाबाद में हूँ और औरंगाबाद वो जगह है जहाँ से कभी हज़्रत अमीर खुस्रो गुज़रे थे। मुझे आज भी इस शहर की फ़ज़ाओं में अमीर ख़ुस्रो के घोड़े की टापों की आवाज़ सुनाई देती है।"

चन्द दिनों बाद उन्हें माले गाँव में एक जलसे में जाने का मौक़ा मिला और यह भी एक इत्तिफ़ाक है कि वहाँ की फ़ज़ाओं में भी उन्हें हज़्रत हमीर ख़ुस्रो के घोड़े की टापों की गूँज सुनाई दी। कुछ अर्सा बाद वो महाराष्ट्र के एक छोटे से कस्बे धूलिया की एक तक्रीब में मदऊ[25] थे। इत्तिफ़ाक से यहाँ भी अज़ीज़ क़ैसी उनके साथ उसी तरह गए जैसे हज़्रत अमीर ख़ुस्रो के साथ उनका घोड़ा। रावी के मुताबिक़ ज़ोए अंसारी ने धूलिया में अपनी तक़रीर कुछ इस तरह शुरू की, "दोस्तो! इस कस्बा का नाम है धूलिया। और क्या आप यह जानते हैं कि इस कस्बे का नाम धूलिया कैसे पड़ा। धूलिया धूल से बना है और यह धूल वो धूल है जो हज़्रत अमीर ख़ुस्रो के घोड़े की टापों से उड़ी थी।"

अजीज क़ैसी ने अचानक सामिईन[26] में से उठकर ज़ोए अंसारी से कहा, "ज़ोए साहिब! आप पहले हज़्रत अमीर ख़ुस्रो के घोड़े का रूट (Route) तै कर ले। आप का तो कुछ नहीं बिगड़ेगा, बेचारा घोड़ा थक जाएगा।"

बहुत दिनों बाद देहली की एक बेतक़ल्लुफ़ महफ़िल में मैंने यह लतीफ़ा खुद ज़ोए अंसारी को सुनाया तो ज़ोए अंसारी का हँसी के मारे बुरा हाल था। हँसते-हँसते आँखें भीग गईं। इस लतीफ़ा को कई बार मुझसे सुना और बाद में कई दोस्तों को ख़ुद सुनाया। अपने आप पर हँसने का फ़न उन्हें ख़ूब आता था। ज़ोए अंसारी जब भी देहली आते तो मुझे ज़रूर याद कर लेते थे, मगर मेरे दोस्त शम्सुज़्ज़मा के देहली में आबाद हो जाने के बाद उनसे ज़्यादा तफ़्सीली मुलाक़ातें होने लगीं। वो शम्सुज़्ज़मा के ना सिर्फ़ क़ाइल थे बल्कि क़तील[27] भी थे! शम्सुज़्ज़मा की तह्रीक[30] पर ही उनकी

किताब 'काँटों की ज़ुबान'' की रस्मे इज्रा इसी आर्गेनाइज़ेशन आफ़ अंडरस्टैंडिंग एण्ड फ्रेटर्निटी के ज़ेरे एहतिमाम[29] मुन्अक़िद[30] हुई थी। यह भी एक इत्तिफ़ाक़ है कि इसी तक्रीब में शम्सुज़्ज़मा सख़्त अलील[31] हो गए और महफ़िल से उठकर अस्तपाल पहुँचाना पड़ा!

ज़ोए अंसारी जहाँ इस तक्रीब के कामयाब इनइक़ाद से खुश थे वहाँ शम्सुज़्ज़मा की अलालत से तशवीश[32] में भी मुब्तला थे और मैंने उन्हें हँसी-हँसी में बावर[33] कराया था कि शम्सुज़्ज़मा की अलालत का अस्ल सबब इस किताब का नाम यानि 'काँटों की ज़ुबान' है आपको अपनी ज़ुबान में इतने काँटे नहीं रखना चाहिए था कि शम्सुज़्ज़मा की तबीअत ख़राब हो जाए।''

ज़ोए अंसारी की किन-किन बातों को याद करूँ। दस बरस पहले का एक और वाक़या मुझे याद आ रहा है। जामिया मिल्लिया के एक सेमिनार के बाद डिनर जारी था। मैं और वाकिर मेहदी हाथों में प्लेटे लिए खाने में मस्रूफ़ थे। ज़ोए अंसारी दूर खड़े किसी दोस्त से हमकलाम[34] थे। वो अपने मख़्सूस अंदाज और लबो लहजा में दोस्त से कह रहे थे, ''भाई! बहुत जिंदगी जी ली, बहुत संघर्ष किया। अब तो यही तमन्ना है कि दस बरस और जी लूँ ताकि जरा इत्मीनान और सुकूनेकल्ब[35] के साथ इस ज़िंदगी को समेटूँ जो अब तक आपाधापी में जी है।''

इतना सुनते ही वाक़िर मेंहदी उनकी तरफ़ लपके और अपने मख़्सूस लहज़े में कहने लगे, ''यार, दस बरस! दस बरस!! बहुत है यार दस बरस! अगर तुम्हें मालूम हो कि तुम्हें दस बरस और जीना है तो और भी बुरा लिखोगे। इस मोहलत को कम करो। ईमान से।''

ज़ोए अंसारी ने बेसाख़्ता क़हक़हा लगाते हुए पूछा, ''तो फिर तुम्हारी राय में मुझे अपनी ज़िंदगी को समेटने के लिए कितनी मोहलत दरकार होगी।''

वाकिर मेंहदी बोले, ''पाँच बरस काफ़ी हैं। पाँच बरस काफ़ी हैं'' ज़ोए अंसारी बोले, ''अच्छा भाई चलो तुम्हारी ख़ातिर पाँच ही बरस जी लेते हैं।'' वाक़िर मेंहदी बोले, ''तो फिर यह वादा रहा। बाद में वादाखिलाफ़ी नहीं होगी।''

इसके बाद वाकिर मेहंदी ने कई दोस्तो के पास जा-जाकर कहा, ''यारो! तुम्हें एक खुशखबरी यह सुनानी है कि ज़ोए अंसारी अब सिर्फ़ पाँच बरस तक हमारे दरम्यान रहेंगे।''

उस वक्त सबने इस बात का मज़ा लिया था। लेकिन पूरे दस बरस गुज़र जाने के बाद अब यह वाक़िआ मुझे याद आ रहा है तो अहसास होता है कि क़ुदरत ने सचमुच ज़ोए अंसारी की बात मान ली थी। वो सचमुच दस बरस और इस दुनिया में ज़िंदा रहे! पता नहीं इस अर्से में उन्होंने अपने आपको कितना समेटा। समेटा भी या कुछ और बिखर गए। आज के इनसान की ज़िंदगी का अलमीया[36] ही यह

है कि वो जितना अपने आपको समेटना चाहता है उतना ही बिखरता चला जाता है!

और उर्दू का वो तरहदार और बाँका अदीब ज़ोए अंसारी नाम था जिसका! अब हमारे बीच से उठ गया! तो अनोखी और तीखी-तीखी बातें करने वाला अब हमारे दरम्यान नहीं रहा। हम उर्दू वाले इतने बेहिस हो गए हैं कि उसकी मौत पर वही रस्मी बातें करते रह जाएँगे!

एक शमअ रह गई थी सो वो भी ख़मोश है।
बड़ी मुश्किल से होता है चमन में दीदावर पैदा
आसमान तेरी लहद पर खबनम अफसानी करे।
क्या तेरा बिगड़ता जो ना मरता कोई दिन और।

और ना जाने क्या-क्या।

और अगर आज वो ज़िंदा होता और इस महफ़िल में मौजूद होता तो अपने अछूते उसलूब के जरीआ अपनी मौत में एक नई जान डाल देता।

(15 फरवरी, 1991)

संदर्भ

1. स्थायी रूप से, 2. प्रबंधक, 3. आत्मनिर्भर, 4. आत्मनिर्भर, 5. स्वनिर्मित, 6. समाज, 7. अन्वेषक 8. विशेष शैली वाला गद्य लेखक 9. रचना, 10. सहमत, 11. नीचा-ऊँचा, 12. घुमाना और मोड़ना, 13. वक्ता, 14. इंद्रियाँ, 15. काम में लाना 16. चमड़ी, 17. स्पर्श, 18. अनुसरण, 19. शैली, 20. समकालीन, 21. संबंध, 22. तिरछी टोपी, 23. बताने वाला, 24. प्रारंभ, 25. निमंत्रित, 26. श्रोतागण, 27. मारा हुआ, 28. कहने पर 29. तत्वावधान, 30. आयोजित, 31. बीमार, 32. चिंता, 33. विश्वास, 34. बातचीत करना, 35. मन की शांति 36. ट्रैजेडी।

प्रोफ़ेसर आले अहमद 'सुरूर'

प्रोफ़ेसर आले अहमद 'सुरूर' जैसी बड़ी शख़्सीयत के बारे में कुछ लिखना या इज़हारे ख़्याल करने का एक वाज़ेह नुक़सान तो मुझे यह पहुँचा है कि मुझे अचानक अपनी काम माएगी[1], कमइल्मी, बेहैसियती और बेबिज़ाअती[2] का शिद्दत से एहसास होने लगा है। अगर सुरूर साहिब पर कुछ लिखने की बात ना होती तो मैं आज यूँ अपने आप को इतना हक़ीर[3], फ़क़ीर, पुरतक्सीर[4] और ज़र्राए बेमिक़दार[5] की तरह क्यों पाता। ख़ुद को अपने अस्ली रूप में देखने के लिए भी बड़े हौसले की ज़रूरत होती है और मैं यह हौसला अपने में नहीं पाता। क़दावर शख़्सीयतों पर लिखने का दूसरा जियाँ यह होता है कि लिखने वाले को अपने क़द का सही-सही अंदाजा हो जाता है! जो लोग मेरी तरह बेवकूफ़ों की जन्नत में रहते हैं, उन्हें अपने क़द के बारे में कुछ इतनी खुशफहमी होती है कि लाल क़िले के दरवाज़े के नीचे से भी गुज़रें तो अपने सर को बरबिनाए इन्किसार नहीं बल्कि बरबिनाए ग़ुरूर झुका लेते हैं।

सुरूर साहिब उर्दू अदब की उन चन्द अज़ीम हस्तियों में से हैं जिनका मैं इतना एहतिराम करता हूँ कि मारे एहतिराम के उनसे हमकलाम होते हुए भी डरता हूँ। इनके इलमो फ़ज़्ल[7] को देखता है तो अपनी जहालत कुछ और भी रौशन और अयाँ हो जाती है। माहो-साल का जहाँ तक तअल्लुक है, जुलाई, 1936 में जब मैं पैदा हुआ था तो सुरूर साहिब ना सिर्फ़ अलीगढ़ यूनिवर्सिटी में उर्दू के लेक्चरर बन चुके थे बल्कि उससे बहुत पहले अंग्रेज़ी लेक्चररी छोड़ कर उर्दू में अपना शेरी मज्मूआ 'सल्सबील' भी 'शाए' करा चुके थे। सुरूर साहिब को सबसे पहले बहुत अर्सा क़ब्ल हैदराबाद के उर्दू हाल में तक़रीर करते सुना और देखा था। उनकी तक़रीर सुनो तो अहसास हुआ कि आदमी प्रोफ़ेसर होने के बावजूद अक्लमन्दी को बातें कर सकता है उनकी तन्क़ीद में जो एतिदाल होता है वही एतिदाल ना सिर्फ उनकी तक़रीर में नज़र आया बल्कि उनके रख-रखाव और बरताव में भी नज़र आया। ख़िताबत के दरिया तो उर्दू के बहुत से प्रोफ़ेसर बहाते हैं बल्कि बाज प्रोफ़ेसर तो ऐसे भी है जो पहले तो ख़िताबत[7] का दरिया बहाते हैं और बाद में जब यह दरिया उनके काबू

में नहीं रहता तो उस दरिया में ख़ुद बहने लगते हैं और अक्सर सूरतों में अपने सामिईन को उस दरिया के किनारे बेयारो मद्दगार छोड़कर ख़ुद डूब जाते हैं। सुरूर साहिब ख़िताबत के मामले में दरिया बहाने के क़ायल नहीं हैं उनकी तक़रीर में हर दम छोटे-छोटे चश्में उबलते रहते हैं और जब तक़रीर ख़त्म होती है तो ख़याल एक विशाल समुंदर की तरह फैल जाता है जो बसीअ भी होता है और अमीक़ भी! दूसरी तरफ़ बहुत से दानिश्वर ऐसे भी हैं जो नपी-तुली बात करने की कोशिश में बात कम करते हैं। और नापते-तौलते ज़्यादा रह जाते हैं। हालाँकि बनिए और दानिश्वर में कुछ तो फ़र्क होना चाहिए। सुरूर साहिब सचमुच नपी-तुली और सोची-समझी बात करते हैं और ज़ह्न की गिरहें खोलते चले जाते हैं। सुरूर साहिब को पहली बार सुनकर दिलो दिमाग को एक अजीबो-गरीब सुरूर हासिल हुआ। मैंने एक मद्दाह और अकीदतमंद की हैसियत से अपनी आटोग्राफ बुक में इनके आटोग्राफ़ लिए और यह आटोग्राफ़ बुक आज भी मेरे पास 'तहकुतुस्सुरूर' के तौर पर महफ़ूज़ है।

सुरूर साहिब से मेरी मुलाक़ात सन् 1972 में देहली में हुई! उस वक्त पता चला कि सुरूर साहिब बेकार व फ़ुज़ूल अदब का मुतालआ भी करते है। चुनाँचे वो मेरे बाज़ मज़ामीन पढ़ चुके थे और उनके हवाले से मुझे जानते थे। उन दिनों मैं हुकूमते हिंद की 'कमेटी फ़ार प्रोमोशन आफ उर्दू' में काम करने के लिए डेपूटेशन पर दो साल के लिए हैदराबाद से देहली आया था। मैं और डॉ. खलीक़ अंजुम, जो अब सुरूर साहिब के जानशीन[8] की हैसियत से अंजुमने तरक़्क़ीए उर्दू (हिंदी) के जरनल सेक्रेट्री बनकर ख़लीक़े अंजुमन बन गए हैं, शास्त्री भवन के एक कमरा में बैठते थे। सुरूर साहिब कमेटी के काम के सिलसिले में अलीगढ़ से देहली आते तो कभी उस कमरे में भी आ जाते और अपनी शफ़्क़तों से नवाज़ते। मुझे इस वक़्त का एक वाक़िआ याद आ रहा है! फरवरी, 1974 में यही दिन थे, बल्कि इत्तिफ़ाक़ से तारीख़ भी यही थी। उर्दू कमेटी का काम तक़ीबन ख़त्म हो रहा था और मैं उर्दू और कमेटी का बोरिया-बिस्तर गोल कर रहा था और हैदराबाद वापस जाने की तैयरियाँ कर रहा था। दोस्तों ने कहा भी कि अब देहली आ गए हो तो देहली में ही रहो। हैदराबाद वापस क्यों जाते हो, मगर सवाल नौकरी का था। मैं उर्दू की रोटी ख़ाने से हत्तलइम्कान गुरेज़ करता हूँ क्योंकि उर्दू की रोटी पहले तो आसानी से नहीं मिलती और अगर मिलती भी है तो इस रोटी की तक़सीम में बहुत घपला होता है। वजह इसकी यह है कि दूसरे पेशों में लगे हुए लोगों को तो अल्लाह मियाँ रोटी देते हैं, लेकिन उर्दू की रोटी उर्दू का प्रोफ़ेसर देता है जो सिलेक्शन कमेटियों में बैठता है। वही हमारा राज़िक़[10] और अन्नदाता होता है। फिर जिस तरह वो रोटी देता है, अगर ख़ुदा नाख़्वास्ता अल्लाह मियाँ भी इसी तरह देने लग जाएँ तो शायद आदमी भूखा रहने को ज़रूरी समझे। बंदे की भी तो अना होती है, इसलिए उर्दू की रोटी में ग़िज़ाईयत कम और ज़िलत ज़्यादा होती है। इसे इत्तिफ़ाक़ ही समझिए कि जब मैं हैदराबाद

जाने की तैयारियाँ कर रहा था तो अचानक नेशनल काउंसिल आफ एजुकेशनल रिसर्च एण्ड ट्रेनिंग में मेरे नाम एक इण्टरव्यू काल आया कि 23 फ़रवरी की उर्दू के असिस्टेण्ट एडिटर की आसामी के इण्टरव्यू में शिर्कत करो। मैंने निहायत बेदिली के साथ इस इण्टरव्यू में शिर्कत करने का फ़ैसला तो किया मगर जाने को जी नहीं चाहता था। बारह साल पहले आज ही के दिन दोपहर में यह इण्टरव्यू था। मुझे पता नहीं था कि इण्टरव्यू में कौन एक्सपर्ट होगा और उम्मीदवार कौन-कौन होंगे। मैं शास्त्री भवन में बैठा था कि अचानक सुरूर साहिब अपने हाथ में सामान पकड़े अलीगढ़ से आ गए। मैं कमरे में अकेला था बोले, "अभी अलीगढ़ से आ रहा हूँ दोपहर में एक ज़रूरी काम है। मैं सामान यहाँ छोड़े जा रहा हूँ। शाम में आकर इसे ले जाऊँगा। तुम तो अपने दफ्तर में ही रहोगे?"

मैंने कहा, "सुरूर साहिब! दोपहर में मुझे भी एक ग़ैर ज़रूरी काम से बाहर जाना है, मगर शाम तक वापस आ जाऊँगा। आप शौक़ से अपना सामान यहाँ छोड़ जाएँ।" वो चले गए तो मैं इण्टरव्यू देने के लिए भाग खड़ा हुआ। वहाँ कई जुग़ादरी उम्मीदवार हाथों में डॉक्टरेट की डिग्रियाँ लिए बैठे थे। मुझे अपनी बी. ए. की डिग्री पर बहुत शर्म आई। उस यूनिवर्सिटी को भी शर्म आई होगी जिसने मुझे यह डिग्री दी थी। मैं चुपचाप वहाँ से खिसक जाने की सोच ही रहा था कि अचानक मेरा नाम पुकारा गया। मरता क्या ना करता। अंदर गया तो देखा कि बड़े नामी गिरामी प्रोफ़ेसर साहिबान बैठे मेरा इंतिजार कर रहे हैं। उनमें प्रोफ़ेसर आले अहमद सुरूर बहुत नुमाया थे। मैंने सोचा, अच्छा तो यह ज़रूरी काम था सुरूर साहिब की देहली में। फ़िर ख़याल आया चूँकि सुरूर साहिब का सामान मेरे ही कमरे में है, इसीलिए वो मेरी ख़ातिर ना सही कम अज़ कम अपने सामान की ख़ातिर ही मेरे साथ ज़रूर हमदर्दी करेंगे। मगर इण्टरव्यू शुरू हुआ तो मामला ही दूसरा था। प्रोफ़ेसर ख़्वाजा अहमद फारूक़ी, जिनसे मैं कभी नहीं मिला था निहायत नर्मी और शफ़क़त से पेश आते रहे बल्कि खुले बंदों और दिन-दहाड़े मेरी तारीफ करते रहे, जबकि सुरूर साहिब ने तरह-तरह के सवालों की बौछार मुझ पर कर दी। मैं पसीना में शराबोर हो गया। मैंने तेहेया कर लिया कि आइंदा कभी उर्दू की रोटी नहीं खाऊँगा। मैं इंटरव्यू से बाहर निकल आया अपना पसीना खुश्क़ किया। कुछ उम्मीदवारों से बातें कीं। मालूम हुआ दो उम्मीदवार ऐसे भी हैं जो सुरूर साहिब के अज़ीज़े शागिर्द रह चुके हैं। मैं मायूस सा हो गया। मगर आस भी क्या बुरी चीज होती है। मैंने सोचा सुरूर साहिब अपना सामान लेने के लिए मेरे कमरे पर आएँगे तो नतीजा के बारे में उनसे पूछ लूँगा। बसों में धक्के खाते-खाते दफ़्तर वापस आया तो देखा कि सुरूर साहिब अपना सामान लेकर कब के जा चुके थे। उनके इस तरह चले जाने से मुझे अपने नतीजे का अंदाज़ा हो गया और मैंने हैदराबाद वापस जाने की तैयारियाँ जोरो-शोर से शुरू कर दीं मैंने फैसला कर लिया कि आइंदा कभी उर्दू के किसी प्रोफ़ेसर के

सामान की हिफ़ाज़त नहीं करूँगा। आठ दिन बाद मैं दफ्तर में बैठा था कि NCERT से मेरे नाम ख़त आया कि मियाँ तुम्हारा इंतिख़ाब हो गया है, आकर अपना राजपाट संभालो। खत का मत्न[10] कुछ इस तरह था कि मियाँ चूँकि तुम्हारी तालीम बहुत कम है, इसीलिए उसकी तलाफ़ी के लिए तुम्हें दो ज़ायद इंक्रिमेंट्स भी दिए जाएँगे। बाद में किसी ने बताया कि सुरूर साहिब ने इंटरव्यू में मुझे परेशान करने के लिए जितना ज़ोर लगाया था उतना ही ज़ोर उन्होंने मेरे इंतिख़ाब के लिए भी लगाया था। प्रोफ़ेसर ज्ञानचंद जैन ने सुरूर साहिब पर अपने खूबसूरत ख़ाक़े में लिखा है कि सुरूर साहिब सिलेक्शन कमेटियों के बेहतरीन रूकन[11] होते हैं और कभी गलत इंतिखाब नहीं करते! मैं उनके इस दावा की तर्दीद के लिए अपनी मिसाल पेश करता हूँ कि सुरूर साहिब कभी-कभी इंतिख़ाब में गलती भी कर जाते हैं। कभी-कभी मुझे एहसास होता है कि अगर उस दिन सुरूर साहिब ने मेरे कमरे में अपना सामान ना रखवाया होता तो आज मैं अपनी बेसरो सामानी के साथ हैदराबाद में होता!

अगरचे बुज़ुर्गों की ख़ामियों की तरफ़ इशारा करना ख़ुद एक ख़ामी है मगर मैं सुरूर साहिब की एक ख़ामी की तरफ़ इशारा करना चाहूँगा कि वो उर्दू के प्रोफ़ेसर होने के बावजूद उर्दू के प्रोफ़ेसर नहीं लगते। उनमें वो बात ही नहीं है जो उर्दू के बहुत से राइजुलवक्त[12] प्रोफ़ेसर में पाई जाती है। उनमें ना छल है न साजिश है न हेर-फेर, न कीना है[13] ना बुग्ज़[14], ना ग़ीबत है। ना मुनाफ़क़त[15] ना इक़्तिदार[16] की हवस, ना साहिबाने इक़्तिदार को कुर्बत से उन्हें कोई सरोकार है। उर्दू के उस्ताद अब जोड़-तोड़ के ही नहीं बल्कि तोड़-फोड़ के क़ायल होते जा रहे हैं। यह सलाहीयत अब उर्दू के प्रोफ़ेसरों की बुनियादी काबिलीयत में शुमार की जाने लगी है और उर्दू कल्चर का हिस्सा बनती जा रही है। सुरूर साहिब इन सब बातों से बेनियाज, नामो नुमूद और शोहरत की तलब से नावाबिस्ता अपने जहाने इल्मो दानिश में मस्त और मगन हैं। उन्होंने हमेशा गिरोह बंदियों से अपने आप को अलग रखा। उन्होंने अपने लिए ग़ैर जानिबदारी, मियानारवी और एतिदालपसंदी की वो मुश्किल रविश[17] इख़्तियार की है जिस पर आज के दौर में चलना और फ़िर सुर्ख़ुरू होना कोई मज़ाक या दिल्लगी नहीं है। यह सच है कि आलमी सियासत में हिंदुस्तान को यह एजाज़ हासिल है कि इसने Non-alignment या गैरजानिबदारी या गुटनिरपेक्षता को राइज किया है, लेकिन मुझे यह कहते हुए फख्र हो रहा है कि उर्दू अदब में 'गुटनिरपेक्षता' सुरूर साहिब की बसातत से पिछले पचास बरसों से राइज है!

सुरूर साहिब के मिजाज़ में जो इस्तिग़ना[18] है, जो बेनियाजी है, जो नर्मी और मुलायमत है, जो एतिदाल और तवाज़ुज है वो इन ही का हिस्सा है। यह बेशवहा दौलत उनकी अपनी है। मैं इनके फरजंद अहमद सिद्दीक़ का दोस्त हूँ। सुरूर साहिब के मिज़ाज में जितनी नर्मी है, उतनी ही अदमे तवाज़ुन सिद्दीक की ज़ात में है। सुरूर

साहिब किसी भी मामले में हत्मीराय नहीं देते। सिद्दीक़ ना सिर्फ़ राय देते हैं बल्कि फ़ैसला भी सादिर कर देते हैं!

इनामात और एज़ाज़ात सुरूर साहिब के पीछे भागते हैं तो यह अलग बात है, मगर सुरूर साहिब ने कभी इनामात और एज़ाज़ात के पीछे भागकर अपने आपको हलकान नहीं किया!

यह बात हम सबके लिए बड़ी मर्सरत की है कि आज सुरूर साहिब के एज़ाज़ में शाए-कर्दा किताब 'तुहफतुस्सुरूर' का इज्रा हो रहा है। अगरचे यह किताब अपने नाम से तसव्वुक़ की कोई किताब मालूम होती है, लेकिन ग़ौर से देखा जाए तो सुरूर साहिब सचमुच जदीद उर्दू अदब के सूफी और कलन्दर ही हैं। जिनका मसलक लोगों में इल्म और आगही की दौलत दोनों हाथों से लुटाना रहा है। सुरूर साहिब ने अपने अफ़्कारों ख़यालात के ज़रीआ कई नस्लो की ज़ेहनी तर्बीयत की है। अपनी तन्क़ीदी बसीरत के ज़रीआ लाखों जेहनों को जिला बख़्शी है। सुरूर साहिब अपनी वजह से आखिरी उर्दू प्रोफ़ेसर और दानिश्वर हैं। जब-जब इन्हें देखता हूँ तो 'फ़िराक' गोरखपुरी का वो शेर मुझे याद आता है जिसमें उन्होंने अपने हम अस्रों को इस लिहाज़ से खुशक़िस्मत साबित किया है कि उन्होंने 'फ़िराक़' को देखा था और 'फ़िराक' से बातें की थीं। सुरूर साहिब के बारे में मेरा तअस्सुर भी कुछ इसी तरह का है कि हम इस एतिबार से खुशकिस्मत हैं कि हमने अपनी आँखों से सुरूर साहिब को न सिर्फ देखा, अपने कानों से उन्हें सुना, अपने दिल से उन्हें महसूस किया, अपने दिमाग़ से उन्हें सोचा। हमने उन्हें ना सिर्फ़ परखा और बरता है बल्कि उनके सामान की हिफ़ाज़त भी की है और आगे उनकी अक़्दार की हिफ़ाज़त करते रहेंगे। मेरी दुआ है कि सुरूर साहिब की तन्क़ीद का साया हमारे अदब पर बरसों क़ायम रहे! आमीन।

संदर्भ

1. कमी, 2. असमर्थता, 3. तुच्छ, 4. दोषों से भरा होना, 5. कर्ज जो मूल्यहीन न हो, 6. ज्ञान एवं विद्वत्ता, 7. भाषण, गहरा, 8. उत्तराधिकारी 9. रोज़ी देने वाला, 10. पाठ, विषय, 11. सदस्य, 12. वर्तमान, प्रचलित, 13. द्वेष, 14. अंदर छिपा बैर, 15. मिथ्याचार, 16. प्रभुत्व, 17. रास्ता, 18. निस्पृहता।

शम्सुर्रहमान फ़ारूक़ी

उर्दू अदब की सब से मुन्फ़रिद[1] और मुम्ताज़[2] शख़्सीयत शम्सुर्रहमान फ़ारूक़ी के बारे में माहनामा किताब नुमा ने पिछले हफ़्ता एक ख़ुसूसी शुमारा[3] शाए[4] किया है जिसकी रस्म-इज्रा[5] के सिलसिले में देहली में एक ख़ूबसूरत अदबी महफ़िल भी आरास्ता की गई जिसमें ख़ुद शम्सुर्रहमान फ़ारूक़ी ने ब-नफ़्स नफ़ीस शिर्कत की। तक़रीब में शम्सुर्रहमान फ़ारूक़ी का ज़िक्र इसलिए ज़रूरी है कि फ़ारूक़ी ऐसी रस्मी-महफ़िलों में ज़रा कम ही शिर्कत[6] करते हैं। ग़ालिबन ये पहला मौक़ा है जब शम्सुर्रहमान फ़ारूक़ी ने ख़ुद अपने बारे में मुन्अक़िद[7] होने वाले एक जलसे में शिर्कत करके अपने आप को इज़्ज़त बख़्शी है! फ़ारूक़ी अपनी ज़ात को ऐसे एज़ाज़ ज़रा कम ही अता[8] करते हैं। हमें ये भी ऐतिराफ़ है कि हमने बीसों अदीबों और दानिश्वरों के ख़ाक़े लिखे लेकिन कभी फ़ारूक़ी का ख़ाक़ा नहीं लिखा। हालाँकि उनसे तअल्लुक़े-ख़ातिर निहायत पुराना है उनसे हमारी बेतअल्लुक़ी भी है! हम दोनों की उम्रों में कोई खासे फ़र्क भी नहीं हैं, लेकिन उनके वेश-बहा इल्म[9] और अदबी मर्तबे की वजह से हमने उन्हें हमेशा बुजुर्ग माना। फिर शम्सुर्रहमान फ़ारूक़ी वो पहले नाक़िद हैं जिन्होंने 1967 ई. में जब कि हमारे 6-7 मज़ाहिया मज़ामीन भी शाए हुए थे हमारी मज़ाह निगारी के बारे में राय देते हुए हैदराबाद के माहनामा 'सबा' में लिखा था, "ऐसा लतीफ़ मज़ाह[10] और ऐसी शुश्ता ज़बान उर्दू में आज शाज़ ही किसी को नसीब हो" उनकी इतनी अच्छी राय के बावजूद हमें न जाने क्यों उनकी राय को तस्लीम करने में अर्से तक ताम्मुल रहा। ये उन दिनों की बात है जब 60 ई. की दहाई के बाद अदब में जमूद[11] वग़ैरा तारी हो गया था।

तरक़्क़ी पसंद तहरीक और नज़रियाती तन्क़ीद का ज़वाल[12] शुरू हो चुका था। अदबी जमूद के इस ठहरे हुए समुन्दर की सतह पर शम्सुर्रहमान फ़ारूक़ी ने चुपके से जदीदयत की एक कंकरी फेंकी और कुछ इस तरह फेंकी कि अदब में एक हलचल सी पैदा हो गई। फिर इस हलचल में मज़ीद शिद्दत पैदा करने के लिए फ़ारूक़ी ने 1966 ई. में इलाहाबाद से अपना रिसाला 'शबख़ून' ज़ारी किया। तब से अब तक

शम्सुर्रहमान फ़ारूक़ी और उनका रिसाला 'शब ख़ून' दोनों अदब के मामिलात में सरगर्म अमल हैं। और कहा जाता है कि इस शौक़ की तकमील[13] के लिए उन्होंने गोरखपुर के एक जिल्दसाज़ से दोस्ती कर ली थी! चुनांचे जब भी कोई किताब जिल्दबंदी के लिए जिल्दसाज़ के पास आती तो फ़ारूक़ी पहले इस किताब को पढ़ते थे और तब कहीं जिल्दसाज़ उसकी जिल्दबंदी करता था। हमें यक़ीन है कि फ़ारूक़ी को जब कोई किताब पसंद न आती होगी तो वह जिल्दसाज़ से कह देते होंगे कि भैया इस किताब की जिल्द न बनाओ! इसका ज़ाए[14] हो जाना ही बेहतर है! इल्म और अदब के मामले में उनके राय देने का अंदाज़ यही होता है। नतीजे में जिल्द साज़ का कारोबार तो ठप हो गया हो गया! लेकिन फ़ारूक़ी तो इल्म की दौलत से मालामाल हो गए! बहुत कम लोगों को मालूम होगा कि फ़ारूक़ी ने किताबें पढ़-पढ़ कर चौदह साल की उम्र में ही अपनी आँखें ख़राब कर ली थीं। चुनांचे आज भी वह ऐसी ऐनक लगाते हैं जिसे देख कर यूँ लगता है जैसे उन्होंने अपनी आँखों की जिल्दबंदी करा रखी है! इस ऐनक से लोग तो उन्हें नज़र आ जाते हैं। लेकिन लोगों को उनकी आँखें नज़र नहीं आतीं।

शम्सुर्रहमान फ़ारूक़ी से हमारा शख़्सी रब्त-ज़ब्त[15] भी देहली आने के बाद बढ़ा। इसको भी कई बरस बीत गए! कुछ लोग उन्हें मग़रूर आदमी समझते हैं! इब्तिदा में हम भी यही समझते थे। लेकिन कई मुलाक़ातों में एहसास हुआ कि लोग जिसे फ़ारूक़ी का गुरूर समझते हैं वह असल में उनके वसीउल-मुताला[16] होने का एतेमाद है! किसी भी इल्मी और अदबी मसले पर वह जिस तरह दो टूक राय दे देते हैं और जिस शिद्दत से राय देते हैं उसे लोग उनके ग़रूर से ताबीर करते हैं। यूँ भी फ़ारूक़ी दो एक मुलाक़ातों में समझ में आ जाने वाली शख़्सीयत नहीं हैं! उनकी पहलूदार शख़्सीयत की परतें कई मुलाकातों के बाद ही खुलती हैं! फ़ारूक़ी अपनी बातचीत में गालियों का भी बेदरेग़[17] इस्तेमाल करते हैं। इब्तिदा में हमें भी इससे उलझन सी हुई, लेकिन जब अपनी ही किसी गलती पर उन्होंने उन गालियों का इस्तेमाल ख़ुद अपने लिए किया तो एहसास हुआ कि ये तो गाली देने के मामिले में निहायत बेलौस[18] आदमी हैं! एक ज़माना था जब फ़ारूक़ी हमेशा अपने मुँह में पाइप दबाकर रखते थे जिसकी वजह से वह कुछ और भी मग़रूर नज़र आते थे लेकिन इधर कई बरसों से ये सिलसिला तर्क[19] हो गया है! फ़ारूक़ी को हमने जब भी देखा लिखते-पढ़ते ही देखा! आधी रात को भी उनके घर के सामने से गुज़र हुआ तो देखा कि कई मोटी किताबें सामने रखी हैं! और वह मुताला[20] में ग़र्क़ हैं। या कुछ लिखने में मसरूफ हैं। इल्म और अदब के लिए ऐसी लगन बहुत कम लोगों में देखी! आज से लगभग तीस बरस पहले उन्होंने जब 'जदीदयत' का परचम बुलंद किया तो अदब में ज़ोरदार बहसों का आग़ाज़ हो गया! हमारे दोस्त वहीद अख़्तर ने जदीदयत को तरक़्क़ी पसंदी की तौसी क़रार दिया! गरज़ उन बहसों में बड़ी

उथल-पुथल हुई और शम्सुर्रहमान फ़ारूक़ी के अतराफ नए लिखने वालों का एक बड़ा हल्क़ा पैदा हो गया! फ़ारूक़ी ने अपनी तनक़ीद के जरीए-जदीदयत की भरपूर तशरीह की! ये किसी की समझ में आई और किसी की समझ में न आई! उन्होंने फ़न पोर को ही फ़न की जाँच का पैमाना बनाया—ग़रज़ ये एक तवील बहस है लेकिन दिलचस्प बात ये है कि तीस बरस पहले जो लोग उनके मुखालिफ़ थे। (बशमूल हमारे) आज वह रफ़्ता रफ़्ता उनसे मुत्फ़िक़ होते नज़र आते हैं। और कुछ लोग जो उनके हामी थे अब उनसे दूर होते नज़र आने लगे हैं। ये इस बात की दलील है कि फ़ारूक़ी ने पिछले तीस बरसों में जो भी बातें कीं वह सब मुदल्लल और मारुज़ी हैं जिसका एहसास अब उनके मुख़ालिफीन को भी होने लगा है! ये भी दुरुस्त है कि फ़ारूक़ी की तहरीरों के ज़ेरे असर बाज़ लोग गुमराह भी बहुत हुए। यूँ भी कुछ लोगों में अपने बलबूते पर गुमराह होने की ज़बरदस्त सलाहियत होती है। इसके लिए फ़ारूक़ी को और उनकी तहरीरों को ज़िम्मेदार ठहराना ग़लत होगा! फ़ारूक़ी की खूबी ये है कि उन्होंने सबसे पहले उर्दू फ़ारसी और अरबी के अदब का गहरा मुताला किया और वह कहीं जाकर मरिग़वी अलूम और अदब से इस्तेफादा किया! इसीलिए उनकी तनक़ीद में एक गहरा चाव और तवाज़ुन नज़र आता है। उनकी नज़र आज के पूरे अदबी मंज़र नामे पर हैं! मुहम्मद हसन असकरी ने अगर उन्हें हाली के बाद उर्दू का सबसे बड़ा नक़्क़ाद क़रार दिया है तो ग़लत नहीं किया! बिलाशुबा वह एक दयानतदार नक़्क़ाद हैं! और उन्होंने हमेशा अपने आपको मसलिहतों से दूर रखा है। वह गिरोहबंदी के भी क़ायल नहीं हैं। हालाँकि उनकी तहरीरों के ज़ेरे असर हमारे अदब में अपने आप ही एक गिरूह तशकील पा गया था। फ़ारूक़ी शाइर भी हैं। लेकिन हमें उनकी नस्र उनके शेर से अच्छी लगती है!

शम्सुर्रहमान फ़ारूक़ी हुकूमते हिंद के मुहकमा[21] डाक के एक बहुत बड़े उहदे से इसी साल के आवायल[22] में रिटायर हुए हैं! लोग रिटायर होकर दुखी हो जाते हैं लेकिन ये बहुत खुश हैं! कहते हैं कि अब वह लिखने-पढ़ने के लिए ज़्यादा से ज़्यादा वक़्त निकाल पाएँगे! फ़ारूक़ी उन लोगों में से हैं जिन्होंने कभी अदब के लिए अपने ओहदा का इसतेहसाल नहीं किया। हलिया अर्से में मीर की शायरी के मुफ़स्सल मुताला और तज़ज़िया के सिलसिले में उन्होंने चार जिल्दों में ''शोरे-शेर-अंगेज़' के नाम से किताब लिखी है जो उनका बहुत बड़ा कारनामा है हमारे एक दोस्त को शिकायत थी कि उर्दू में हूटिंग का कोई मुनासिब तर्जुमा नहीं है फ़ारूक़ी की शुहराए आफ़ाक़ किताब की इशायत के बाद उन्होंने इस किताब के नाम में थोड़ी सी तहरीफ़ कर के हूटिंग का तर्जुमा बरामद कर लिया है अब मुशायरों में होने वाली हूटिंग को वह ''शोरे-शेर-अंगेज़'' कहते हैं। हम पहले कह चुके हैं कि फ़ारूक़ी की ज़ात को समेटना आसान काम नहीं है! उनके वे मिसाल कारनामों की तफ़सील बयान करने के लिए एक दफ़्तर चाहिए! इस सरसरी सी तहरीर का मक़सद किताब नुमा

के एडीटर शाहिद अली खाँ और उस ख़ुसूसी शुमारा के मुरत्तिब अहमद महफ़ूज़ को मुबारकबाद देना है कि उन्होंने उर्दू तनक़ीद की सबसे अहम शख़्सीयत के बारे में ज़रूरी मवाद को यकजा कर दिया हैं अगरजे बहुत से गोशे तिश्ना हैं! यूँ भी शम्सुर्रहमान फ़ारूक़ी की शख़्सीयत की इतनी जेहतें हैं कि उन पर होने वाले हर काम में तिशनगी तो रहेगी ही–ख़ुशी इस बात की है कि इस जिमन में एक शुरुआत तो हुई है!

(1996 ई.)

पिछले दिनों उर्दू के मुनफ़रिद नुक़्काद 'शायर और मुमताज़ दानिश्वर[27] शम्सुर्रहमान फ़ारूक़ी को पाँच लाख रुपयों की मालियत के 'सरस्वती सम्मान' से नवाज़ा[28] गया है ये इनाम हर साल बिरला फाउंडेशन की तरफ़ से हिंदुस्तान की चौदह ज़बानों के अदीबों और फ़नकारों में से किसी एक को दिया जाता है, ये पहला मौक़ा है जब उर्दू के किसी अदीब और शाइर को ये इनाम दिया गया है! हमने उर्दू के शाइरों और अदीबों को मुख़्तलिफ़ इदारों की तरफ़ से दो-ढाई लाख रुपयों तक के इनायत को तो वूसल करते देखा है लेकिन यकमुश्त पाँच लाख रुपयों की मालियत का इनाम लेते हुए किसी और उर्दू अदीब को नहीं देखा! हिंदुस्तान ही नहीं पाकिस्तान में भी किसी उर्दू अदीब को इतनी भारी मालियत का इनाम अब तक नहीं मिला है। ये एक ऐसा वाक़या है जिस पर उर्दू के अदीबों और फ़नकारों को बज़ा तौर पर हस्ब तौफ़ीक़[25] या तो नाज़ करना चाहिए या हसद की आग में जलना[26] चाहिए! हमने दोनों सूरतों की गुंजाइश इसलिए रखी है कि आदमी के दिल का हाल भला कौन जान सकता है। अलबत्ता हम अपने दिल की बात बता देते हैं कि हम अपना शुमार अव्वल-अल-ज़िक्र[27] ज़ुमरे के लोगों में करना चाहेंगे क्योंकि शम्सुर्रहमान फ़ारूक़ी हमारे दोस्त हैं और उनसे हमारे बड़े पुराने भरासिम हैं! शम्सुर्रहमान फ़ारूक़ी उन लोगों में से हैं जिन्होंने ना सिर्फ़ अपने अदबी और तनक़ीदी मयार को बरक़रार रखा है बल्कि ईनामात लेने के मामले में भी वह एक ख़ास मयार को बरकरार रखने के क़ायल हैं यही वजह है कि उन्हें जब भी कोई इनाम मिला तो बड़ा ही इनाम मिला ऐरे-गैरे छुट भइए ईनामात को लेने से उन्होंने हमेशा गुरेज़ किया है! जबकि हमारे यहाँ आलम ये है कि हमारे बाज़ अदीब और नक़्क़ाद एक बा जाबताँ लाहे अमल तैयार करके ईनामात को हासिल करने की क़ोशिश में लगे रहते हैं। हर साल के इख़तेताम पर वह इस बात का जाएज़ा लेते हैं कि वह कौन सा खुश किस्मत इनाम है जो उन्हें अब तक नहीं मिल पाया है फिर वह उसे हासिल करने की जुस्तुजू में जुट जाते हैं! दारोग़ वर गरदन रावी किसी ने बताया कि उर्दू के एक दानिश्वर इन दिनों किराना मर्चेण्ट्स एसोसिएशन का इनाम हासिल करने की जुस्तुजू में लगे हुए हैं! हमने कहा "किराना एसोसिएशन का इनाम कोई अदबी इनाम नहीं बल्कि तिजारती इनाम है ये उन्हें कैसे मिल सकता है? इस पर रावी ने कहा, "हुज़ूर! इन दिनों अदब की सरगर्मियाँ भी तो तिजारती सरगर्मियों की तरह ही चल रही हैं। अदब

और तेजारत में इतनी मुमासिलत पैदा हो गई है कि हमें तो सौदा तौलते वक़्त डण्डी मारने और किसी के बारे में तनक़ीदी मज़मून लिखने में कोई फर्क़ नज़र नहीं आता! आदमी किराना की दुकान खोले या अदब का कारोबार करे, दोनों अस्ल में एक ही तरह के काम हैं! क्योंकि दोनों पेशों में बेईमानी क़द्र मुश्तीरक का दर्ज़ा रखती है! आप किराना मर्चेंट्स एसोसिएययरन के इनाम पर हैरत का इज़हार कर रहे हैं! मेरा बस चले तो इखबार बेचने वालों की तनज़ीम 'हाकर्स एसोसिएशन' का इनाम भी उन्हें दिलवा दूँ, क्योंकि वह भी अपने तयशुदा अदीबों और शाइरों के हक़ में यूँ आवाज़ बुलंद करते हैं जैसे उनके अदब के मुताला की सिफ़ारिश ना कर रहे हों बल्कि आज़ का अखबार बेच रहे हों!"

बहरहाल इन दिनों अदब और हमारे समाज में इनामों की एक दौड़ चल पड़ी है। किसी ज़माने में इनामों के सिलसिला में दो ही फ़रीक़ों की अहमीयत हुआ करती थी! एक फ़रीक़ इनाम देता था और दूसरा फ़रीक़ इनाम लेता था! लेकिन इधर कुछ अर्सा से इस कारोबार में एक तीसरे फ़रीक़ का भी इज़ाफ़ा हो गया है और वह है 'इनाम दिलाने वाला' और तीसरा फ़रीक़ अब इतनी अहमीयत अख़्तियार कर चुका है कि इब्तदाई दोनों फ़रीक़ों की नौइयत अब ज़ैली[28] हो गई है! अब किसी अदीब को इनाम मिलता है तो हर कोई उससे ये नहीं पूछता कि उसे ये इनाम किसने दिया है! बल्कि ये पूछता है कि उसे ये इनाम किसने दिलवाया है यही वजह है कि कई इनामयाफ़्ता अदीब अब इनामयाफ़्ता कम और सज़ायाफ़्ता ज़्यादा नज़र आते हैं। और इनाम दिलाने वाले फ़र्द के आगे यूँ महजूब और शर्मसार रहते हैं कि आँख मिलाकर बात भी नहीं कर सकते। दूसरी बात ये है कि इनाम किसको मिलता है तो उसके दस हिस्सेदार और दावेदार भी पैदा हो जाते हैं! दूर क्यों जाइए एक बार हमें पंद्रह हज़ार रूपए की मालियत का इनाम मिला था तो एक साहब ने इशारातन हमें बावर कराया था कि इस रक़म में वह भी दस फ़ीसदी के हक़दार हैं! क्योंकि इस इनाम को दिलाने में उन्होंने भी थोड़ा सा हिस्सा अदा किया है—या दस बख़ैर—मुशफ़िक़ ख्वाज़ा ने एक जगह लिखा है कि..."परबीन शाकिर मरहूम को जब उनके एक मजमूए पर एकादमी अदबियात पाकिस्तान का चालीस हज़ार का इनाम मिला तो साक़ी फ़ारूक़ी ने कहा "इस रक़म में से दस फ़ीसद का मैं हक़दार हूँ क्योंकि इनाम याफ़्ता मज़मूए का फ्लेप मैंने लिखा है!" ये बात नज़ीर सिद्दीक़ी तक पहुँची तो उन्होंने फ़रमाया "साक़ी फ़ारूक़ी का हिस्सा अदा करने के बाद जो रक़म बचे वह मुझे मिलनी चाहिए क्योंकि परवीर शाकिर की शोहरत और मक़बूलयत मेरे मक़ाले की वजह से है।" इनामों का ज़िक्र चल पड़ा है तो हमें साहित्य एकाडमी के तेरह-चौदह बरस पुराने एक इनाम की याद भी आ गई जो सिंधी ज़बान के एक शाइर को दिया गया था ये शाइर हमारे भी दोस्त थे! उर्दू के बड़े दिलदादा और परसतार थे! सिंधी में लिखते थे लेकिन उर्दू की किताबें हमेशा उनके ज़ेरे मुताला

रहती थीं! चूँकि हमारे पड़ोसी थे, इसीलिए हमसे अक्सर मिला करते थे और उर्दू की किताबें ले जाया करते थे! जब उन्हें इनाम मिला तो हमे भी ख़ुशी हुई कि चलो साहित्य एकाडमी का इनाम कम अज़ कम हमारे पड़ोसी तक तो चल आया। चूँकि हम सिन्धी ज़बान नहीं जानते इसीलिए हमे पता नहीं चला कि उन्होंने अपनी इनाम याफ़्ता किताब में क्या लिखा है। कुछ अर्सा बाद सिंधी ज़बान के एक अदीब का मुरासला एक अंग्रेज़ी एख़बार में शाए हुआ! जिसमें ये इनकेशाफ़ किया गया था कि इस किताब में जितनी भी नज़्में हैं वह सब की सब उर्दू शाइरों की हैं। जिनका रास्त तर्जुमा सिन्धी ज़बान में कर दिया गया है! सोने पर सोहागा ये हुआ कि जिन उर्दू शाइरों की नज़्में इस किताब में शामिल थीं वह सबके सब हमारे दोस्त भी थे! जैसे कुमार पाशी, मख़मूर सईदी, शहूरयार और काज़ी सलीम वगैरह! और जब हमारे उर्दू शाइर दोस्तों को पता चला कि सिंधी ज़बान के इनाम याफ़्ता शाइर हमारे दोस्त भी हैं तो आन ज़हानी कुमार पाशी मुसिर हो गए कि हम बीच में पड़कर एकाडमी के इनाम की रक़म को उर्दू शाइरों में उनकी नज़्मों के तनासुन से तकसीम करें! नतीज़ा में इस इनाम की ईमानदाराना और मुनसिफ़ाना तक़सीम के दौरान हमारी हालत कहानी वाले इस बंदर की सी हो गई जिसने दो लड़ने वाली बिल्लियों के दरमियान रोटी की मुसावयाना तक़सीम का बेड़ा उठाया था हमारी कितनी ही शामें इस इनाम की 'बंदरबाँट' की नज़र हो गईं। इस बहाने जब सारा इनाम हम ख़ुद हड़प कर चुके तो हमने अपने शाइर दोस्तों को ये कहकर मुतमईन कराया कि "भैया! ज़रा ग़ौर से देखो तो तुम्हारे लिए ये इतमीनान क्या कुछ कम है कि तुम्हें भी बिल बास्ता तौर पर साहित्य एकाडमी एवार्ड मिल चुका है ये और बात है कि तुम्हें उर्दू में नहीं बल्कि सिन्धी ज़बान में इनाम मिला है! ज़बान तो सिर्फ़ एक जरीए इज़हार है! अस्त अहमियत तो शाइरी और इनाम की है! और ये दोनों चीज़ें तुम्हें मिल चुकी हैं!" साहित्य एकाडमी का ये ग़ालबन वाहिद इनाम था जिसकी तकसीम हमारे ना मुबारक हाथों से लगातार डेढ़ दो बरस तक अमल में आती रही! एक दिन हमारे सिन्धी शाइर दोस्त ने जब हमें गिड़गिड़ाकर बताया कि वह इस इनाम से मिलने वाली रक़म से कहीं चार गुना ज़्यादा रक़म हम पर और उर्दू शाइरों पर ख़र्च कर चुके हैं तो हमने इन्सान दोस्ती के नाम पर और पड़ोसी के हक़ को मद्देनज़र रखते हुए इनाम की तक़सीम के अमल जारया को रोक दिया।

शम्सुर्रहमान फ़ारूक़ी को इनाम मिलने की इत्तिला पाकर हमें कई इनामात की याद इसलिए आ गई कि फ़ारूक़ी को मिलने वाला ग़ालबन ये वाहिद इनाम है जिसमें इनाम देने वाला और इनाम लेने वाला तो दिखाई दे रहा है लेकिन इनाम दिलाने वाला दिखाई नहीं दे रहा है! नक़ली इनामों की इस भीड़ में ये एक ख़ालिस और जेनिविन इनाम है। ये एक बिला शिरकत ग़ैर अपने बलबूते पर हासिल किया गया इनाम है। वाजेह रहे कि फ़ारूक़ी को ये एवार्ड उनकी चार ज़ख़ीम जिल्दों पर

मुशतमिल मार्कतुल आरा तसनीफ़ 'शोरे-शेर-अंगेज़' पर मिला है! इस तसनीफ़ के बारे में हम पहले भी अपने एक मज़मून[29] में इज़हार ख़्याल कर चुके हैं ये तसनीफ़ अस्ल में मीर तक़ी मीर की शाइरी को समझने और परखने की एक बेमिसाल कोशिश होने के अलावा 'मीर फ़हमी' और 'मीर शनासी' के सिलसिला में एक अहम कारनामा है। फ़ारूक़ी को मिलने वाले इस एवार्ड में वाज़ाहिर हमें तो सिर्फ़ दो ही हिस्सादार नज़र आते हैं। एक तो हमारे ख़ुदाए सुख़न मीर तक़ी मीर हैं; जिनकी शाइरी पर से दो सदियाँ बीत चुकी हैं! दूसरा हिस्सादार वह जिल्दसाज़ हो सकता है जिससे फ़ारूक़ी ने अपने बचपन में दोस्ती कर रखी थी और ये मुआहिदा कर रखा था कि जब भी उसके पास किसी किताब की जिल्द बनने के लिए आएगी तो वह पहले इस किताब को उन्हें पढ़ने के लिए देगा! शम्सुर्रहमान फ़ारूक़ी के पास आज जो इल्म है उसकी बुनियाद इसी जिल्दसाज़ की किताबों पर रखी गई है! फ़ारूक़ी जैसे बेनयाज़ आदमी को ये जो पाँच लाख रुपयों का एवार्ड मिला है तो हमारी समझ में नहीं आ रहा है कि वह उन पाँच लाख रुपयों का क्या करेंगे वह चाहे तो इस जिल्दसाज़ के बारे में हमदर्दाना ग़ौर कर सकते हैं बाशर्त कि वह भी मीर तक़ी मीर की तरह दूसरी दुनिया में न चला गया हो। बहरहाल ये उनका और जिल्दसाज़ का मामला है! हम बीच में पड़ना नहीं चाहते! अगर कोई हमें ऐसा एवार्ड दे दे तो हम कल ही से क्या बल्कि आज ही से लिखना बंद कर देंगे!

हमें खुशी है कि शम्सुर्रहमान फ़ारूक़ी को ये जो एवार्ड मिला है तो ये उर्दू ज़बान व अदब के लिए भी एक बड़े एजाज़ की बात है। फ़ारूक़ी ने आज़ से चालीस बरस पहले जदीदयत[30] के अलमबरदार की हैसियत से अपने अदबी सफ़र का आग़ाज़[31] किया था और आज वह हमारी क्लासिकी शाइरी के सब से बड़े पारख़ की हैसियत से जाने जाते हैं! जो शाइर और अदीब फ़ारूक़ी के ज़रे 'असर' क्लासिकी अदब को पढ़े और समझे बगैर अदब तखलीफ़ कर रहे हैं वह इस नुक़्ता पर भी ग़ौर करें तो ना सिर्फ़ उनका बल्कि बहुतों का भला होगा!

हम अपने दोस्त शम्सुर्रहमान फ़ारूक़ी को इस एवार्ड के मिलने पर दिली मुबारकबाद पेश करते हैं!

संदर्भ

1. अद्वितीय, 2. प्रमुख, 3. मुख्य अंक, 4. प्रकाशित, 5. विमोचन, 6. भाग (आना) 7. आयोजित, 8. देना, 9. ज्ञान 10. कोमल हास्य, 11. जड़ता, 12. अंत, 13. पूर्ति, 14. बर्बाद, 15. मिलना-जुलना, 16. विशाल अध्ययन, 17. निःसंकोच, 18. निःस्वार्थ 19. छूट, 20. अध्ययन, 21. विभाग, 22. आरंभ, 23. बुद्धिजीवी, 24. प्रदान किया, 25. यथासामर्थ्य, 26. ईर्ष्या, 27. प्रथम दल 28. दूसरी (उप) 29. निबंध, 30. आधुनिकता, 31. आरंभ।

डॉ. राज बहादुर गौड़

डॉ. राज बहादुर गौड़ पचहत्तर बरस के हो गए! ये बात आप और हम तो इसलिए मान लेंगे कि वह 1918 ई. में पैदा हुए थे! लेकिन शायद ख़ुद डॉ. गौड़ इस बात को न मानें क्योंकि डॉ. राज बहादुर गौड़ किसी भी बात को इतनी आसानी से नहीं मानते। मुझे इस वक्त अपने ख़ानदान के एक बुजुर्ग याद आ गए जिन्होंने सारी जिन्दगी हँसते 'खेलते' धूम मचाते हुए गुज़ार दी! नब्बे साल की उम्र में भी उनके होठों पर मुस्कुराहट खिली रहती थी जो अमूमन नौ साल के बच्चे के होठों पर दिखाई देती है। सच्ची और ख़ालिस मुस्कुराहट—मगर जब वह इक्यानवे बरस के हो गए और मैं उनकी सालगिरह पर मुबारकबाद देने गया तो उदास से नज़र आए। उदासी का सबब पूछा तो कहने लगे, मिया! जिन्दगी के इक्यानवे बरस तो चुटकी बजाते में गुजार दिए! लेकिन अब एहसास होने लगा कि मुझी में मज़ीद बूढ़ा होने की गुंजाइश नहीं रह गई है—और आपकी इत्तिला के लिए अर्ज़ है कि इस जुमला को अदा करने के बाद भी वह मज़ीद चार बरस तक जिंदा रहने की गुंजाइश निकालते रहे! असल में इनसान की उम्र कलैण्डरों से नहीं होती बल्कि उसके अपने एहसास और रवैया से होती है। डॉ. राज बहादुर गौड़ अपने जज़बा और एहसास की सतह पर उम्र की उस मंजिल से गुज़र रहे हैं जहाँ उनमें मज़ीद जवान बने रहने की खासी गुंजाइश मौजूद है। मेरा अपना हाल बल्कि हालत ये हो गई है कि मैं कभी-कभी अपने आपको डॉ. राज बहादुर गौड़ का बुजुर्ग समझ बैठता हूँ। हालाँकि डॉ. राज बहादुर गौड़ उन लोगों में से हैं जिन्हें मैंने गालबन उस वक्त देखा था जब मैं ख़ुद नौ बरस का था! यहाँ ग़ालबन का इस्तेमाल मैंने इसलिए किया है कि मैं उन दिनों साबिक रियासत हैदराबाद के शहर गुलबर्गा में रहता था और अपने बड़े भाइयों से मिलने के लिए कभी-कभार हैदराबाद आ जाता था। मेरे बड़े भाई हैदरगौड़ा के एक मकान में रहते थे! एक रात मुझे बुलाकर ताक़ीद की गई कि मैं मकान के उस कमरा में बिलकुल न जाऊँ जो मकान के पिछले हिस्से में वाक़े था वजह ये बताई गई कि वहाँ एक मेहमान आया हुआ है और उसे आराम की सख़्त ज़रूरत है! फ़िर ये भी कहा गया

कि अगर कोई ये पूछे कि घर में कोई मेहमान आया हुआ है तो जवाब में ये कह दो कि कोई भी नहीं आया है! ऐसे मेहमान को देखने की तमन्ना भला किस बच्चे के दिल में पैदा नहीं होगी! लिहाज़ा सख़्त ताक़ीद के बावजूद मैंने चूरी छिपे दराज़ों में से झाँक कर उस मेहमान को देखा! आराम तो ख़ैर वह क्या करता कुछ लिखने-पढ़ने में ज़रूर मशरूफ़ था। उसने एक लंबा कोट पहन रखा था मूँछें शायद थीं जो पता नहीं असली थीं या नकली—ये ग़ालबन 1945 ई. की बात है जब मख़दूम मुही उद्दीन राज़ बहादुर गौड़ और उनके दीगर कम्युनिस्ट साथी तिलंगाना की मुसल्ले जद्दोजेहद के सिलसिला में रूपोशी की जिंदगी गुज़ार रहे थे और उनके ठिकाने बदल-बदल कर अपने आपको गिरफ़्तार होने से बचा रहे थे! मैंने ऊपर जिस मेहमान का ज़िक्र किया है वह हमारे घर में रहा तो सिर्फ़ एक ही दिन लेकिन उसके घर से चले जाने के पाँच-छह बरस बाद किसी ने बताया कि उस दिन जो मेहमान हमारे घर में रुका था उसका नाम डॉ. राज बहादुर गौड़ था! जब मुझे उसका पता चला तो मैं चौदह-पंद्रह बरस का हो चुका था। उस वक्त तक डॉ. गौड़ जेल से रिहा हो चुके थे। मैं अपने दोस्त को बड़े फख़्र के साथ उस वक़्त भी बताया करता था और आज भी बताया करता हूँ कि डॉ. गौड़ ने कभी हमारे घर में पनाह ली थी अगर्चे मैं आज भी पूरे वसूक़ के साथ नहीं कह सकता कि आज से पचास बरस पहले जिस मेहमान ने हमारे घर में पनाह ली थी क्या वह सचमुच डॉ. राज़ बहादुर गौड़ थे। मैं चाहता तो पिछले पचास वर्षों में अपने बड़े भाइयों से इसके बारे में पूछ सकता था बल्कि ख़ुद डॉ. गौड़ से उसकी तौसीक़ हासिल कर सकता था मगर मैंने कभी नहीं पूछा और आज भी पूछना नहीं चाहूँगा! इसलिए कि अगर ख़ुदा न ख़्वास्ता जवाब नफ़ी में मिले तो मेरी जिंदगी में से उनसे राबता के अर्से में अचानक पाँच-छह बरसों की कमी हो जाएगी और मैं उम्र की इस मंजिल में हूँ जहाँ सैंत-सैंत कर जमा किए हुए लम्हों को तफ़रीक़ के अमल से गुजारना मेरे लिए घाटे का सौदा होगा! फ़िराक़ ने कुछ ऐसी हो ज़िहनी कैफ़ियत के बारे में कहा था!

ख़ुद अपने ख़्यालों को हमदम मैं हाथ लगाते डरता हूँ।

क़िस्सा दरअस्ल ये है कि राज बहादुर गौड़ मेरे लिए अफ़साना भी हैं और हक़ीक़त भी! ये मामला सिर्फ़ मेरा ही नहीं हर उस शख़्स का है जिसने मुल्क की आज़ादी से पंद्रह-सोलह बरस पहले साबिक रियासत हैदराबाद के माहौल में आँखें खोली थीं! शख़्सी हुक्मरानी के उस दौर में जब अच्छे-अच्छों के मुँह बंद रहते थे! मख़दूम मुही उद्दीन, रवि नारायण रेड्डी, डॉ. राज बहादुर गौड़ और उनके साथियों ने तिलंगाना के किसानों और मजदूरों को साथ लेकर मुसल्लेह जद्दोजेहद का आगाज़ किया था! इस तहरीक ने उस वक्त के नौजवानों में एक हलचल सी पैदा कर दी थी। मख़दूम मुही उद्दीन का तराना :

लो सुर्ख़ सवेरा आता है आज़ादी का आज़ादी का
गुलनार तराना गाता है आज़ादी का आज़ादी का

उस वक्त के नौजवानों में बेपनाह मकबूल हो चुका था! मुझे याद है कि जेल से रिहाई के बाद मख़दूम मुही उद्दीन का जो जुलूस निकला था उससे बड़ा जुलूस मैंने आज तक नहीं देखा बल्कि ज्यों-ज्यों मेरी उम्र में इज़ाफ़ा होता जा रहा है मेरे हाफ़िजा में उस जुलूस की लंबाई बढ़ती ही चली जा रही है!

मख़दूम और डॉ. गौड़ के बारे में तरह-तरह की कहानियाँ मशहूर थीं और ये दोनों किसी अफ़साना के किरदार लगते थे! उन लोगों की रूपोशी के बारे में भी तरह-तरह के क़िस्से मशहूर थे जिन्हें सुनकर एहसास होता था कि ये इस धरती के वासी नहीं हैं! मसलन मख़दूम ने एक बार अपने एक ब्रहमन दोस्त के घर में पनाह ली! उनका ब्रहमन दोस्त था कम्युनिस्ट पार्टी का हमदर्द लेकिन उसके वालदैन रहन-सहन और खाने-पीने के मामले में बड़े कट्टर वाके हुए थे! मख़दूम के दोस्त ने मख़दूम को समझा रखा था कि उसके वालदैन को हरगिज़ ये पता न चलने पाए कि वह मुसलमान है। मख़दूम उस पर सख्ती से अमल भी करते रहे एक दिन ख़ाने की मेज़ पर उनके दोस्त के वालिद ने बातों-बातों में मख़दूम से कहा, "तुम लोग कम्युनिस्ट पार्टी में काम करते हो, तुम लोगों के दीन व ईमान का क्या भरोसा, कहीं तुम लोग गोश्त वगैरह तो नहीं खाते?"

इतना सुनते ही मख़दूम ने मुँह में जाते हुए नवाले को रोका और कहा, "नऊज़ो बिल्लाह, ला हौला वला कूवत!"

"छी-छी ये आप से किसने कह दिया कि हम गोश्त खाते हैं।" डॉ. गौड़ भी कई नाम और कई भेस बदलकर रूपोश रहे! आज यहाँ कल वहाँ ये भी ग़ालबन 1945 ई. की बात है कि राज़ बहादुर गौड़ ऐसी ही किसी 'नऊज़ो बिल्लाह' वाली बात पर धर लिए गए! ये और बात है कि जेल में पहुँच कर उन्होंने किसी बीमारी का बहाना किया! (मेडिसन के डॉ. होने का इतना फ़ायदा तो वह उठाना जानते ही थे) फिर ये अकेले बीमार नहीं पड़े बल्कि अपने एक साथी कामरेड जव्वाद रिज़वी को भी साथ ले कर बीमार पड़े (हयात ले के चलो कायनात ले के चलो इसी को कहते हैं) नतीजे में दोनों क़ैदी इलाज के लिए उस्मानिया अस्पताल लाए गए! अपना एलाज करना वह ख़ुद तो जानते ही थे लिहाज़ा दोनों कुछ ऐसी ख़ुश असलूबी के साथ अस्पताल से फ़रार हो गए कि उनके फ़रार होने के ड्रामे का ज़िक्र कई दिनों तक हैदराबाद के गली कूचों में होता रहा! हमारी फ़िल्मों में भी क़ैदी इस तरह फ़रार नहीं होते जैसे ये दोनों हुए थे! मेरी नस्ल के लोगों के ज़ेहनों में मख़दूम और राज़ बहादुर गौड़ एक अर्सा तक अफ़सानवी किरदार की तरह ही रहे। 1952 ई. में जब ये रिहा हुए और जब पहली बार उन्हें असली रूप में देखा तो यकीन नहीं आता था कि

क्या यही वह राज़ बहादुर गौड़ है जिनके क़िस्से अल्फ़ लैला की दास्तानों की तरह मशहूर हैं! कभी-कभी तो मुझे यूँ महसूस होता है जैसे असली राज़ बहादुर गौड़ तो वही थे और 1952 ई. के बाद से हम जिस डॉ. गौड़ को देख रहे हैं वह अस्ल में एक भेस बदली हुई शख़्सीयत है!

मोअज़्ज़िज़ हज़रात आज की महफ़िल में हम जिन बुजुर्ग की पचहत्तरवीं सालगिरह मना रहे हैं ज़रा आप उनके हाथों की तरफ़ ग़ौर से देखें और बताएँ कि क्या कभी इन हाथों ने हथियार उठाए होंगे! उनके करीबी जानने वाले कहते हैं कि इन हाथों ने ज़रूर हथियार उठाए थे पता नहीं क्यों उठाए थे। मेरे पास एक निहायत बोसीदा और पुरानी घड़ी थी! एक बार वह हाथ से छूट कर जमीन पर गिर गई मैं उसे ठीक कराने के लिए घड़ीसाज़ के पास गया! घड़ीसाज़ ने पहले तो उसे हिक़ारत से देखा और पूछा, "क्या हुआ है इसे?" मैंने कहा, "ये हाथ से छूटकर ज़मीन पर गिर गई थी!" घड़ीसाज़ ने कहा, "जब ये ज़मीन पर गिर गई थी तो आप ने उसे उठाया ही क्यों, वहीं पड़ी रहने देते! " ऐसी ही बात डॉ. गौड़ के बारे में ज़हन में आती है कि जब आपको हथियार डालने ही थे तो उन्हें उठाने की ज़हमूत ही क्यों की थी फिर ज़रा सोचिए कि क्या इन हाथों ने कभी किसी पर गोली चलाई होगी और अगर चलाई भी होगी तो क्या गोली निशाना पर लगी होगी आपके इन हाथों को देखकर उन कहानियों पर यक़ीन करने को जी नहीं चाहता जो इन हाथों से मनसूब रही हैं और ये भी एक इत्तिफ़ाक़ है कि बारह बरस पहले जब मुझे जापान जाने का मौक़ा मिला तो डॉ. गौड़ के तअल्लुक़ से मेरी गलतफ़हमियों का अज़ाला हो गया! जापानियों के हाथ बहुत खूबसूरत होते हैं मैं उनके हाथों को देखता जाता था और घंटों हैरत में मुब्तला रहता था कि क्या सचमुच उन हाथों ने दूसरी जंग अज़ीम में गोलियाँ चलाई थीं और बम फेंके थे! अस्ल में तारीख़ मुख़्तलिफ़ अदवार में हाथों से मुख़्तलिफ़ काम लेती है और उनके कामों की नैवियत को तब्दील करती रहती है! चुनाँचे तारीख़ ने डॉ. गौड़ के हाथों से अब हथियार छीन लिए हैं और उनमें एक क़लम थमा दिया है ताकि वह उसे चलाते रहें इससे पहले क़ुदरत उनके हाथों में इस्टेथिस्कोप थमाना चाहती थी जिसे फेंक कर उन्होंने हथियार उठा लिए थे!

मुझे उस वक़्त अपने एक दोस्त की याद आ रही है जो निहायत कम उम्र में कम्युनिस्ट पार्टी से वाविस्ता हो गए थे उनके जिम्मे काम ये था कि राज़ बहादुर गौड़ और उनके साथियों को हथियार फ़राहम करते रहें एक बार ये असलहा ले जाते हुए रंगे हाथों पकड़े गए बाद में पुलिस ने ऐसी कड़ी तपतीश की कि बेचारे की रीढ़ की हड्डी टूट गई! इस वाक़या के कई बरस बाद उन्हें इलाज के लिए सोवियत यूनियन रवाना किया गया जहाँ उनकी रीढ़ की हड्डी की मरम्मत की गई! वह इलाज से मुतमई न होकर खुश-खुश वापस तो हो गए लेकिन चन्द ही बरसों में ख़ुद सोवियत यूनियन की रीढ़ की हड्डी टूट गई! उन पचहत्तर बरसों में न जाने

कितनों की रीढ़ की हड्डियाँ टूटीं लेकिन हमारे डॉ. राज़ बहादुर गौड़ की रीढ़ की हड्डी अब भी सही वा सालिम है! वर्ना हमारे कितने महबूब थे जिनका हश्र ना जाने क्या हो गया। एक शेर याद आ गया–

ज़माना किस क़दर पागल कर देता है, इनसाँ को
हमारे दौर के महबूब पहचाने नहीं जाते

अस्ल में डॉ. राज़ बहादुर गौड़ ने लम्हे मौजूद में पूरी शिद्दत के साथ जीने का हुनर सीख लिया है हम जैसे तो अभी से साहिल पर बैठकर जिन्दगी के मझधार का तमाशा देखने लगे हैं लेकिन राज बहादुर गौड़ हैं कि अब भी इस मझधार में बहते चले जा रहे हैं उन्हें देखते हुए पूरे पचास बरस बीत गए! पचास बरस पहले उनमें जो चीज़ देखी थी वह आज भी उनकी ज़ात में मौजूद व महफूज़ है और इस शै (वस्तु) को सीमाब सिफ़ती कहते हैं। वह अपनी जिन्दगी के एक लम्हा को भी ज़ाए नहीं होने देते! नतीजे में उनके मिज़ाज में बला की तेजी, चुस्ती और फुर्ती नज़र आती है! जल्दबाज़ी और उजलत उनकी शख़्सीयत की नुमाया खुससियत हैं मुझे याद है! पिछले साल के आखिर में एक दिन सुबह-सुबह छह बजे मेरे घर के आसपास अचानक किसी के पुकारने की आवाज़ें आने लगीं, 'मैं नींद से हड़बड़ाकर उठ बैठा तो महसूस हुआ कि कोई बड़ी तेज़ी के साथ मेरे फ्लैट तक आने के लिए सीढ़िया चढ़ रहा है। मेरा मकान चौथी मंजिल पर था! सीढ़िया चढ़ने की रफ्तार और मेरा नाम पुकारने की तक़रार से यूँ लगता था जैसे कोई भूचाल सा आने वाला हो। मैंने घबराकर दरवाज़ा खोला तो देखा कि डॉ. राज़ बहादुर गौड़ अपनी कज़िन सिस्टर अवदेश रानी के साथ खड़े हैं! बोले, "अबे मसख़रे इतनी देर तक सोता है।"

मैंने कहा, "एक ज़माना तक 'सुर्ख सवेरे' के आने की उम्मीद में बहुत जल्दी बेदार हो जाया करता था ये तो नहीं आया अब जल्दी जागकर क्या करूँगा।"

ये सुनकर एक ज़ोरदार क़हक़हा लगाया! मैंने देखा कि उनकी पेशानी पर एक हल्की सी चोट थी जिसे वह बार-बार सहला रहे थे! मैंने पूछा, "ये क्या हो गया?"

बोले, "तुम्हारे घर के जीने को तेज़ी से तय करने की कोशिश में मेरी पेशानी रेलिंग से टकरा गई और कुछ नहीं!"

मैंने कहा, "आपको इतनी उज़लत से सीढ़ियाँ चढ़ने की क्या ज़रूरत थी?"

बोले, "एक ज़रूरी काम से आया हूँ! अवदेश रानी ने बिल आखिर शादी करने का फ़ैसला कर लिया है! चुनांचे आज से पाँच दिन बाद उनके दूल्हा मिया आने वाले हैं और छठे दिन हर हालत में उनकी शादी हो जानी चाहिए। मैं अपनी मसरूफ़ियत की वजह से शादी में शिरकत न कर सकूँगा! लिहाजा 'कोर्ट मैरेज़' के सारे अमूर तुम्हीं को अंजाम देने होंगे। कन्यादान भी तुम्हीं को करना होगा!"

मैंने कहा, ''गौड़ भाई! ये तो सब हो जाएगा, मगर आपको सीढ़ियाँ चढ़ने में इतनी जल्दबाजी का मुज़ाहरा करने की क्या ज़रूरत थी यूँ भी अवदेश रानी की उम्र अब पचास बरस की हो गई है। जहाँ इतनी ताख़ीर हुई है वहाँ पाँच दस मिनट की और ताख़ीर हो जाती तो क्या फ़र्क पड़ता!''

हँसकर बोले, ''प्यारे! पचास बरस की उम्र हो गई है इसीलिए तो उजलत निहायत ज़रूरी थी वरना तीस-बत्तीस बरस की उम्र होती तो मजीद साल दो साल इन्तज़ार करने में भी कोई क़बाहत नहीं थी!''

ये कहकर वह फ़ौरन वापस जाने लगे मैंने इन्हें बहुत रोका कि नाश्ता करके जाएँ लेकिन वह बिल्कुल नहीं रुके! जिस तेज़ी से आए थे उसी तेज़ी से चले भी गए!

डॉ. राज़ बहादुर गौड़ की एक और ख़राबी नुमा खूबी ये है कि ये अपने से छोटों का बहुत ख़्याल रखते हैं बल्कि इतना ख़्याल रखते हैं कि कुछ अर्सा बाद छोटे अपने आपको उन से बड़ा समझने की गलती करने लग जाते हैं! और आप जानते हैं कि छोटे आदमी का बड़ा पन कितना खोखला होता है ये जब किसी की हिम्मत अफ़जाई करते हैं तो जमीन आसमान के क़ुलाबे मिला देते हैं। मुझे याद है कि 1968 ई. में जब मेरे मिज़ाहिया मज़ामीन का पहला मजमूवा शाए हुआ तो डॉ. गौड़ ने मेरी मिज़ाह निगारी के बारे में एक तवीला और जामे मुक़ाला लिखा! मेरी मिज़ाह निगारी के बारे में उस वक्त तक किसी ने कुछ नहीं लिखा था मगर उनके मज़मून को सुनकर मैं हक्का-बक्का सा रह गया क्योंकि उन्होंने मेरी मिज़ाह निगारी में जो ख़ुबिया तलाश की थी वह ख़ुद मुझे नज़र नहीं आ रही थी चुनांचे जलसा के बाद मैंने उन से शिकायत की कि ''हुज़ूर आप ने मेरी बहुत ज़्यादा तारीफ़ कर दी जिसका मैं मुस्तहिक़ नहीं था!''

बोले, ''मिया! उसको तारीफ़ नहीं कहते हिम्मत अफ़ज़ाई कहते हैं, हिम्मत अफ़जाई!''

मैंने कहा, ''मगर मुझमें इतनी हिम्मत अफ़ज़ाई को बरदाश्त करने की हिम्मत नहीं है।''

हँस कर बोले, ''अपनी ज़ात में थोड़ी-सी खुशफ़हमी पैदा कर लो तो ये हिम्मत भी आ जाएगी।''

चुनांचे डॉ. गौड़ का ये मज़मून अब भी मेरे पास महफूज़ है जिसे मैं अक्सर अवकात अपने आप में ख़ुशफ़हमी पैदा करने के ख़्याल से पढ़ लेता हूँ और मेरी नअहली देखिए कि ये ख़ुशफ़हमी आज तक मुझमें पैदा नहीं हुई। ये ना समझिए कि डॉ. गौड़ ने मेरे साथ ये ख़ुसूसी सुलूक किया था! पिछले तीन-चार दहों में डॉ. गौड़ ने सैकड़ों अदीबों और शाएरी की हिम्मत अफ़जाई की है और हत्तुलमक़दूर उन्हें खुशफ़हमी में मुब्तला किया है हर कोई मेरी तरह ना अहले थोड़ा ही होता है!

डॉ. गौड़ के बारे में कहने को मेरे पास बहुत-सी बाते हैं लेकिन इस वक्त मुझे एक साल पहले के दिसंबर की एक शाम याद आ रही है! हैदराबाद में एक

दोस्त की बेटी की शादी में डॉ. गौड़ से अचानक मुलाक़ात हो गई! बाबरी मस्जिद को गिरे हुए सात-आठ दिन ही बीते थे। डॉ. गौड़ ने आते ही मेज़बान से कहा, "भई खाना जल्दी लगवा दो! मैं ज़्यादा देर नहीं रुक सकता।"

मैंने कहा, "गौड़ भाई! ये आपने कब से खाने में दिलचस्पी लेनी शुरू कर दी?"

बोले, "नहीं! मुझे पुराने शहर में एक मीटिंग में जाना है।"

मैंने पूछा, "कोई अदबी महफ़िल है?"

बोले, "देख नहीं रहे मुल्क में क्या हो रहा है और तुम्हें अदबी महफ़िल की सूझ रही है। पुराने शहर में एक मीटिंग है बाबरी मस्जिद के इन्हदाम के ख़िलाफ़!"

मैंने कहा, "गौड़ भाई! बाबरी मस्जिद के इन्हदाम के ख़िलाफ़ आप क्या कहेंगे ये मैं अच्छी तरह जानता हूँ! लेकिन ये बताइए कि आज के हालात में कौन आप की अक़्लमन्दी और होशमन्दी की बातें सुनेगा!"

गुस्सा से बोले, "किसी को न सुनना हो ना सुने मगर मुझे जो कुछ कहना है वह तो मैं कहता रहूँगा! अगर कोई मुझे नहीं सुनना चाहता तो मैं ही अपने आप को अपनी बातें सुनाता रहूँगा।"

ऐसे मूड में उन से बहस करना अच्छा नहीं होता मैंने आफ़ियत उसमें जानी कि अपने हलवे माण्डे से मतलब रखूँ!

डॉ. गौड़ ने आज से पचास-पचपन बरस पहले जिस अक़ीदा और मसलक को अपनाया था उस पर आज तक इसी तरह क़ायम हैं इंसान दोस्ती, मोहब्बत, प्यार और रवादारी का मसलक...दुनिया में क्या नहीं हुआ लेकिन ये बादस्तूर अपने मसलक का दामन थामे हुए हैं! दामन भले ही चाक हो गया हो लेकिन उन्होंने अपने मसलक को चाक नहीं होने दिया। कभी-कभी डॉ. गौड़ मुझे एक ऐसे अवामी रहनुमा नज़र आते है जो इनसानों की भीड़ में तन्हा रह गए हैं! हुजूम की तन्हाई को जो लोग महसूस कर सकते हैं वह इस नुक़्ता को बा ख़ूबी समझ पाएँगे! मैं उन्हें सच्चे मुख़लिस-बेलौस और बेगरज़ रहनुमाओं की नस्ल की आख़री निशानी समझता हूँ!

अगर मैं साहबे एकतेदार होता तो ऐसे बचे खुचे रहनुमाओं की एक सैंचुरी SANCTUARY बनाता ताकि ये वहाँ महफ़ूज़ रहें और हमारे मौजूदा रहनुमा उन्हें देख लिया करें! कोई सबक़ तो वह ख़ैर क्या हासिल कर पाएँगे मगर उन्हें देख लेने में क्या क़बाहत है!

डॉ. राज़ बहादुर गौड़ हिंदुस्तान की पहली पार्लियामेंट के मिम्बर रहे हैं एक सवाल मैं डॉ. गौड़ से पूछना चाहता हूँ कि क्या वह आज के हालात में फिर पार्लियामेंट के मिम्बर बनना पसंद करेंगे? मुझे डर है कि अगर कोई उन्हें फिर से पार्लियामेंट में भेजने की कोशिश करे तो कहीं वह फ़िर से हथियार न उठा लें।

"हुए हम दोस्त जिसके।"

(1993 ई.)

क़तील शिफ़ाई

हमारे दोस्त देवेन्द्र गोस्वामी (जो देहली टेलीविजन के साबिक डायरेक्टर रह चुके हैं) बुनियादी तौर पर उर्दू के अदीब[1] हैं उन्होंने टेलीविजन और रेडियो के लिए बेमिसाल, ड्रामे लिखे हैं। दो-तीन बरस पहले उनकी एक टेलीफ़िल्म 'दो हर्फ़ अधूरे से' नेशनल नेटवर्क पर दिखाई गई थी इस फ़िल्म में शोभना जगदीश ने, जो इन दिनों टेलीविजन पर हिंदी में खबरें पढ़ती है, लाजवाब अदाकारी की थी! सारी फ़िल्म एक ही कमरा में चलती है और फ़िल्म में क़िरदार सिर्फ दो हैं। सारा कमाल फिल्म के मुकालमों में मुज़मिर[2] हैं और ये कमाल देवेन्द्र गोस्वामी का है!

देवेन्द्र गोस्वामी को जब भी उर्दू की पुरानी महफ़िलें और रौनक़ें याद आती हैं तो हमारी तरह सिर्फ़ दिल मसोस कर नहीं रह जाते बल्कि अपने आपको उर्दू के बचे-खुचे माहौल से जोड़ने की कोशिश भी करते हैं। पिछले दिनों मिले तो कहने लगे, ''दिन-रात एक ही तरह का काम करते-करते और एक ही तरह के माहौल में रहते-रहते उकता गया हूँ! किसी दिन अपने शाइर और अदीब दोस्तों को मेरे यहाँ बुलाओ ताकि शेरो-अदब का बाजार गर्म हो। कुछ लबो-रुख़सार[3] की और कुछ गेसूए ख़मदार की बातें हों।''[4]

हमने कहा, ''इस काम के लिए क़तील शफ़ाई नेहायत मौज़ूँ[5] रहेंगे।''

हैरत से बोले, ''लेकिन क़तील शफ़ाई कहाँ से दस्तयाब होगे?''

हमने कहा, ''कतील शफ़ाई इन दिनों हिंदुस्तान में ज़्यादा पाए जाते हैं कल बम्बई से देहली आ रहे हैं कहिए तो कल की शाम इनसे मनसूब[6] कर दी जाए।'' अगर्चे क़तील शफ़ाई अपनी बुजुर्गी के बावजूद अब हमसे निहायत दोस्ताना अंदाज में मिलते हैं लेकिन ये बात हम कैसे भूल सकते हैं कि नौजवानी में हम उनकी ग़ज़लों और गीतों के लिए बेपनाह मद्दाह[7] रह चुके हैं (अब भी हैं) हमें याद है कि आज से पैंतीस (35) बरस पहले हैदराबाद के ओरिएंट होटल में जब नया-नया 'जोएक बाक्स' लगाया गया जिसमें रेज़गारी डालकर अपने पसंदीदा गीत सुने जा

सकते थे तो उस होटल में एक अर्सा तक सुबह से शाम तक जो एक ही गीत अक्सर सुना जाता था वह था!

उलफ़त की नई मंजिल को चला
तू बाँहें डाल के बाँहों में
दिल तोड़ने वाले देख के चल
हम भी तो पड़े हैं राहों में

इक़बाल बानो के गाए हुए इस गीत को पसंद करने वाले यूँ तो बहुत से होंगे लेकिन हम और हमारा दोस्त नक़ी तनवीर (जो अब लंदन में रहता है) अपने सारे रेज़गारी लेकर होटल में जाते ही इसलिए थे कि इस गीत को सुना जाए। नीम बेरोज़गारी के दिन थे ऐसे में रेज़गारी भी बड़ी मुश्किल से फ़राहम होती थी! चूँकि हमारी बदौलत ये गीत हमेशा बजता रहता था इसीलिए बाज़ लोगों के लिए ये गीत चाहे कितना ही अच्छा क्यों न हो उसे चौबीसों घण्टे सुनना मुश्किल था। शाज़ तमकनत जो बेगम अख्तर के गीत सुनने के मुतमन्नी[8] रहते थे और ऊपर से रेज़गारी भी अपने साथ नहीं लाते थे अक्सर हमसे कहते थे भय्या, हम भी तो पड़े हैं राहो में! हमें बेगम अख्तर की गाई हुई कोई ग़ज़ल तो सुनवा दो और कभी-कभी हम उन पर तरस खाकर बेगम अख़्तर का रेकार्ड भी बजवा देते थे! इन दिनों हमारे दिल अभी इतने नहीं टूटे हुए थे जितने कि आज टूटे हुए दिखाई देते हैं! मगर इस गीत में ना जाने क्या जादू था कि हरदम इसके सहर में डूबे रहते थे!

क़तील शफ़ाई एक अर्से तक हिंदुस्तान नहीं आए मगर सात-आठ बरस पहले इनका हिंदुस्तान आना शुरू हुआ! तो कुछ इस तरह कि साल में उनके दो एक फ़ेरे ज़रूर लग जाते हैं! अब तो बंबई में वह महेश भट्ट की फ़िल्म के लिए गाने भी लिख रहे हैं! आते हैं तो दो तीन महीने हिंदुस्तान में ज़रूर गुज़ारते हैं! जब भी देहली आते हैं तो उनकी पहली शाम अक्सर हमारे साथ ही गुज़रती है!

इस शाम देवेन्द्र गोस्वामी के यहाँ पाँच-छह एहबाब जमा थे शरददत्त, अवतार सिंह जज, के एल. नारंग, साक़ी (जिनके यहाँ क़तील शफ़ाई मुक़ीम होते हैं) के अलावा पाकिस्तान के मक़बूल माहनामा 'तख़लीफ' के मुदीर और शाइर अज़हर जावेद भी थे जो इसी शाम लाहौर से हिंदुस्तान आए थे! इन दोनों को दूसरे दिन शिमला के किसी मुशाइरा में जाना था! देवेन्द्र गोस्वामी तो ख़ैर क़तील शफ़ाई से शेर सुनना चाहते थे लेकिन हमारी दिलचस्पी तो इसमें थी कि उनसे पाकिस्तान के मौजूदा सियासी समाजी और अदबी मंजर नामा पर बात की जाए! वजह इसकी ये थी कि इस बार क़तील शफ़ाई ने बेनजीर भुट्टो और पाकिस्तान पीपुल्स पार्टी की इन्तेख़ाबी मोहिम में रास्ततौर पर हिस्सा लिया था! पाकिस्तान में हबीब जालिब

अकेले शाइर थे जो इस तरह की सियासी सरगार्मियों में हिस्सा लेते थे वरना पास्तिान के अक्सर शाइर और अदीब फ़ौजी हुक्मरानों के डर से अपने आपको सियासत से दूर ही रखते आए हैं। जब हम ने कतील शफ़ाई से अमली सियासत में रास्ततौर पर हिस्सा लेने का सब पूछा तो कहने लगे, "मैंने महसूस किया कि पाकिस्तान के सियासी हालात कुछ ऐसे मोड़ अख़्तियार कर गए थे जहाँ लिखने वालों का ख़ामोश रहना ख़ुद अपनी मौत को दावत देने के मुतरादिफ़[9] था अदब और अदीब दोनों की मौत सामने नज़र आ रही थी! दिन बा दिन मुल्लाइयत[10] बढ़ती जा रही थी और हर तरह की लूट मार जारी थी! पाकिस्तान पीपुल्स पार्टी के साविक चीफ़ मिनिस्टर आफताब अहमद शैर पाव ने पेशावर में बेनजीर भुट्टो की हिमायत में एक जलसा मुनक्किद[11] किया था जिसमें एक लाख से ज़ायद अफ़राद ने शिरकत की! मैंने इस जलसा से पाकिस्तान पीपुल्य पार्टी की हिमायत का आगाज़ किया और इसमें बेनजीर की हिमायत में कई क़ेतआत[12] और नज़्में सुनाईं! इसके अलावा रोजनामा 'जंग' में रोज़ आना क़ेतआत लिखता रहा जब बेनजीर भुट्टू इन्तेखाबात में जीत कर आ गई तो मैंने शेर कहा था!

सीखे़ कोई सिपह गरी बेनज़ीर से
दो दुश्मनों को मार दिया एक तीर से

दो दुश्मनों का इशारा गुलाम इसहाक खाँ और नवाज़ शरीफ़ की तरफ़ है और 'तीर' पाकिस्तान पीपुल्स पार्टी का इन्तेख़ाबी निशान है! नवाज़ शरीफ़ ने अपने इक़्तेदार और पैसे के बलबूते पर भुट्टो ख़ानदान को हर तरह हरासा करने की कोशिश की थी! बेनजीर भुट्टो के शौहर आसिफ़ जरदारी के ख़िलाफ़ दस छोटे मुक़दमात दायर किए गए जिनमें से नौ मुक़दमात को अदालतों ने ख़ारिज करते हुए आसिफ़ ज़रदारी को बाइज्ज़त तौर पर बरी कर दिया!

जब हमने इस अफ़रातफ़री और धाँधली के खिलाफ़ पाकिस्तान के दीगर अख़बारनवीसों, अदीबों और शाइरों के रवैये के बारे में दरयाफ़्त किया तो अजहर जावेद ने हमें बीच में टोकते हुए कहा, "पाकिस्तान के बेशतर अख़बारनवीसों को हुकूमत ने ख़रीद रखा था अगर आठ अख़बारनवीस हैं तो उनमें से सात को हुकूमत ने ख़रीद लिया था।"

शरददत्त ने पूछा, "और आठवाँ अखबारनवीस क्या कर रहा था?"

हमने बात को काटकर कहा, "ग़ालबन अपने बिकने के लिए किसी अच्छे दाम का इंतजार कर रहा होगा।"

क़तील शफ़ाई ने कहा, "कुछ अख़बारनवीसों और अदीबों ने खुलकर और कुछ ने दबे लफ़्जों में इस धाँधली के ख़िलाफ़ आवाज उठाई थी! मिसाल के तौर

पर 'जंग' के कालम निगार इरसाद हुसैन हक्कानी ने खुले लफ़्ज़ों में हुकूमत की बद अनवानियों के ख़िलाफ़ लिखा। अहमद नदीम क़ासमी ने भी अपने कालम में लिखा! जब मुल्क किसी बोहरान से गुज़र रहा हो तो उस मुल्क के अदीबों और फ़नकारों का ग़ैर जानिबदार बने रहना कभी अच्छा नहीं होता।" मुर्तुजा भुट्टो की वापसी के बारे में क़तील शफ़ाई ने कहा कि मुर्तुज़ा भुट्टो के ख़िलाफ़ जितने मुक़दमात बने हुए हैं जब तक वह उनसे बाइज़्ज़त बरी ना हो जाएँ तब तक उनका अमली सियासत में हिस्सा लेना मुनासिब नहीं होगा!

उस शाम क़तील शफ़ाई ने अपनी कई ग़ज़लें सुनाईं! अज़हर जावेद ने भी अपना कलाम सुनाया। देवेन्द्र गोस्वामी का दाद देते-देते बुरा हाल था इतने में देवेन्द्र गोस्वामी को न जाने क्या सूझी कि अपने घर के अंदर चले गए! वापस आए तो उनके हाथों में क़तील शफ़ाई की शाइरी के दो मज़मूवे थे जो कई बरस पहले लाहौर से शाए हुए थे। उनकी ख़्वाहिश थी कि क़तील शफ़ाई उन मजमूवी पर अपने दस्तख़त कर दें। एक सच्चे शाइर की तरह क़तील शफ़ाई ने दस्तख़त तो बाद में किए मगर उन बीस-पचीस बरस पहले छपे हुए मजमूवों में से अपना ताज़ा कलाम भी हमें सुनाया! यूँ क़तील शफ़ाई ने इस शाम हमें ना सिर्फ अपना कलाम सुनाया बल्कि मजमूवा कलाम भी सुनाया!

हमारे लिए ये बात बाइशे इफ़्तेखार[13] है कि क़तील शफ़ाई हमें बेहद अजीज रखते हैं और कम अज कम हिंदुस्तान में हमारी कोई बात नहीं टालते (इसकी वजह शायद ये भी हो कि हमारे बड़े भाई इब्राहिम जलीस मरहूम के गहरे दोस्त रह चुके हैं) एक बार हम उनसे डाँट भी सुन चुके हैं! कि पाँच बरस पहले हमें तीन-चार दिनों के लिए लाहौर जाना पड़ गया! लाहौर पहुँच कर उन्हें फोन किया तो पता चला कि किसी मुशाइरा के सिलसिला में लाहौर से बाहर गए हुए हैं दो-चार दिनों में वापस आ जाएँगे। लाहौर से कराची वापस होते वक्त हमने उन्हें फून किया तो मुशाइरा से वापस आ चुके थे बेहद ख़ुश हुए! बोले, "फ़ौरन चले आओ" जब हमने उन्हें बताया कि कुछ ही देर बाद हम लाहौर से रवाना हो रहे हैं तो बेहद ख़फ़ा हुए! इतने ख़फ़ा हुए कि हमें मजबूरन टेलीफ़ोन के रिसीवर को अपने कान से दूर हटाना पड़ा! दो मिनट गुज़र जाने के बाद जब हमने फ़िर रिसीवर अपने कान से लगाया तो बदस्तूर हम पर बरसे चले जा रहे थे! पता ही नहीं चला कि इस दिन उन्होंने हमें क्या डाँट पिलाई! सुनते तो पता चलता! यूँ भी बुजुर्गों की डाँट सुनने के लिए नहीं होती सिर्फ़ महसूस करने के लिए होती है! कुछ दिनों बाद देहली आए तो हर दोस्त से शिकायत करते रहे कि हम लाहौर आकर उनके घर नहीं गए!

क़तील शफ़ाई अब पचहत्तर बरस से ज़्यादा के हो गए हैं लेकिन हौसला अब भी नौजवानों का सा रखते हैं उनकी सबसे बड़ी ख़्वाहिश ये है कि हिंदुस्तान

और पाकिस्तान के तअल्लुक़ात बेहतर हों और दोनों मुल्कों के अदीबों और उनकी किताबों का इधर से उधर, उधर से इधर आना आसान हो जाए!

(1993)

संदर्भ

1. साहित्यकार, 2. छिपा हुआ, 3. चेहरा और ओठ, 4. टेढ़ मेढ़े बाल, 5. उचित, 6. संबद्ध, 7. प्रशासक, 8. उत्सुक, 9. समानार्थ, 10. मुल्लायन, 11. आयोजित, 12. कविता का एक छन्द, 13. गौरव।

देवकीनंदन पांडे

ये पंद्रह बरस पुरानी बात है। हिंदी के शोहरए-आफ़ाक[1] न्यूज़ रीडर देवकीनंदन पांडे और हम एक मुश्तरक[2] दोस्त के घर में बैठे थे! एक मरहले पर हमारे दोस्त की बीवी ने बावर्चीख़ाना से अपने नौकर को पुकार कर कहा, "राजू! ज़रा ये रेडियो तो बंद कर देना! बड़ी देर से बिला वजह चल रहा है!" कुछ देर बाद बावर्चीख़ाना से एक ज़न्नाटेदार तमाचे की आवाज़ आई और हमारे दोस्त की बीवी ने अपने नौकर को डाँटते हुए कहा, "तू बड़ा कामचोर हो गया है! कितनी देर पहले मैंने तुझसे रेडियो बंद करने के लिए कहा था मगर ये अब तक चल रहा है!" उस पर नौकर ने रोते-रोते कहा, "मेम साहब! मैंने तो रेडियो सुबह ही बंद कर दिया था! मैं ख़ुद हैरान हूँ कि ये अपने आप कैसे चल रहा है! वैसे मैं अभी ड्राइंग रूम में गया था! वहाँ जो एक लंबे-तड़ंगे साहब बैठे हैं उनके अंदर से बार-बार रेडियो की आवाज़ आ रही है। यक़ीन ना आये तो आप ख़ुद चल कर देख लीजिए! नौकर के इस जवाब को सुनकर हम सब का हँसी के मारे बुरा हाल हो गया था और ये भी सच है कि जब कभी देवकीनंदन पांडे कुछ बोलते हैं तो लोग ये समझते हैं कि उनका रेडियो चल रहा है और वह उसे बंद करने को दौड़ पड़ते हैं! आल इंडिया रेडियो की हिंदी ख़बरों के बेमिसाल न्यूज़ रीडर पंडित देवकीनंदन पांडे से कौन वाक़िफ़ ना होगा (भले ही आल इंडिया रेडियो की शुद्ध हिंदी किसी की समझ में ना आती हो लेकिन पांडे जी की आवाज़ सबकी समझ में आ जाती है)! अभी कुछ बरस पहले तक उनकी आवाज़ रेडियो पर हमेशा गूँजा करती थी! पंडित जी से हमारी पंद्रह-सोलह बरस पुरानी याद अल्लाह है! हमें वह इसलिए भी पसंद हैं कि रेडियो पर तो वह निहायत शुद्ध हिंदी में ख़बरें सुनाते रहे हैं लेकिन जब रेडियो के माइक्रोफून से हट जाते हैं तो लखनऊ की ख़ालिस उर्दू बोलना शुरू कर देते हैं! देवकीनंदन पांडे जहाँ बात-बात पर तलीफ़े सुनाकर महफ़िल को ज़ाफ़रान ज़ार बनाते रहते हैं वहीं अचानक उर्दू का कोई शेर सुनाकर महफ़िल को संजीदा भी बना देते हैं! ग़रज़ हमेशा धमाचौकड़ी मचाते रहते हैं! अगरचे पंडित जी अब पचहत्तर

बरस के हो गए हैं लेकिन अपने आपको सदा जवान रखने का गुर ख़ूब जानते हैं! यही वज़ह है कि ये हमेशा नौजवानों में घिरे हुए नज़र आएँगे! दस-बारह बरस पहले तक उनसे हमारी काफ़ी मुलाकातें हुआ करती थीं! फिर मिलना-जुलना कुछ कम हो गया तो एक दिन हमने पंडित जी से उसकी शिकायत की! बोले, "यार! अब तुम बूढ़े होते जा रहे हो और तुम जानते हो कि मैं हमेशा हम उम्रों की सोहबत में रहने को तर्जीह[3] देता हूँ।" हालाँकि पंडित जी हमसे उम्र में सोलह बरस बड़े हैं। उनकी जिंदगी का नस्बुलेएन[4] कुछ इस तरह का है कि आदमी अपने दिल को मरने ना दे! चाहे उसके लिए उसके ज़िस्म को कितने ही अज़ाब से क्यों न गुज़रना पड़ जाए! वह एक शेर अक्सर सुनाते हैं!

वास्ते से ज़िंदगी के पाल लेना कोई रोग
सिर्फ़ सेहत के सहारे ज़िंदगी चलती नहीं

पंडित जी ने अपने दिल को जवान रखने के लिए कैसे-कैसे ख़ूबसूरत रोग पाल रखे हैं इसका हमें अंदाज़ा है! इतना ज़रूर कहेंगे कि उनके पचहत्तर साला जिस्म में अब भी एक ऐसा दिल है जो उमूमन[5] सोलह-सत्रह साल के एक नौजवान के ज़िस्म में पाया जाता है। पंडित जी की पैदाइश 15 फ़रवरी 1920 ई. की है! उनकी वालदा उनके वालिद की दूसरी बीवी थीं! शादी के वक़्त उनके वालिद की उम्र पचास साल और उनकी वालदा की उम्र पंद्रह साल थी! उनके वालिद ने उम्रों के इस तफ़ाउत[6] को दूर करने का आसान सा नुस्ख़ा ये दरयाफ़्त किया कि धड़ाध ड़ बच्चे पैदा करना शुरू कर दिए और देखते ही देखते चौदह बच्चों की एक लंबी क़तार लगा दी। पंडित जी उन सबमें बड़े थे। इस ग़ैर मन्सूबा बंद पैदाइश की वजह से किसी बच्चा को ये पता ही न चल सका कि इस दुनिया में उसकी आमद का क्या मक़सद है! पंडित जी ने जैसे-तैसे 1940 ई. में इलाहाबाद युनिवर्सिटी से बी. ए. किया और लखनऊ सेक्रेटेरियट में असिस्टेंट के तौर पर मुलाज़िम हो गए! कालेज के ज़माने से ही वह स्टेज ड्रामों में हिस्सा लिया करते थे! लिहाज़ा लखनऊ में सरकारी मुलाज़मत करने के अलावा रेडियो ड्रामों में ना सिर्फ़ हिस्सा लेने लगे बल्कि वक़्तन फ़वक्तन एनाउसमेण्ट का काम भी करने लगे। इलाहाबाद में फ़िराक़ गोरखपुरी उनके उस्ताद रहे! लखनऊ आए तो लखनऊ रेडियो स्टेशन में उनकी मुलाकात नून-मीन-राशिद से (जो उन दिनों लखनऊ रेडियो में असिस्टेंट डारेक्टर थे) हो गई! रेडियो के इब्तिदाई दिनों में नून-मीन-राशिद ने उनकी बड़ी हिम्मत अफज़ाई[7] की जिसका ज़िक्र वह बड़े ही एहसान मंदी के साथ करते हैं! यहीं उनकी मुलाकातें कृश्नचंदर जोश मलीहाबादी और मीरा जी वगैरा से हुई! मजाज़ के वह हल्कः बगोश[8] में से थे! चुनांचे मजाज़ के बेशुमार लतीफ़े उन्हें याद हैं! मजाज़ के लतीफ़े सुनाकर सबको तो हँसा देते हैं लेकिन अक्सर अवक़ात ख़ुद

उनकी आँखें मजाज़ को याद करके भीग जाती हैं। कहते हैं लतीफ़ा अपनी जगह और मजाज़ की याद अपनी जगह! आप लोगों ने मजाज़ को देखा ही कहाँ है वर्ना इसके लतीफ़ों पर यूँ न हँसते।

ड्म हिंदी के दो ही ऐसी शख़्सीयतों से वाकिफ़ हैं जो उर्दू रस्मुल, ख़त[9] बिल्कुल नहीं जानतीं लेकिन उर्दूदानों से कहीं ज़्यादा अच्छी उर्दू बोलते हैं! एक तो हमारे अशोक वाजपेयी हैं और दूसरे हमारे देवकीनंदन पांडे! एक दिन हमने पंडित जी से पूछा, "आप तो उर्दू रस्मुल ख़त बिल्कुल नहीं जानते फ़िर इतनी अच्छी बा मुहाविरा और फ़ारसी आमेज़ उर्दू किस तरह बोल लेते हैं–? बोले, "बेशक मैंने पैंतीस बरस से ज़्यादा अर्सा तक आल इंडिया रेडियो से हिंदी में खबरें पढ़ी हैं लेकिन लगभग साठ वर्षों से उर्दू वालों की सोहबत में ज़िन्दगी गुज़ार रहा हूँ! किसी ज़बान को सीखने के लिए उस ज़बान के अहल इल्मों अदब की सोहबत उस ज़बान के रस्मुल ख़त से कहीं ज़्यादा मोअस्सिर[10] वसीला होती है!" पंडित जी जब लखनऊ रेडियो में जुज़ बकती[11] आर्टिस्ट के तौर पर काम करते थे उस ज़माना में आल हसन और सईद रज़ा भी वहीं काम करते थे! आज़ादी के बाद जब देहली के रेडियो स्टेशन को एनाउंसरों और न्यूज़ रीडरों की ज़रूरत लाहक़ हुई तो पंडित जी की आवाज़ रिकार्ड करके देहली भेजी गई! उनकी आवाज़ ऐसी थी कि उसका इन्तेखाब तो होना ही था! इस तरह 21 मार्च 1948 ई. को पंडित जी ने पहला न्यूज़ बुलेटिन पढ़ा! आल हसन भी चीफ़ न्यूज़ रीडर के तौर पर देहली स्टेशन आ गए थे! लेकिन बाद में बी.बी.सी. में चले गए! पंडित जी को अच्छी तरह याद है कि उन दिनों देहली स्टेशन से उर्दू की ख़बरें सिर्फ़ हैदराबाद और कश्मीर के लिए नश्र[12] की जाती थीं! रात के बुलेटिनों में हिन्दी और अंग्रेज़ी ख़बरों के बाद देहली स्टेशन साढ़े नौ बजे बी. बी. सी. ने कुछ ऐसी खबरें नश्र कीं कि आल इंडिया रेडियो से बी. बी. सी. की खबरों को नश्र करने का सिलसिला मुनक़ता[13] कर दिया गया! पंडित जी की पाटदार और तरहदार आवाज़ लगभग चालीस बरसों तक आल इंडिया रेडियो पर गूँजती रही! वह अक्सर कहते हैं कि इस अर्सा में आल इंडिया रेडियो से ज़्यादातर बुरी खबरें मैंने ही नश्र कीं! मौलाना आज़ाद, पंडित जवाहर लाल नेहरू, गोविन्द बल्लभ पन्त और ना जाने कितनों के इंतिक़ाल की ख़बरें नश्र करने के लिए उन्हीं की ख़िदमत 1951 ई. का एक न्यूज़ बुलेटिन अब तक याद है! उस दिन पंडित जी अपने दिल को जवान रखने की कोशिश में एक फ़ौजी अफसर के साथ यूँ ही घूमने चले गए! फौज़ी अफ़सर ने उनके मना करने के बावजूद एक मैकदा[14] में उन्हें शराब पिला दी। हालाँकि उन्हें रेडियो से रात का बुलेटिन पढ़ना था। पंडित जी जब झूमते-झूमते रेडियो स्टेशन पहुँचे तो हिंदी ख़बरों के सलाहकार डॉ. नगेन्द्र उन्हें देखकर किसी कद्र परेशान हो गए। उस शाम कुछ देर पहले ही वजीर आज़म पाकिस्तान लियाक़त अली खाँ की क़त्ल की ख़बर आ गई थी।! खबरों का वक़्त करीब आ चुका था! और उस वक़्त किसी

मुताबादिल[15] न्यूज़ रीडर का बंदोबस्त करना भी मुमकिन ना था। लिहाज़ा मजबूरन पंडित जी को बुलेटिन लेकर न्यूज़ रूम में जाना पड़ा। पंडित जी ने जैसे-तैसे अपने आपको संभाला और कुछ ऐसे एतेमाद के साथ लियाक़त अली खाँ के इंतिक़ाल की खबर नश्र की और आवाज़ में कुछ ऐसा सोज़ो व गुदाज़[16] पैदा किया कि जब ये ख़बरें पढ़कर बाहर आए तो डायरेक्टर जनरल से लेकर नीचे तक सब ने उनके बुलेटिन की बेपनाह तारीफ़ की! ये और बात है कि डॉ. नगेन्द्र के सिवा किसी को पता नहीं था कि उस दिन उनकी आवाज़ में ऐसा सोज़ो गुदाज़ और ऐसा एतेमाद क्यों पैदा हो गया था!

पंडित जी ने सारी जिंदगी क़लंदरी में गुजारी! कभी अपनी शोहरत और ताअल्लुक़ात को अपने फ़ायदे के लिए इस्तेमाल नहीं किया! वह जिंदगी भर ख़बरें तो पढ़ते रहे लेकिन कभी ख़ुद 'ख़बर' बनने की कोशिश नहीं की! रिटायरमेंट के बाद भी इन्होंने कई बरस कंट्रेक्ट पर काम किया! अब कई टीवी सीरियलों में काम कर रहे हैं 'तमस' में उनकी अदाकारी को अवाम ने बेहद पसंद किया! दो-तीन आर्ट फ़िल्मों में भी काम किया! पंडित जी अब भी किसी न किसी तरह मसरूफ रहते हैं। दिल तो उनका अब भी जवान है लेकिन अमली जिंदगी में उनकी सरगर्मिया कम होती जा रही हैं। अब वह हमारे पड़ोस में देहली की 'आकाश भारती' बिल्डिंग के एक फ्लैट में अपनी रफ़ीक़े हयात यशोदा पांडे के साथ रहते हैं! बच्चे देहली से बाहर रहते हैं! यशोदा पांडे भी अब 65 बरस की हो चुकी हैं और इस बात से काफ़ी ख़ुश रहती हैं कि पंडित जी अब अपना ज़्यादातर वक़्त घर पर ही गुज़ारते हैं जो आवाज पहले सारे बर्रे सग़ीर में गूँजा करती थी अब उसका दायरा सिमट कर आकाश भारती के एक फ्लैट में महदूद होता जा रहा है! पंडित जी अपनी जिंदगी से ख़ासे मुतमईन हैं! कहते हैं, "समाज को जो कुछ मैं दे सकता था! वह मैं दे चुका हूँ अब दुख किस बात का! जब ग़ालिब ख़स्ता के बग़ैर दुनिया के कोई काम बंद नहीं हुए तो भय्या देवकीनंदन पांडे क्या चीज़ है! वाजुज़ आवाज़ के मेरे पास था ही क्या और है भी क्या!"

(1995)

संदर्भ

1. विश्वविख्यात, 2. सम्मिलित, 3. वरीयता, 4. उद्देश्य, 5. अक्सर, प्रायः, 6. अंतर, 7. प्रोत्साहन देने वाला 8. अनुयायी 9. लिपि, 10. प्रभावकारी, 11. अल्प समय, 12. प्रसारित करना, 13. ख़त्म, 14. शराबख़ाना, 15. विकल्प, 16. दुख से भरी हुई।

मुग़्नी तबस्सुम

पिछले महीने हिमायत उल्ला और प्रोफ़ेसर अकबर अली बेग से हैदराबाद में मुलाक़ात हुई तो बोले, "फ़रवरी में हम मुग़्नी तबस्सुम* के एज़ाज़ में एक तक़रीब मुनअक़िद कर रहे हैं। इसमें आपको आना होगा।"

मैंने कहा, "अगर आप मुग़्नी तबस्सुम का जश्न मना रहे हों तो अपने ही ख़र्च पर आ जाऊँगा लेकिन अगर आप 'जलसाएएतिराफ़े-ख़िदमात'[1] क़िस्म की कोई तक़रीब आरास्ता करने वाले हों तो मैं न सिर्फ़ आने-जाने का किराया लूँगा बल्कि मेरे क़याम व तआम का बंदोबस्त भी आप के ज़िम्मे होगा।"

हिमायत उल्ला बोले, "यह भी अजीब शर्त है। जश्न और जलसा एतिराफ़े-ख़िदमात में फ़र्क़ ही क्या है?"

मैंने कहा, "जश्न का मामला तो सीधा-सादा है लेकिन एतिराफ़े-ख़िदमात में दुगुनी मेहनत लगती है। मैं तो काम के हिसाब से दाम लेता हूँ। पहले तो ममदूह[2] की ख़िदमात तलाश करो और अगर ये मिल जाएँ तो उनका एतिराफ़ भी करो। बसा औक़ात[3] तो ममदूह की ख़िदमात भी मिल जाती हैं क्योंकि जो आदमी पहाड़ जैसे सत्तर-पचहत्तर बरस इस दुनिया में गुज़ारेगा वह कुछ न कुछ तो करेगा ही, चाहे कितना ही काहिल और सुस्तुल वजूद[4] क्यों न हो। चलिए ख़िदमात मिल गईं, लेकिन जब आप उनका एतिराफ़ करने लगते हैं तो यूँ महसूस होता है जैसे आप ख़िदमात का एतिराफ़ न कर रहे हों बल्कि एतिराफ़े गुनाह कर रहे हों। इसलिए मैं 'एतिराफ़े-ख़िदमात' के ज़लसों में शिरकत नहीं करता। मैंने ज़िंदगी में सिर्फ़ एक ही बार एक जलसा एतिराफ़े ख़िदमात में शिरकत की थी और इत्तिफ़ाक़ यह कि इसके मुहर्रिक[5] भी हिमायत उल्ला ही थे। उस दिन मुझे अंदाज़ा हुआ कि लोगों को मेरी ख़िदमात को मेरी ख़िदमात तलाश करने में कितनी दुश्वारी पेश आई थी क्योंकि इस जलसे में बाज ऐसी ख़िदमात भी मुझसे मंसूब की गईं जिनका मुझसे कोई ताल्लुक़ नहीं था। यह काम तहक़ीक़ी[6] नहीं बल्कि तख़्लीक़ी[7] नौइयत का होता है।"

* मुग़्नी = संगीतमय; तबस्सुम = मुस्कान

ख़ैर यह तो एक तमदीह-ए-मोतरज़ा[8] है। जहाँ तक मुग़नी तबस्सुम का ताल्लुक़ है मुझे आपको यह बताने की ज़रूरत नहीं है कि मुग़नी तबस्सुम मेरे हमअस्र[9] हैं और हमअस्री के मामले में कुशादा-दिली[10] का क़ायल हूँ। यह एक इत्तिफ़ाक़ है कि मेरा और उर्दू के मुन्फ़रिद[11] शायर साक़ी फ़ारूक़ी दोनों का सन-ए-पैदाइश 1936 है। लंदन में एक बार हम दोनों यूँ ही अपने मआसिरीन[12] की फ़ेहरिस्त मुरत्तब[13] कर रहे थे तो साक़ी फ़ारूक़ी ने कहा, "माना कि अल्लामा इक़बाल 1936 में हम दोनों के पैदा हो जाने के दो बरस बाद 1938 में फ़ौत[14] हो गए थे लेकिन देखा जाए तो वह भी दो बरसों के लिए ही सही हमारे हमअस्र क़रार पाते हैं।" हमेशा की तरह साक़ी की बात माक़ूल थी। यह और बात है कि साक़ी फ़ारूक़ी अपने आपको न सिर्फ़ अल्लामा इक़बाल का हमअस्र समझते हैं बल्कि अल्लामा इक़बाल को अपना 'हमसर'[15] भी मान लेते हैं। यह उनकी बड़ाई नहीं तो क्या है! जब कि मेरा मामला यह कि मैं अपने हमअस्रो के मामलों में 'हमअस्री' का दावा तो ज़रूर करता हूँ लेकिन उनकी हमसरी[16] करने की जुर्रत[17] नहीं कर पाता। ख़ूब याद आया, मेरे दोस्त शमीम हनफ़ी बताते हैं कि उनके पास डॉक्टर सैयद मुहीउद्दीन कादरी ज़ोर के बारे में एक रिसर्च स्कॉलर का तहक़ीक़ी मक़ाला जाँच के लिए आया था जिसमें रिसर्च स्कॉलर मज़कूर ने डॉक्टर ज़ोर के मआसिरीन की एक फ़ेहरिस्त भी मुरत्तब की थी जो अल्लामा शिबली से शुरू होकर हमारे दोस्त बलराज कोमल पर ख़त्म हो गई थी। यह और बात है कि अल्लामा शिबली की वफ़ात के वक़्त ज़ोर साहब बीस-पच्चीस के होंगे और ख़ुद ज़ोर साहब की वफ़ात के वक़्त बलराज कोमल बमुश्किल पच्चीस बरस के होंगे। गोया हमअस्री भी Elastic Belt की तरह होती है जिनको चाहो हस्ब इस्तेताअत[18] और हस्ब ज़रूरत खींच लो।

वैसे तो मुग़नी तबस्सुम इल्मोदानिश, फ़िक्रो आगही और शेरो हिमकत के मामले में मुझसे कई बरस बड़े हैं लेकिन उम्र तबई[19] के मामले में छह बरस बड़े हैं। उन्हें छियालिस बरस पहले 1953 में दबीरपुरा रेलवे स्टेशन पर देखा था जहाँ से हम दोनों ट्रेन पकड़कर यूनिवर्सिटी जाया करते थे। मैं तो ख़ैर बी. ए. के पहले साल का तालिबे-इल्म था और वह गालिबन एम. ए. करने के बाद कोई फ़ालतू तालीम हासिल कर रहे थे। मुझे ठीक से पता नहीं कि उन दिनों वह इल्म के जुस्तजू में यूनिवर्सिटी आते थे या कोई और ही जुस्तजू उन्हे वहाँ खींच लाती थी। मुझे तो ख़ैर बहुत बाद में अंदाज़ा हुआ कि उनकी हमा-अक़्साम की जुस्तजूएँ आपस में कुछ इस तरह गुँथी हुई और जुड़ी हुई होती हैं कि किसी एक जुस्तजू को दूसरी जुस्तजू पर फ़ौक़ियत देना दुश्वार मालूम होता है। अब मैं लगभग निस्फ़[20] सदी के पहले के हैदराबाद को याद करने बैठा हूँ तो कितने ही चेहरे ज़हन के परदे पर मुतहर्रिक[21] नज़र आने लगे हैं। मख़दूम मुहीउद्दीन, सुलेमान अरीब, आबिद अली ख़ान, महबूब हुसैन जिगर, अख़्तर हसन, शाहिद सिद्दीक़ी, अज़ीज़ क़ैसी, शाज़ तमकनत, वहीद अख़्तर, आलम

खुंदमीरी, सईद बिन मुहम्मद, सरदार सलीम, श्रीनिवास लाहौटी, एवज़ सईद, राजा दुबे, इब्न अहमद ताब वग़ैरह। ये वह चंद लोग हैं जो अब इस दुनिया में नहीं रहे और इस वक़्त मुझे इनकी याद अचानक इसलिए आ गई कि मेरे ज़हन में गुज़िश्ता हैदराबाद का जो ब्लैक एंड व्हाइट ख़ाका है उसमें यही हस्तियाँ रंग भर देती हैं। पिछले दिनों को याद करता हूँ तो एहसास होता है कि उन दिनों कितने ही रास्ते थे जिन पर हम चलते थे तो ख़ुद रास्ते हमसे ज़्यादा तेज़ चलते हुए दिखाई देते थे। ख़ुद हमारी ज़ात के अंदर इतने रास्ते थे कि फ़ैसला करना दुश्वार था कि किस रास्ते पर चलें। अब जबकि ये सारे रास्ते एक-एक करके मसदूद[22] होते नज़र आने लगे हैं तो उन खोए हुए रास्तों की याद शिद्दत से आती है। मुग़नी तबस्सुम भी अपनी सत्तर-साला ज़िंदगी में कई रास्तों पर चलते रहे हैं, बल्कि ख़ुद मुझे भी तरक़्क़ी-पसंदी के रास्ते पर उनके साथ कुछ दूर तक चलने का शरफ़ हासिल रहा है। वो तो ख़ैर कम्युनिस्ट पार्टी के बाज़ाब्ता रुक्न भी थे और सुशील कुमार के नाम से गुमनाम रहने की कोशिश करते थे। फिर अचानक जदीदियत के रास्ते पर चल पड़े, संतों और वलियों की सोहबतों से भी फ़ैज़याब हुए। सुना है अब घूम-फिर कर फिर तरक़्क़ी पसंदी के रास्ते पर चलने लगे हैं। सुबह का भूला शाम को वापस आए तो उसे भूला नहीं कहते। उसे मुग़नी तबस्सुम कहते हैं।

हो सकता है, ज़िंदगी के सफ़र में उनके नज़रियात, ख़यालात और रुझानात बदले हों लेकिन उनका चश्मा कभी नहीं बदला। उन्हें जब भी देखा स्याह चश्मे के साथ ही देखा, बल्कि मुझे तो यह स्याह चश्मा उनके बदन का ही एक अज़्व[23] नज़र आता है। जो लोग यह समझते हैं कि मुग़नी तबस्सुम ने अपनी नंगी आँख से कभी इस दुनिया के नंगेपन को नहीं देखा होगा तो वह सरासर ग़लती पर हैं, क्योंकि इस स्याह चश्मे की वजह से मुग़नी तबस्सुम को यह सहूलियत हासिल रहती है कि चश्मे के अंदर से वह जिसे देखना चाहते हैं उसे बशौक़ और बिल इस्तेयाब देखते रहते हैं, लेकिन उन्हें देखने वालों को यह पता नहीं चलता कि वो फ़िलवाक़े[24] किसे देख रहे हैं। हम जैसों की बसारत[25] तो उन लोगों को देखने में ही ज़ाया हो जाती है जो हमें देख रहे होते हैं। जिन्हें हम देखना चाहते हैं उन्हें देखने की नौबत ही नहीं आती। चुनांचे मुग़नी तबस्सुम के यहाँ जो बारीकबीनी, दरूँबीनी[26], दूरबीन, दीदारेज़ी और दीदावरी वग़ैरह नज़र आती है वह इसी स्याह चश्मे की देन है। एक बार मैंने ग़लती से उनका चश्मा अपनी आँखों पर लगा लिया था। अरे साहब, क्या बताऊँ मुझ पर क्या बीती! मुझ पर जो बीती सो बीती, इस दुनिया पर जो बीती उसे कैसे बयान करूँ? मुझे तो यह सारी दुनिया तिरमिरों की तरह नाचती और थिरकती हुई दिखाई दी। यह अफ़वाह आम है कि जितना बोलते हैं और जिस शिद्दत से बोलते हैं उतना मैंने किसी और को बोलते हुए नहीं देखा। यह ज़रूर है कि जो बातें वह बोलना चाहते हैं, ख़ुद तो नहीं बोलते, अलबत्ता दूसरों की ज़बान से ज़रूर बुलवाते

हैं। जब बोलने को दूसरे मौजूद हों तो होशियार आदमी अपने ज़ाती लफ़्ज़ों की फ़ज़ूलख़र्ची नहीं करता। चार-पाँच बरस पुरानी बात होगी, मुग़नी तबस्सुम का शेरी मजमुआ *'मिट्टी मिट्टी मेरा दिल'* जो उस वक़्त नया था, शाए[27] हो चुका था। इसी ख़ुशी में अज़ीज़ आर्टिस्ट के फ़ार्म हाउस पर एहबाब की महफ़िल सजी। प्रोफ़ेसर सिराजुद्दीन, राशिद आज़र, क़दीर ज़माँ, अब्दुल कुद्दूस वग़ैरह मौजूद थे। वह पूरे चाँद की एक हैरतअंगेज़ रात थी। मुग़नी तबस्सुम तो ख़ैर बज़ाहिर ख़ामोश थे ही, बाक़ी अहबाब भी ख़ामोश से थे, क्योंकि इस माहौल में हर एक के दिल को कई कहानियाँ याद सी आ के रह गई थीं। अलबत्ता झींगुरों की आवाज़ें ज़रूर आ रही थीं और कभी-कभी हमारे कदीर ज़माँ बीच-बीच में ज़रूर कुछ बोल देते थे। ऐसे में मैंने झींगुरों की आवाज़ से बचने के लिए मुग़नी तबस्सुम से ख़्वाहिश की कि वो अपनी कोई ग़ज़ल सुनाएँ। उनके पहले ही शेर पर दाद का वह शोर बुलंद हुआ कि फार्म हाउस के सारे झींगुर डर के मारे ख़ामोश हो गए। प्रोफ़ेसर सिराजुद्दीन ने शेर की अछूती रूमानियत और उसके ख़ूबसूरत तख़लीकी इज़हार की तारीफ़ की तो कदीर ज़माँ बोले, "इस शेर की एक रूहानी डायमेंशन भी है।" प्रोफ़ेसर सिराजुद्दीन ने कहा कि यह तो ख़ालिसतन रूमानी शेर है। इसमें रूह कहाँ से आ गई? अब जो इस शेर को लेकर अहबाब में बहस शुरू हुई तो पता नहीं चल रहा था कि रूमान की तरफ़ कौन है और रूह की तरफ़ कौन! यहाँ तक कि इस शेर की तशरीह, तौज़ीह और तफ़सीर[28] के लिए बेचारे अरस्तू, गेटे, बर्गसाँ, रूमी, हाफ़िज़ और न जाने किन-किन को ज़हमत दी जाने लगी। मुग़नी उस रात सिर्फ़ एक ही शेर सुना कर ख़ामोश हो गए मगर सारे अहबाब लगातार बोलते रहे। बाद में यह बहस फ़ार्म हाउस से निकल कर क़दीर ज़माँ की गाड़ी में बैठ गई तो यहाँ भी चलने लगी। बल्कि क़दीर ज़माँ की गाड़ी से कहीं ज़्यादा तेज़ चलने लगी। गाड़ी में पेट्रोल ख़त्म होने लगा तो कदीर ज़माँ ने एक पेट्रोल पंप पर गाड़ी रोक दी। मैं और अज़ीज़ बहस से बचने के लिए गाड़ी से उतरे तो उस वक़्त कुद्दूस, जो अपने गले में हमेशा ख़िज़ाब लगाए रहते हैं, इतनी ज़ोर से बोल रहे थे और कदीर ज़माँ भी उनकी बात का जवाब कुछ इस ढंग से बआवाज़ बुलंद दे रहे थे कि पेट्रोल पंप के मुलाज़िम ने मुझसे पूछा, "साहब, किस बात पर झगड़ा हो रहा है?" इस पर अज़ीज़ ने, जो ख़ुद भी मुग़नी की तरह हमेशा ख़ामोश रहने के आदी हैं, बीच में मुदाख़लत करते हुए कहा, "मियाँ तुम्हें ग़लतफ़हमी हुई है। यह कोई इख़्तिलाफ़[29] नहीं हो रहा है बल्कि इत्तिफ़ाक़ हो रहा है हमारे दोस्त की शायरी की खूबियों पर।"

इस पर पेट्रोल पंप के मुलाज़िम ने घबराकर कहा, "साहब, अगर आप लोगों का इत्तिफ़ाक़ ऐसा होता है तो आप लोगों का इख़्तिलाफ़ न जाने कैसा होता होगा। तलवारें खिंच जाती होंगी।"

मुझे याद है कि मुग़नी तबस्सुम ने उस रात सिर्फ़ एक शेर ही सुनाया था और उसके नतीजे में हम सबको घंटों बोलना पड़ा था। क्या इस मिसाल के बाद भी आप मुग़नी तबस्सुम को कम-गो आदमी ही समझते हैं? अगर आप उन्हें सचमुच ऐसा समझते हैं तो यह आपकी मासूमियत है।

उनके क़रीबी अहबाब बख़ूबी जानते हैं कि बाज़ लमहों में मुग़नी तबस्सुम शदीद जज़्बाती और इज़्तिरारी रद्दे अमल[30] का इज़हार करते हैं, उनके रफ़ीक़-ए-देरीना[31] ख़ास क़ादिरी ने लिखा है कि एक बार क़ाज़ी सलीम हैदराबाद आए तो रॉयल होटल के एक कमरे में अहबाब की महफ़िल जमी। मुसहफ़ इक़बाल तौसीफ़ी ने शेर सुनाया : *जिससे ली थी उसी को लौटा दें/ये रहीं सुबहें ये तेरी शामें।*

मुग़नी तबस्सुम पर इस शेर ने कुछ ऐसे विजदानी और हेजानी कैफ़ीयत तारी कर दी कि मुग़नी तबस्सुम ने अचानक काज़ी सलीम की टेबल पर पड़ी हुई रेज़र ब्लेड उठा ली। वह तो अच्छा हुआ कि उनके अहबाब को अचानक यह शुबहा[32] हो गया कि मुग़नी तबस्सुम इस रेज़र ब्लेड को अज़राहे सुखनफ़हमी अपनी गर्दन पर चलाने का इरादा रखते हैं। फ़ौरन बीच-बचाव करके उनके हाथों से ब्लेड छीन ली गई। बाद में मुझे इस वाक़ये का इल्म हुआ तो मैंने सबसे पहले मुसहफ़ इक़बाल तौसीफ़ी से कहा कि वो मुस्तक़बिल में ऐसे मुहलिक और ख़ूँख्वार शेर न कहा करें जिनसे मुग़नी तबस्सुम की जान ख़तरे में पड़ जाए। फिर मैंने उन एहबाब को अलग से टोका जिन्होंने बिला वजह मुग़नी तबस्सुम के हाथों रेज़र ब्लेड को छीन लिया, क्योंकि मेरे हिसाब से उनका रेज़र ब्लेड को उठा लेना कोई ग़ैर-मामूली जज़्बाती या इज़्तरारी रद्देअमल नहीं! बाज़ अवकात अच्छा शेर सुनकर मैं भी बेसाख्ता रेज़र ब्लेड को उठा लेता हूँ और अब जब तक दाढ़ी नहीं बना लेता तब तक उसे वापस नहीं रखता। हो सकता है मुग़नी तबस्सुम शेव करना चाहते हों। फिर यह भी तो देखिए कि शेर में सुबहों को वापस करने का मामला दरपेश है और मुग़नी तबस्सुम दाढ़ी बनाए बग़ैर अपनी किसी सुबह का आग़ाज़ नहीं करते, तो ऐसी सुबह को वापस कैसे कर देंगे ज़रा सोचने वाली बात है। मैं यह तो मान सकता हूँ कि इस शेर को कहने के बाद मुमकिन है ख़ुद मुसहफ़ इक़बाल तौसीफ़ी ने अपना गला काटने के लिए रेज़र ब्लेड को उठाने की बात सोची हो, क्योंकि मुसहफ़ इक़बाल जैसा हस्सास रख-रखाव वाला, शाइस्ता, मुहतात और फ्रैज़ाइल (Fragile) शख़्स ज़िन्दगी में सिर्फ़ एक ही मर्तबा अपने महबूब को उसकी शामें और सुबहें लौटाता है, जबकि मुग़नी तबस्सुम तो न जाने कितनों को ऐसी कितनी ही सुबहें और शामें लौटा चुके हैं। बल्कि यह तो उनका रोज़मर्रा का मामूल है। मैं यह कहूँ तो बेजा न होगा कि मुसहफ़ इक़बाल तो अपनी फ़ितरी शराफ़त के पेशे नज़र सिर्फ़ सुबहों और शामों को लौटाने पर ही इक्तिफ़ा[33] कर गए, मुग़नी तबस्सुम तो रातें तक लौटा देने का वसीअ[34] तजुर्बा रखते हैं।

तफन्नुन बर तरफ़ मुग़नी तबस्सुम के ऐसे एक जज़्बाती रद्‌देअमल का मैं भी ऐनी शाहिद[35] रह चुका हूँ और इत्तिफ़ाक़ से इस जज़्बाती रद्देअमल का इज़हार भी क़ाज़ी सलीम ही के दिल्ली वाले उस घर में हुआ था जिसमें वो बहैसियत रूक्न पार्लियामेंट[36] रहा करते थे। उस रात की महफ़िल में मेज़बान और ख़ाकसार के अलावा मुग़नी तबस्सुम और शहूरयार मौजूद थे। मुग़नी तबस्सुम के पुराने दोस्त होने और दूध के जले होने के नाते क़ाज़ी सलीम ने हिफ़्ज़े माँ-तक़द्दुम[37] के तौर पर बाथरूम से रेज़र ब्लेड को तो हटा ही दिया था, किचन से छुरी-चाकू तक को भी निकाल कर अपनी अलमारी में बंद करके रख दिया था। रात देर गए शेरख़्वानी की नौबत आई। शहूरयार और मुग़नी तबस्सुम दोनों चूँकि एक-दूसरे की बड़ी पुरानी कमज़ोरियाँ हैं इसलिए एक-दूसरे के राज़ों से भी अच्छी तरह वाक़िफ़ हैं। जब मुग़नी तबस्सुम ने अचानक एक ऐसा शेर सुना दिया जिसमें गुज़री हुई एक दिल-नवाज़ हस्ती का हवाला था तो उसे सुन कर शहूरयार ने रोना शुरू कर दिया। इसके जवाब में मुग़नी तबस्सुम भी रोने लगे। ऐसा-वैसा नहीं, दहाड़ें मार-मार कर। अब जो दोनों के फ़िलबदीह रोने का शोर मचा तो क़ाज़ी सलीम घबरा कर अपने घर की खिड़कियाँ और दरवाज़े बंद करने लगे। कहने लगे, "मुज्तबा तुम तो जानते हो कि आसपास अपोज़ीशन के अरकान पार्लियामेंट के फ़्लैट्स हैं, वो क्या समझेंगे।" मैंने कहा, "क़ाज़ी साहब, क्या रोने-धोने पर सिर्फ़ अपोज़ीशन वालों का हक़ है? क्या बरसरे इक़्तिदार पार्टी के अरकान पार्लियामेंट रो नहीं सकते?" क़ाज़ी सलीम बोले, "तुम्हें अब भी मज़ाक़ सूझ रहा है। तुम इन दोनों को सँभालो। मैं इतनी देर में दरवाज़े और खिड़कियाँ बंद करता हूँ ताकि रोने की आवाज़ बाहर न जाए।" ख़ैर, बड़ी देर बाद दोनों काबू में आए। जब ये टुक रोते रोते सो गए तो मैं रात के पिछले पहर अपने घर चला गया।

दूसरी शाम मैं हस्ब मालूम क़ाज़ी सलीम के घर पहुँचा तो देखा कि बाक़र मेंहदी वहाँ पहले से मौजूद हैं। मैंने बातों-बातों में बाक़र मेंहदी से कहा, "अगर आप रोने वग़ैरह का इरादा रखते हों तो पहले ही हमें बता दें ताकि हम अभी से घर की खिड़कियाँ और दरवाज़े वग़ैरह बंद कर दें। पता है कल रात को यहाँ क्या हुआ! यहाँ शहूरयार और मुग़नी किसी बात पर इतना रोए कि अपोज़ीशन के अरकान को भी इसका इल्म हो गया।"

बाक़र मेंहदी ने अपने मख़्सूस लहजे में कहा, "यार तुम दोनों को ग़लतफ़हमी हुई है। वह किसी शख़्सियत की मौत पर नहीं बल्कि वह तो शेरो हिकमत[38] की मौत पर रो रहे थे। शेरो हिकमत की मौत पर। समझे!"

इस बात पर मैं और बाक़र मेंहदी बेतहाशा हँसने लगे तो क़ाज़ी सलीम फिर दौड़कर घर की खिड़कियाँ और दरवाज़े बंद करने लगे कि कहीं अपोज़ीशन वालों को हमारी हँसी का पता न चल जाए।

मैंने क़ाज़ी सलीम से कहा, "काज़ी साहब! यह आपके अपोज़ीशन वाले भी अजीब हैं। न आपके दुख में शरीक होते हैं न आपके सुख में। ऐसी ही बातों की वजह से तो हमारी जम्हूरियत की बुनियादें मुस्तहक़्म नहीं हो पा रही हैं।" अब एहसास होता है कि क़ाज़ी सलीम की ऐसी ही मासूमाना और शरीफ़ाना हरकतों की वजह से दोबारा पार्लियामेंट के रूक्न मुंतख़ब नहीं हो सके, मगर ये अच्छा ही हुआ क्योंकि आप देख रहे हैं कि इन दिनों अरकानए-पार्लियामेंट की कितनी इज़्ज़त है।

बहरहाल, शेरो हिकमत का ज़िक्र चल निकला है तो एक बात और अर्ज़ कर दूँ। जब मुग़्नी तबस्सुम और शहरयार पाबंदी से *शेरो-हिकमत* निकाला करते थे, अक्सर अहबाब मुझसे पूछा करते थे कि इन दोनों में से 'शेर' किसके पास है और हिकमत किसके पास। मैंने जब भी इस सवाल पर ग़ौर किया तो मुझे दोनों ही के पास शेर ही शेर नज़र आए और वह हिकमत जिसका चलन आज के ज़माने में आम है, दोनों में से किसी के पास नज़र नहीं आई! यही वजह है कि *शेरो-हिकमत* बहुत दिनों तक नहीं चल सका।

मुग़्नी तबस्समु के पुराने अहबाब को ज़रूर पता होगा कि एक ज़माने में वह रूहों को तलब करके अहबाब से उन रूहों की बातचीत भी करवाया करते थे। मैंने तो ख़ैर कभी उनकी मार्फ़त रूहों से बात नहीं की, क्योंकि उस ज़माने में मैं जिनसे बात करने को तड़पता था वह तब तक रूहें नहीं बनी थीं। और मुग़नी तबस्सुम ज़िंदों से मेरी बात कराने के क़ायल नहीं थे। अलबत्ता उनके नूरख़ान बाज़ार वाले मकान में ख़ुद मैंने कई अहबाब को मुग़्नी तबस्सुम की बुलाई हुई रूहों से बातचीत करते हुए न सिर्फ़ देखा है बल्कि सुना भी है। मुझे याद है कि मुग़्नी तबस्सुम ने एक बार नीत्शे की रूह से हसन असकरी की (जो अब लंदन में रहते हैं) बात करवाई थी। अरे साहब, क्या बताऊँ! दोनों में झगड़ा होते-होते रह गया, हाथापाई की नौबत तो ख़ैर आ ही नहीं सकती थी। अगर आती भी तो हमारे हसन असकरी के हाथ नीत्शे के हाथों से ख़ासे लंबे थे। बहरहाल, इधर मैंने हसन असकरी को थामा और उधर मुग़्नी तबस्सुम ने जैसे-तैसे नीत्शे की रूह को क़ाबू में किया तब जा कर मामला रफ़ा हुआ, वर्ना लेने के देने नहीं बल्कि देने के लेने पड़ जाते।

मुग़्नी तबस्सुम को ज़रूर याद होगा कि एक बार उन्होंने अनजाने में मेरे अफ़साना-निगार दोस्त इब्राहिम शफ़ीक़ (ख़ुदा उन्हें ग़रीक़े रहमत करे) की बातचीत मशहूर फ्रांसीसी अफ़साना-निगार बालज़ाक की रूह से करवाई थी। आपको तो पता है बालज़ाक कैसा मुँहफट और बदज़बान आदमी था। पहले तो इब्राहिम शफ़ीक़ से बात करने के लिए ही आमादा नहीं हो रहा था, बाद में मुग़्नी तबस्सुम ने उस की रूह को बरग़लाया, बहलाया, फुसलाया तो उस मरदूद ने छूटते ही इब्राहिम शफ़ीक़ से कहा, "मिया क्यों अपना वक़्त अफ़साना-निगारी में बर्बाद करते हो। जाओ और

कोई अच्छा-सा शरीफ़ाना पेशा इख़्तियार करो। और हाँ, ख़बरदार जो फिर कभी इस मामले में मेरी रूह से सलाह और मशविरा किया। अब तो ख़ैर ग़लती से सही मशविरा दे दिया है। आगे ऐसा मशविरा दूँगा कि ज़िंदगी भर याद रखोगे।...बालज़ाक की इस दो टूक राय को जान कर थोड़ी देर के लिए मुझे शुबहा[39] भी हुआ कि रूहों की आड़ में कहीं मुग़नी तबस्सुम तो नहीं बोलते हैं। बेचारे कमगो आदमी हैं। जो बात ख़ुद से नहीं कह पाते या कहने की हिम्मत नहीं रखते उसे रूहों से कहलवा देते होंगे। शरीफ़ आदमी को क्या-क्या स्वाँग रचाने नहीं पड़ते। बहरहाल बालज़ाक की इस राय के बाद इब्राहिम शफ़ीक़ कई दिनों तक उदास रहा। बाद में मुग़नी के मोम-से दिल ने उसकी तलाफ़ी की यह सूरत निकाली कि उर्दू के एक ताज़ा-ताज़ा मरहूम बने हुए अफ़साना-निगार की रूह से इब्राहिम शफ़ीक़ की बात करवा दी। कभी-कभार वो बद रूहों को भी बुला लेते थे। शुक्र ख़ुदा का, अफ़साना-निगार मरहूम ने इब्राहिम शफ़ीक़ की इफ़साना-निगारी की न सिर्फ़ तारीफ़ की बल्कि ठेठ उर्दू में उन्हें मश्क़े सुख़न को जारी रखने का मशविरा भी सादिर फ़रमाया। आख़िर में टेप के बंद के तौर पर यह भी कहा कि अल्लाह करे ज़ोरे क़लम और ज़्यादा।

मुझे यह भी याद है कि एक बार एक हसीन-जमील ख़ातून मुग़नी तबस्सुम के पास यह फ़रियाद ले कर आई कि वो ज़रा उसके मरहूम शौहर की रूह से बात करवा दें। आप में से बहुतों को पता होगा कि मुग़नी तबस्सुम बड़े दिलो-जान से बेवाओं की दामे, दिरमे, सुखने मदद करने को हरदम तैयार रहते हैं। (उस ज़माने में तो रहा करते थे अब का हाल मुझे मालूम नहीं।) मुग़नी तबस्सुम ने अपना पूरा रूहानी ज़ोर लगा कर आनन-फ़ानन मरहूम शौहर की रूह को तलब कर लिया। सच तो यह है कि उस रूह के अचानक और अदबदा के चले आने पर ख़ुद मुझे भी हैरत हुई थी। रूह के आते ही ख़ातून ने अपना सर साड़ी के पल्लू से ढक लिया और बदीद-नम पूछा, "अजी कैसे हो?"

रूहे शौहर ने कहा, "बहुत अच्छा हूँ।"

ख़ातून बोली, "मरते मर गए लेकिन हर हाल में साबिर व शाकिर रहने की तुम्हारी पुरानी आदत नहीं गई। सच बताओ, क्या तुम उतना ही मज़े से हो जितना कि नीचे की दुनिया में मेरी रफ़ाक़त में रहा करते थे?"

मरहूम ने कहा, "वहाँ से तो मैं यहाँ हज़ार दर्जा मज़े में हूँ। बड़ी आसाइशें मुयस्सर हैं।"

ख़ातून ने पूछा, "अच्छा, यह तो बताओ जन्नत कैसी जगह है?" मरहूम शौहर ने कहा, "अरी नेकबख़्त, जन्नत से कहाँ बोल रहा हूँ। मैं तो दोज़ख़ से बोल रहा हूँ।"

ख़ातून ने आख़िरी बार अपने आँसू पोंछे और कहा, "फिर तो तुम जहाँ भी रहो ख़ुश रहो।"

इसके बाद मरहूम शौहर से उस ख़ातून का राबता मुनक़ते[40] हो गया क्योंकि इन मुज़ाकिरात के बाद मैंने उस ख़ातून को जब भी मुग़नी के यहाँ देखा, मुग़नी तबस्सुम से बातें करते हुए पाया। कभी अपने मरहूम शौहर की रूह को ज़हमत देते हुए नहीं देखा। तकलीफ़ पहुँचाने की बात अलग है।

मुग़नी तबस्सुम अपनी खुश-लिबासी और जामा-ज़ेबी वग़ैरह के लिए बड़ी शोहरत रखते हैं। दिन के किसी भी हिस्से में उन्हें देखिए तो यूँ लगेगा जैसे सालिम मुग़नी तबस्सुम अपने लिबास समेत अभी-अभी किसी ड्राई क्लीनिंग की मशीन से बरामद हुए हैं। ताहम मैंने लंदन में उनकी जो जामाज़ेब देखी है वो किसी ने न देखी होगी। असल में मुग़नी तबस्सुम सीरियन एअर लाइंस के जिस तैयारा से लंदन आए थे वह मुग़नी तबस्सुम को तो लंदन लेकर न्यूयॉर्क चला गया था। नतीजे में मुग़नी तबस्सुम पूरे दस दिनों तक उस अकेले सूट में मलबूस रहे जिसे पहन कर वो हिंदुस्तान से लंदन आए थे। इसी सूट की मदद से उन्होंने लंदन की कई अदबी और समाजी तक़रीबों को बहुस्नखूबी ठिकाने लगाया। मगर क्या मज़ाल जो किसी को यह एहसास हुआ हो कि वो पिछले दस दिनों से एक ही सूट में मलबूस हैं। जामाज़ेबी की ऐसी अनोखी मिसाल कहीं और देखने को नहीं मिली।

एक बात और अर्ज़ कर दूँ कि मुग़नी तबस्सुम नहाने यानी गुस्ल फ़रमाने के बड़े शौक़ीन हैं। मैं जब भी सुबह के वक़्त उनके घर फ़ोन करता हूँ तो उनकी मुलाज़िमा इत्तला देती है, "साहब पानी नहा रहे हैं।" अगरचे पानी नहाने की सराहत ख़ुद एक इज़ाफ़ी चीज़ है क्योंकि हम जैसे लोग तो पानी ही से नहाते हैं। दूध, शहद या इतर वग़ैरह से बिलकुल नहीं नहाते। मुझे तो हैरत होती है कि जितनी देर तक वो नहाते हैं उतनी देर तक पानी आख़िर आता कहाँ से है। क्या हैदराबाद में आबरसानी[41] का इंतज़ाम वाक़ई इतना अच्छा हो गया कि मुग़नी तबस्सुम दो-दो घंटे तक पानी से नहाएँ और फिर भी सारे हैदराबादियों को पानी मिलता रहे? मैं अकसर हैरान हो जाता हूँ कि मुग़नी तबस्सुम के भी दो हाथ, दो टाँगें, एक चेहरा, एक गर्दन और एक कमर वग़ैरह हैं और ऊपर से क़द भी छोटा है, लेकिन वह उन्हें अपने इन आज़ा को धोने में आख़िर इतनी देर क्यों लग जाती है। मैं तो अपनी दराज़-क़माती[42] के बावजूद अपने कमोबेश इतने ही आज़ा को दस-पंद्रह मिनट में धो लेता हूँ, धोबी घाट पर धोबी की तरह कपड़ों की लादी को धोने में मसरूफ़ नहीं कर जाता। किसी ने बताया कि मुग़नी तबस्सुम नहाते वक़्त अपने आज़ा को नहीं धोते बल्कि अपनी मुख़्तलिफ़ हैसियतों को धोते हैं। अभी अपने अंदर बैठे हुए शायर को नहलाया है तो अभी नाक़िद के सर पर पानी का लोटा उँड़ेल रहे हैं। इससे फ़ुर्सत मिली तो अपनी तरक़्क़ी-पंसद पैकर को उबटन से मल रहे हैं। साथ में अपने जदीद ज़हन को भी झामे से रगड़ते चले जा रहे हैं। हो सकता है यह बात दुरुस्त हो क्योंकि एक आदमी का जिस्मानी वजूद इतना बसीत[43] भी नहीं हो सकता कि वह उसे घंटों धोता रह जाए।

हज़रात! मुग़नी तबस्सुम के बारे में कुछ लिखने बैठा तो ज़रा देखिए कि कितना कुछ लिख गया हूँ। अगरचे काम की बात एक भी नहीं की। मैं जानता हूँ, कि मुग़नी तबस्सुम को समेटना कोई आसान काम नहीं है। जिन लोगों ने उन्हें वक़्फ़ा से समेटा है वो जानते हैं कि यह सिमटाने को ख़त्म करने से पहले इनकी चंद ख़िदमात का इतराफ़ करना भी ज़रूरी समझता हूँ।

मुग़नी तबस्सुम की एक ख़िदमत तो यह भी है–उर्दू के उस्ताद होने के बावजूद उर्दू के उस्ताद बिलकुल नहीं लगते, क्योंकि उन्होंने हरामख़ोरी को अपने ऊपर हराम कर रखा है। ईमानदारी, लगन और मेहनत-ए-शाक़्क़ा को अपना दीन-ईमान गर्दानते हैं।

मुग़नी तबस्सुम की दूसरी ख़िदमत यह है कि उर्दू अदब में आला मुक़ाम और रुतबा हासिल करने के बावजूद उन्होंने कभी अपना कोई टोला बनाने की कोशिश नहीं की। उनकी तीसरी ख़िदमत यह है कि मस्लहत-पसंदी, जोड़-तोड़, अदबी रेशादवानियों, कीना-परवरी और शोहरत-तल्बी वग़ैरह से हमेशा अपने आप को दूर रखा, हालाँकि आज के ज़माने में पनपने की यही तो बातें हैं। अपने इल्मी कारनामों और अदबी फतूहात के बाइस उनकी बेनियाज़ी का यह आलम है कि मैंने उन्हें कभी शोहरत के पीछे भागते नहीं देखा। अलबत्ता ज़िंदगी भर वह जिनके पीछे भागते रहे उनकी निशानदेही नहीं करूँगा क्योंकि वो ऐसी बातों से नाराज़ हो जाते हैं। उन्हें अंदेशा है कि कहीं ऐसी बातों से उन्हें वह शोहरत न मिल जाए जिससे वह हमेशा दूर भागते आए हैं। अल्लाह-अल्लाह क्या इस्तग़ना है और क्या बेनियाज़ी है। ताहम इतना जानता हूँ कि बुताने नाज़ के पीछे भागने से उन्हें मोहलत ही नहीं मिली तो बेचारे अपनी शोहरत के पीछे कैसे भाग सकते हैं। मुग़नी तबस्सुम हमारे अदब की उन मशहूर हस्तियों से हज़ार दर्जा बेहतर हैं जिनकी शोहरतों से बदनामी भी अपने आपको नादिम और शर्मसार महसूस करती है–कि अगर यह शोहरत है तो फिर मैं क्या हूँ?

मुग़नी तबस्सुम की चौथी ख़िदमत यह है कि उन्होंने अपने सिवाय किसी को नुक़सान नहीं पहुँचाया। अपने दुख, अपने कर्ब और अपनी अज़ीयत को ख़ुद झेला, कभी अपने दिल के बोझ को हल्का करने के लिए किसी के कंधे पर अपना सर रखने की ज़हमत गवारा नहीं की। ऐसा नहीं है कि उन्हें ऐसे कंधे नहीं मिले। ज़रूर मिले, मगर उन कंधों को उन्होंने अपने दुख के ज़रिए ज़ाया नहीं होने दिया, बल्कि ख़ुद उन कंधों के सुख का हिस्सा बनना ज़रूरी जाना। यह जराफ़त की नहीं जर्फ़ की बात है।

उनकी पाँचवीं ख़िदमत यह है कि पिछली निस्फ़ सदी से मैं उन्हें जानने, समझने और परखने की कोशिश कर रहा हूँ मगर यह आज तक मेरे हाथ नहीं आए। ज़रा सोचिएगा, अगर यह मसरूफ़ियत न होती तो मैं इतनी लंबी ज़िंदगी कैसे गुज़ार पाता।

वैसे तो मुग़नी तबस्सुम की ओर भी कई ख़िदमात हैं लेकिन मैं अपने तईं उनकी एक ख़िदमत का शुक्रिया अदा करके अपनी बात को ख़त्म करना चाहूँगा। मैं जब भी हैदराबाद के बिखरते हुए अदबी माहौल और तार-तार होती हुई हैदराबादी तहज़ीब को देख कर अफ़्सुर्दा हो जाता हूँ तो मुझे हैदराबाद में मुग़नी तबस्सुम की मौजूदगी का ख़याल आ जाता है। फिर मैं अपने आप ही अफ़्सुर्दगी की इस कैफ़ियत से बाहर निकल आता हूँ। क्या ये कोई मामूली ख़िदमत है? इसीलिए तो कहता हूँ कि यह एक तबस्सुम, जो मुग़नी भी हो, किसे मिलती है!

संदर्भ

1. योगदान की स्वीकृति, 2. प्रशंसित, 3. प्रायः, 4. महा आलसी, 5. प्रेरक-आयोजक, 6. शोधपरक, 7. रचनात्मक, 8. भूमिका जैसी बात, 9. समकालीन, 10. उदारता, 11. अद्वितीय, 12. समकालीन (बहु.), 13. सूची तैयार कर रहे थे, 14. दिवंगत, 15. बराबर, 16. बराबरी, 17. साहस, 18. ताक़त के अनुसार, 19. असल आयु, 20. आधी, 21. गतिशील, 22. बंद, 23. अंग, 24. वास्तव में, 25. देखने की शक्ति, 26. भीतर देखने की शक्ति, 27. प्रकाशित, 28. व्याख्या, 29. मतभेद, 30. बेचैनी की प्रतिक्रिया, 31. पुराने दोस्त, 32. संदेह, 33. इक्तिफ़ा=संतोष, 34. लंबा, 35. चश्मदीद गवाह, 36. सांसद, 37. इहलियात, 38. मुग्नी और शह्रयार द्वारा संपादित पत्रिका, 39. संदेह, 40. ख़त्म, 41. पानी सप्लाई, 42. लंबे क़द, 43. फैला हुआ।

खुशवंत सिंह

अंग्रेज़ी का मायए नाज़[1] अदीब, सफ़े अव्वल[2] का दानिशवर,[3] अंग्रेज़ी रोज़नामा 'हिंदुस्तान टाइम्स का एडिटर, बेबाक सहाफ़ी, हिंदुस्तान की गंगा-जमुनी तहज़ीब का अलम-बरदार, जादूबयान मुक़र्रिर, पार्लियामेंट का मेम्बर, उर्दू का परस्तार, 'इक़्बाल' का आशिक, अक़ल्लियतों[4] और विलखुसूस[5] मुसल्मानों का बहीख़्वाह[6] किर्दार और गुफ़्तार दोनों का गाज़ी—धबराइए नहीं, ज़िक्र कई शख़्सीयतों का नहीं एक ही शख़्सीयत का है और वो शख़्सीयत है खुशंवतसिंह की। जिस तरह लाहौर-लाहौर है, उसी तरह खुशवंत सिंह, खुशवंत सिंह हैं। खुशवंत सिंह से मिलने का एक फ़ायदा यह है कि आपकी मुलाक़ात बयकवक़्त कई शख़्सीयतो से हो जाती है। इक़्बाल की शोहराए आफ़ाक़[7] नज़्म 'शिकवा व जवाब शिकवा' का खुशवंत सिंह ने जो अंग्रेज़ी में तर्जुमा किया है वो तब्सिरे के लिए आई है तो खुशवंत सिंह के बारे में कई बातें जेहन में जाग सी गईं। उन्हें कोई छः साल पहले देहली में उस वक़्त देखा था जब मेरी और डाक्टर ख़लीफ़ अंजुम की मुरत्तबा[8] किताब 'ज़ब्तशुदा नज़्मे' के हिंदी एडीशन की तक़्रीबे-रूनुमाई[9] मुन्अक़िद[10] हुई थी। यह जानते हुए कि एक सिख दूसरे सिख से मुशाबेह होता है, खुशवंत सिंह को देखने की बड़ी तमन्ना थी। मगर जब देखा तो मायूसी हुई कि सर सूबा सिंह के फ़र्ज़द अंग्रेज़ी के अज़ीमुल्मर्तबत अदीब और 'इलस्ट्रेटिड वीकली आफ़ इंडिया' के एडिटर ने निहायत मामूली लिबास जेबतन कर रखा है। एक मामूली टी-शर्ट और पतलून भी ऐसी कि जिसने मुद्दतों से इस्तरी की शक्ल ना देखी हो। वो सिर पर पगड़ी जमाए, पान बवाते महफ़िल में बेमियाज़ाना[11] आए और चले गए।

अढ़ाई साल पहले देहली के ताज होटल की एक पार्टी में उनसे बाज़ाबता[12] तआरूफ़ हुआ तो देखा कि वो तब भी इसी क़िस्म की यूनिफार्म में मल्बूस[13] हैं। थोड़ी सी रस्मी बातों के बाद उन्होंने शिकवा किया कि देहली में रहते हो मगर मिलते नहीं। मैंने जवाबे शिकवा के तौर पर अर्ज़ किया कि आपकी मस्रूफ़ीयत के पेशे नज़र मिलने से कतराता हूँ। वर्ना आप से कौन मिलना नहीं चाहता।

बोले, "जब भी आओगे मस्रूफ़ीयत को तह कर के रख दूँगा। पहले आओ तो सही। इन दिनों इक़बाल की नज़्म शिकवा व जवाबे शिकवा' का अंग्रेज़ी तर्जुमा कर रहा हूँ। उर्दू अदीबों से मिलकर यूँ भी ख़ुशी होती है। किसी वक़्त चले आओ।"

उन दिनों वो अंग्रेज़ी रिसाला 'न्यू देहली' के एडिटर थे। दूसरे दिन मैंने उनके दफ़्तर फोन करके कहा, "आदाब अर्ज़ है।"

जवाबन बोले, "व-अलैकुम अस्सलाम, कैसे हो?" ज़िंदगी में यह पहला मौक़ा था जब मेरे आदाब अर्ज़ का जवाब किसी ने 'व-अलैकुम अस्सलाम' से दिया था।

मुझे इस ग़ैर-मुतवक़्क़े व-अलैकुम अस्सलाम से सँभलने में ज़रा सी देर हुई तो ख़ुद बोले, "बहुत अच्छे वक़्त फ़ोन किया। मैं इस वक़्त जवाबे शिकवा के एक बंद का तर्जुमा कर रहा हूँ। तुम 'क़ुदसी उल्अस्ल' का अंग्रेज़ी में तर्जुमा किस तरह करोगे?"

मैं अभी 'व-अलैकुम अस्सलाम' में ही अटका हुआ था कि उन्होंने मुझे 'क़ुदसी उल्अस्ल में फँसा दिया। मैं सटपटा गया। उन्हें क्या पता था कि अंग्रेज़ी भी इतनी ही जानता हूँ जितनी कि उर्दू। अब अपनी कममायगी को छुपाने का वाहिद तरीक़ा यह रह गया था कि मैं मज़ाक का सहारा लूँ। जिहाज़ा मैंने कहा, "हमारा टेलिफ़ोनी निज़ाम ऐसा है कि इस पर उर्दू अल्फ़ाज़ का अंग्रेजी तर्जुमा उमूमन[14] ग़लत हो जाता है। आप से मुलाकात होगी तो 'क़ुदसी उल्अस्ल' से निपट लेंगे।"

बोले, "अच्छा यह बताओ पीरे गर्दों[15] और फ़ितना[16] का तुम अंग्रेज़ी तर्जुमा किस तरह करोगे?"

व-अलैकुम अस्सलाम, क़ुदसी उल्अस्ल, पीरे गर्दों, फितना—अब पानी सर से ऊँचा हो चुका था। मेरी हालत ग़ैर होने लगी। समझ में नहीं आया कि क्या ज़वाब दूँ। मैंने चीख़ कर कहा, "हैलो हैलो! आपकी आवाज़ साफ नहीं सुनाई दे रही।"

वो ब-आवाज़े बुलंद बोले, "पीरे गर्दों, पीरे गर्दों, पीरे गर्दों।" जी में आया कह दूँ—"मुआफ़ कीजिए। यहाँ कोई पीरे गर्दों नहीं रहता। रांग नम्बर।"

ग़रज़ फोन की ख़राबी का हवाला देकर मैंने फितने को दूसरे दिन पर टाला। बोले, "कल ग्यारह बजे दफ़्तर में आ जाओ।" फोन के रिसीवर को रखकर मैंने फौरन एक दोस्त के यहाँ से कुल्लियाते 'इक़्बाल' का नुस्ख़ा मँगवाया। डिक्शनरी सँभाली। और जिंदगी में पहली मर्तबा 'शिकवा व जवाबे शिकवा' का नए ढंग से मुतालआ करने में मस्रूफ हो गया।

दूसरे दिन मैं उनके दफ़्तर में गया तो मेरे आदाब अर्ज़ के जवाब में हस्बे मामूल 'व-अलैकुम अस्सलाम' कहकर ज़ोरदार मुसाफहा किया। अभी मैं कुर्सी पर अच्छी तरह बैठने भी ना पाया था कि मेरी नज़र दीवार पर पड़ गई जिस पर एक तुग़्रे में 'अल्लाह' लिखा हुआ था और दूसरे तुग़्रे में 'सूरए यसीन'। मैं सोचने लगा खुशवंत सिंह भी अज़ीब आदमी हैं। कल 'व-अलैकुम अस्सलाम' के बाद 'क़ुदसी

उल्अस्ल' और 'पीरे गर्दों' में फँसा दिया था और आज व-अलैकुम अस्सलाम के बाद इन तुग्रों का नज़ारा करा दिया। थोड़ी देर के लिए मुझे यूँ एहसास हुआ जैसे मैं किसी उर्दू रिसाले के दफ़्तर में आ गया हूँ। मैं उनके तुग्रों को ग़ौर से देखने लगा तो बोले, "जी हाँ! ये तुग्रे हमेशा मेरे दफ़्तर में होते हैं। 'इलस्ट्रेटिड वीक़ली आफ़ इंडिया' का जब एडिटर था तो तब भी ये मेरे कमरे में थे। अब यहाँ से कहीं दूर जाऊँगा तो इन्हें भी साथ लेता जाऊँगा। यही नहीं मेरी मोटर की चाबी पर पूरी आयतुलकुर्सी लिखी हुई है।"

इसके बाद मुझे अचानक यह एहसास हुआ कि इक़्बाल के 'शिकवा व जवाबे शिकवा' का अंग्रेज़ी तर्जुमा करने का हक़ खुशवंत सिंह के सिवाए किसी और को नहीं पहुँचता। फिर मैंने उनकी मेज़ पर नज़र डाली तो देखा कि जा बजा 'इक्बाल' के कलाम के नुस्खे बिखरे पड़े हैं। पीछे एक शेल्फ़ में अंग्रेजी किताबों के इलावा कुछ उर्दू किताबें भी नज़र आईं।

सोचा था कि वो मिलते ही कुदसी उल्अस्ल और पीरे गर्दों का ज़िक्र ज़रूर छेड़ेंगे मगरी उस वक़्त वो 'क़ुदसी उल्अस्ल' को बिल्कुल भूल चुके थे। इधर-उधर की बातें करते रहे।

मैंने ही छेड़ने के अंदाज़ में कहा, "इक़्बाल की नज़्म 'शिकवा व जवाबे शिकवा' को लिखे हुए तक़ीबन सत्तर बरस का अर्सा बीत गया। क्या आप नहीं समझते कि आज के दौर से इस नज़्म का रिश्ता कुछ कमज़ोर सा हो गया है! फिर बीसवीं सदी के पहले दहे में इस्लामी मुमालिक को तेल की दौलत का भी अंदाज़ा नहीं था। इक़्बाल आज के दौर में यह नज़्म कहते तो उनके शिकवा और जवाबे शिकवा दोनों मुख़्तलिफ़ होते।" इसके जवाब में खुशवंत सिंह ने शिकवे के दो बंद अपनी पाटदार आवाज़ में निहायत असर-अंगेजी के साथ सुनाए। फिर पूछा, "क्या इन बंदों को सुनकर तुम्हारे रोंगटे नहीं खड़े हो गए। यह देखिए मेरे रोंगटे! आप तो मुसल्मान हैं। इस नज़्म को पढ़कर एक सिख के रोंगटे खड़े हो सकते हैं तो मुसलमानों के रोंगटें को क्या हुआ है? इनसान का ख़ुदा से शिकवा एक अदबी हक़ीक़त है। सत्तर बरस पहले भी उसे ख़ुदा से शिकायत थी और सत्तर बरस बाद भी रहेगी। रही बात इस्लामी मुमलिक के हालत की तब्दीली की तो मेरे ख़्याल में मौजूदा हालात से यह नज़्म ज़्यादा मुताबक़त[17] रखती है। देखिए, अफ़गानिस्तान में क्या हो रहा है। सच तो यह है कि आज के दौर में इस नज़्म को सही ढंग से समझने की ज़रूरत है। अस्ली और अच्छी शाइरी पर माहो साल की गर्द नहीं जमने पाती। इसलिए तो मैंने उस नज़्म का तर्जुमा करने का बीड़ा उठाया है।

यह कहकर खुशवंत सिंह ने फिर शिकवा के दो बंद पूरी असर-अंगेज़ी के साथ सुनाए और फिर मेरे रोंगटे की तरफ देखने लगे। ख़ुदा का शुक्र है कि उस वक़्त मेरे रोंगटे भी खड़े हो गए थे। फिर बोले, "उर्दू मैंने ताबिल इल्मी के ज़माने

में पढ़ी थी। 'इलस्ट्रेटिड वीकली आफ़ इंडिया' का जब मैं एडिटर बना तो मैंने उस में मुसलमानों के मसाइल पर लिखना शुरू किया। उनके मसाइल को समझाने के लिए दोबारा उर्दू पढ़नी शुरू की। मुझे उर्दू कल्चर से मुहब्बत है।"

मैंने कहा, "मुझे याद है कि आपने इलस्ट्रेटिड वीकली आफ़ इंडिया को एक नया रूप अता किया था। आपने बड़े बेबाक तज़्रिबे किए थे। मुझे वो शुमारा अब तक याद है जिस सरवरक़[18] पर आपने शकीला बानो भोपाली की तस्वीर छापी थी। कोई और एडिटर होता तो यह तस्वीर ना छापता। शकीला बानो भोपाली ने मुझसे बम्बई में कहा था कि उस शुमारे के बाद वीकली को तादादे इशाअत[19] में इज़ाफ़ा हो गया था।

हँसकर बोले, "मैं शकीला बानो भोपाली और उनके फ़न की क़द्र करता हूँ। फ़न की क़द्र करने के मामले में सहाफ़ी को बेबाक होना चाहिए।"

बात शकीला बानो भोपाली तक पहुँच गई थी। फिर चाय का दौर चला। कुछ उर्दू अदीबों की बात चली। बोले, "शिकवा व जवाबे शिकवा के तर्जुमे के सिलसिले में, अपने हर दोस्त को ज़हमत दे रहा हूँ। हर एक की राय जानना चाहता हूँ कि यह तर्जुमा भरपूर और जानदार हो। जितने दोस्तों से बात करता हूँ, ज़ेहन के उतने ही गोशे[20] खुलते हैं। सरदार ज़ाफरी, डाक्टर मसऊद, हुसैन खाँ, प्रोफ़ेसर आले अहमद सुरूर, सतिंदर सिंह और ना जाने किन-किन दोस्तों से मशवरा और तबादलाए ख़्याल किया! मैं साजिदा ज़ैदी से भी मिलना चाहता हूँ। क्या कोई ऐसी सूरत हो सकती है कि मेरी उनसे मुलाक़ात हो जाए।"

मैंने कहा, "इत्तिफ़ाक देखिए कि साजिदा जैदी मेरे दफ़्तर में एक सेमिनार के सिलसिले में आने वाली हैं। वो आएँगी तो आपकी मुलाकात का बंदोबस्त हो जाएगा।" उस मुलाकात के दो-चार दिन बाद ही साजिदा ज़ैदी मेरे दफ़्तर आईं तो मैंने उन्हें इत्तिला दी कि खुशवंत सिंह उनसे मिलने के ख्वाहशमंद हैं। इस तर्जुमे के लिए खुशवंत सिंह ने जो मेहनत की है उसका अंदाजा इस बात से लगाया जा सकता है कि उन्होंने 'इक़्बाल' और इक़्बाल' के कलाम को पूरी सिदक़दिली के साथ अपने ऊपर तारी कर लिया था। हर महफ़िल में, काक-टेल पार्टियों में और इतना कि टेनिस खेलते हुए भी वो 'शिकवा व जवाबे शिकवा' के किसी बंद को याद करके उसकी नज़ाकतो पर बात करने लग जाते थे। इक़्बाल और इक़्बाल के कलाम में ऐसी सच्ची लगन मैंने बहुत कम लोगों में देखी है। इन ही दिनों मेरे एक करमफर्मा विजय पाल नांगिया और मैंने मिलकर इक़्बाल की कुछ नज़्मों का अंग्रेजी में तर्जुमा किया था। इक़्बाल से खुशवंत सिंह की अक़ीदत का नाजायज़ फ़ायदा उठाने की गरज़ से मैंने एक नज़्म का तर्जुमा उनके हवाले किया जिसे उन्होंने बड़ी मुहब्बत से एक खुसूसी नोट के साथ अपने रिसाले 'नई देहली' के एक इदारती कालम में छापा था।

तर्जुमा और वो भी शाइरी का और शाइरी में भी इक़्बाल की शाइरी का जूएशीर[21] लाने से कम नहीं। एक जापानी दानिशवर ने मुझसे टोकियो में कहा था, "मुतर्जिम का काम सिर्फ़ एक जुबान को दूसरी जुबान में मुंतक़िल करना ही नहीं बल्कि एक दुनिया को दूसरी मुख़्तलिफ़ दुनिया में मुंतक़िल करने का काम है।" यूँ भी किसी मग़्रिबी[22] ज़ुबान में किसी मश्रिक़ी[23] ज़ुबान और उसके अदब को पूरी दयानतदारी के साथ मुंतक़िल करना सचमुच एक अजनबी दुनिया को दूसरी अजनबी दुनिया में मुंतक़िल करना है। खुशवंत सिंह ने इक़्बाल की उर्दू शाइरी के मिजाज़, उसके लहजे और उसके अछूते अहसास को जिस खूबसूरती के साथ अंग्रेज़ी में मुंतक़िल किया है, उसका अंदाज़ा इस तर्जुमे के पढ़ने के बाद ही लगाया जा सकता है :

मुझे याद है कि कुछ अर्सा पहले जब इस किताब की तक़्रीबे रूनुमाई मुन्अक़िद हुई थी तो प्रोफ़ेसर गोपीचन्द नारंग ने एक उर्दू लफ़्ज़ के तर्जुमे पर एतिराज़ किया था। बाद में खुशवंत सिंह ने जो हाज़िर जवाबी और बज़्लासंजी[23] में अपना सानी[25] नहीं रखते, अपनी जवाबी तक़्रीर में प्रोफ़ेसर नारंग से कहा था, "तर्जुमा की दुश्वारियों का अंदाज़ा वही लगा सकता है जो रास्त[26] तौर पर इस अमल से गुज़रे। मैं बड़े-बड़े लफ़्ज़ों की बात नहीं करता। उर्दू और हिंदी शाइरी में दो बहुत सीधे-सीधे और मामूली लफ़्ज़ अक्सर इस्तेमाल होते हैं—अंगड़ाई और जोबन। आप ज़रा उनका अंग्रेज़ी में तर्जुमा करके दिखाएँ। हमारी अंगड़ाई में और अंग्रेज़ की अगंड़ाई में जमीन आस्मान का फ़र्क होता है।" खुशवंत सिंह के इस जवाब में महफ़िल-जाफ़रानज़ार बन गई थी।

इस महफ़िल में खुशवंत सिंह बहुत खुश थे क्योंकि 'शिकवा व जवाबे शिकवा का तर्जुमा करने का उनका देरीना[27] ख्वाब पूरा हो चुका था। सफ़ीरे पाकिस्तान जनाब अब्दुस्सतार ने इस किताब की रस्मे इज्रा अंजाम देते हुए कहा था, 'शिकवा व जवाबे शिकवा' के दो अंग्रेज़ी तर्जुमे आर. जी. आर्बरी और इल्ताफ़ हुसैन ने पहले भी किए हैं, लेकिन खुशवंत सिंह के तर्जुमे की शान ही निराली है। मैं तो यहाँ तक कह सकता हूँ कि इक़्बाल की इस नज़्म को उर्दू में पढ़कर मुझ पर जो कैफ़ियत तारी होती है हू-ब-हू वही तअस्सुर खुशवंत सिंह के तर्जुमे को पढ़ कर भी हासिल होता है। तर्जुमा की इससे बड़ी खूबी और क्या हो सकती है तक़्रीबे रूनमाई के दिन वो हर एक से बड़ी इन्किसारी[28] और मुहब्बत के साथ मिलते रहे जैसा कि उनकी आदत है। मैं सोचता रहा हिंदुस्तानी अदब को इतना कुछ देने के बावजूद खुशवंत सिंह का यह इज़्जो इन्किसार कितना सच्चा और खरा लगता है। उर्दू से उनकी मुहब्बत भी अनोखी है। अगरचे वो ख़ुद कहते हैं कि अंग्रेज़ी उनकी मादरी ज़ुबान है और यह कि अंग्रेज़ी में लिखकर उन्हें जो सुकून मुयस्सर आता है वो किसी और ज़ुबान में नहीं मिल सकता।

महफ़िल में अंग्रेज़ी की अज़मत और बरतरी का प्रचार करते हैं लेकिन साथ ही साथ उर्दू शे'रो अदब पर जान छिड़कते हैं। अंग्रेज़ी में बात करते-करते अचानक वो बीच में उर्दू का कोई शे'र यूँ जड़ देते हैं जैसे कहना चाहते हों—

बनती नहीं है बादओ साग़र कहे बग़ैर

इसी तक़्रीबे रूनुमाई में मेरे दोस्त और उर्दू के मशहूर शाइर बलराज कोमल ने मुझसे कहा कि मैं खुशवंत सिंह की तहीरों का आशिक हूँ। उनके हर लफ़्ज़ को अक़ीदत के साथ पढ़ता हूँ। तुम खुशवंत सिंह को जानते हो। ज़रा उनसे मेरा तआरूफ़ करा दो। खुशवंत सिंह कुछ दूर अहबाब में घिरे खड़े थे।

मैंने कहा, "खुशवंत सिंह साहिब! इनसे मिलिए। यह उर्दू के मशहूर शाइर बलराज कोमल हैं। आपके बड़े मद्दाह हैं।" खुशवंत सिंह ने बलराज कोमल से मुसाफहा करते हुए कहा, "अस्सलाम अलैकुम! आपसे मिलकर बड़ी खुशी हुई।" कोमल उनकी तारीफ करते रहे और वो इज़्ज़ो इन्किसार का पैकर बने खड़े रहे। मैं जब भी खुशवंत सिंह को देखता हूँ तो अपने आपको खुशकिस्मत तसौउर करता हूँ कि चलो हमने अपनी आँखों से खुशवंत सिंह को देख लिया। वो साँचे अब टूट चुके, जिनसे खुशवंत सिंह जैसी शख़्सीयतें ढल कर बनी हैं। रवादारी, उखूव्वत[29], इल्मीयत, सादगी, यगानगत और खुलूस के पैकर।

(अगस्त, 1981)

खुशवंत सिंह से मुलाक़ात को दस बरस बीत गए। जिस तरह वो मुझे अज़ीज़ रखते हैं उसका ख़म्याज़ा भी वो भुगत चुके हैं और भुगत रहे हैं। क्योंकि मैं उन्हें किसी न किसी बहाने उर्दू की महफ़िलो में उलझा देता हूँ। वह तो आप जानते ही हैं कि उर्दू से मुहब्बत करना एक अलग बात है और उर्दू की महफिलों के आदाब का लिहाज करना बिल्कुल ही अलग चीज़ है। खुशवंत सिंह अंग्रेज़ी आदाब के हिसाब से उर्दू की महफ़िलों में बरवक़्त[30] पहुँच जाते हैं और उर्दू की महफ़िलें अपने आदाब के लिहाज़ से हमेशा देर से शुरू होती हैं। फिर उर्दू महफ़िलों के आदाबे निशस्तो बरख़ास्त[31] भी मुख़्तलिफ़ होते हैं। खुशवंत सिंह को ख़ुद मेरी किताब, 'जापान चलो' की रस्मे इज्रा में लगातार चार घंटों तक स्टेज पर आलती-पालती मारकर बैठना पड़ा था। उन्हें फर्श पर बैठने की आदत बिल्कुल नहीं है। कुछ देर तो गावतकियों का स्टूल बनाकर उस पर बैठने की कोशिश करते रहे मगर थोड़ी ही देर बाद गाव तकियों का यह स्टूल नीचे आ जाता था। जब तक महफ़िल चली वो गावतकियों से नबर्द आजमा[32] रहे।

वो अपने रोज़मर्रा के मामूलात में बड़े पाबंद हैं। हर काम अपने हिसाब से नहीं घड़ी के हिसाब से करते हैं। उर्दू की महफ़िलों में आते हुए वो अपनी घड़ी घर पर छोड़ आते हैं। उनके बेदार होने का वक़्त, उनके सोने का वक़्त, उनके लिखने

का वक़्त, टेनिस खेलने का वक़्त हद तो यह है कि लतीफ़े सुनाने का वक़्त तक मुक़र्रर है। उनका एक और वक़्त है जिसे वो शरीफ़ों से मिलने का वक़्त कहते हैं। यह वक़्त शाम में ठीक सात बजे से शुरू होकर नौ बजे तक ख़त्म हो जाता है। उनके इस मामूल में सिर्फ़ एक ही मर्तबा ख़लल पड़ा था जब वो मेरी किताब की रस्मे इज़्रा में नौ बजे तक बैठे गाव तकियों में जी बहलाते रहे और शरीफ़ों से मुलाक़ात बिल्कुल नहीं की। ग़लती से वो मुझे भी शरीफ़ आदमी समझते हैं और शरीफ़ों से दोस्त के हाँ खाने पर मदऊ हैं या किसी महफ़िल में शरीक हों तो वो ठीक नौ बजे खाना खाकर ग़ायब हो जाते हैं। किसी की मजाल नहीं कि उनके मामूलात को तब्दील कर दे।

जितनी खूबसूरत तहरीर वो लिखते हैं उतनी ही खूबसूरत बाते वो करते हैं। लतीफ़े सुनाने में उन्हें ख़ास मलका[33] हासिल है। उनकी महफ़िलों में क़हक़हों का सिलसिला ख़त्म होने में नहीं आता।

खुशवंत सिंह की सब से बड़ी ख़ूबी यह है कि जूँ-जूँ उनकी उम्र में इज़ाफ़ा[34] होता जा रहा है, वो कुछ और भी जवान होते जा रहे हैं। उनमें ना सिर्फ़ काम करने का हौसला बल्कि इश्क़ करने का बलबूता भी बढ़ता जा रहा है। हुस्न को देखकर उनकी आँखों में एक अजीबोग़रीब सी चमक पैदा हो जाती है। मैं अपनी ज़िंदगी में सैकड़ों अदीबों, दानिशवरों और फ़नकारों से मिल चुहा हूँ, मगर खुशवंत सिंह की खुसूयीयत यह है कि वो सब से मुख़्तलिफ़ हैं, उनके लिखने का उस्लूब मुख़्तलिफ़ है। उनके सोचने का अंदाज़ मुख़्तलिफ़ है और शख़्सीयत का यही अनोखापन खुशवंत सिंह को खुशवंत सिंह बनाता है।

संदर्भ

1. गौरवमय, 2. प्रथम कोटि का, 3. बुद्धिजीवी, 4. अल्पसंख्यक, 5. विशेषकर के 6. शुभचिंतक, 7. जगत प्रसिद्ध, 8. संपादित, 9. विमोचन समारोह, 10. आयोजित 11. निःस्पृह, 12. नियमपूर्वक, 13. वस्त्र पहने हुए, 14. प्रायः, 15. आस्मान, 16. उपद्रव, 17. समानता, 18. मुखपृष्ठ, 19. मुद्रण संख्या, 20. कोना, 21. दूध की नदी, 22. पश्चिमी, 23. पूर्वी, 24. विनोद भरी बातें, 25. द्वितीय, 26. सीधें, 27. पुराना, 28. नम्रता, 29. भाई-चारा, 30. समय पर, 31. उठने-बैठने के तरीक़े, 32. लड़ते रहे, 33. कौशल, 34. वृद्धि।

कन्हैयालाल कपूर

इधर ना जाने क्या हो गया है कि उर्दू का कोई अदीब या शाइर मरता है तो उसके मरने की इत्तिला भी ठीक ढंग से उसके पढ़ने वालों को नहीं मिल पाती। उर्दू अदीब के मरने के कई दिन बाद पता चलता है कि जिस अदीब को हम ज़िंदा समझ रहे हैं वह कब का मर चुका है। कुछ अदीब ऐसे भी हैं जो ज़िंदा तो हैं लेकिन गुमान यह होता है कि कब के मर चुके हैं। 'सुहैल' अज़ीमाबादी मरे तो उनके मद्दाहों[1] और अहबाब को चार-पाँच दिन बाद ही पता चल सका कि वो अब इस दुनिया में नहीं रहे। उर्दू अदीब के लिए जीने का मज़ा तो ख़ैर पहले भी नहीं था। अब तो मरने का मज़ा भी जाता रहा। कन्हैयालाल कपूर की मौत के साथ भी हमारे नेशनल प्रेस ने यही सुलूक किया। आप हैरत करेंगे कि 7 मई, 1980 को जब मैं कटक के जश्ने ज़राफ़त[2] में शिर्कत के लिए देहली से रवाना हुआ तो कन्हैयालाल कपूर मेरे लिए बदस्तूर ज़िंदा थे, हालाँकि उन्हें मरे हुए पूरे दो दिन बीत चुके थे। कटक में जश्ने ज़राफ़त की ख़ूब गहमागहमी रही। यह जाने बग़ैर कि उर्दू तंज़ोमिज़ाह का कुतुबमीनार गिर चुका है, हम लोगों ने ख़ूब क़हक़हे लगाए। ज़रा सोचिए, उर्दू वालों के क़हक़हों में अब कितनी लाइलमी आती जा रही है। 14 मई को मैं देहली वापस आने लगा तो रास्ते में उर्दू के एक बाज़ौक़ क़ारी[3] की हमसफरी नसीब आई। तंज़ो-मिज़ाह का ज़िक्र चला तो क़ारी ने कन्हैयालाल कपूर की तह्‌रीरों का ज़िक्र किया।

मुझसे पुछा, "कपूर साहिब इन दिनों कहां हैं?"

मैंने कहा, "कपूर साहिब बफ़ज़्ले ताला[4] ख़ैरियत से हैं और इन दिनों पूना में मुक़ीम हैं। अभी अट्ठाईस दिन पहले तो मेरी उनसे बम्बई में मुलाक़ात हुई थी।"

क़ारी ने कहा, "वो तो मोगा में रहते थे।"

मैंने कहा, "अभी कुछ दिन पहले वो पूना में मुंतक़िल हो गए हैं।" क़ारी बोला, "क्या आप मुझे उनका पता दे सकते हैं। मैं अगले हफ़्ते पूना जा रहा हूँ। कपूर साहिब से ज़रूर मिलूँगा। उनकी तह्‌रीरें तो बहुत पढ़ी हैं, लेकिन उन्हें आज तक नहीं देखा।"

मैंने फ़ौरन कपूर साहिब का पता लिख दिया और पूछा, "क्या अपने कुतुबमीनार को देखा है?"

क़ारी बोला, "अजीब इत्तिफ़ाक है कि दो बार देहली जा चुका हूं मगर मसरूफ़ीयत ऐसी रही कि कभी कुतुबमीनार नहीं देखा।"

मैंने कहा, "तब तो कपूर साहिब को ज़रूर देखना। कुतुबमीनार को ना देखने की तलाफ़ी हो जाएगी। एक टिकट में दो मज़े लेना इसी को कहते हैं।"

क़ारी को नागपुर जाना था। इसलिए वो बीना के स्टेशन पर उतर गया। उतरते-उतरते उसने पूछा, "कपूर साहिब के लिए कोई पैग़ाम?"

मैंने कहा, "मेरा सलाम कह देना और यह भी कहना कि नवम्बर में उन्हें हैदराबाद आना है।"

क़ारी नागपुर चला गया और मैं देहली चला आया। घर पहुँचा तो रोज़नामा 'सियासत' हैदराबाद के ज़रीआ पता चला कि कन्हैयालाल कपूर ने अपना पता बदल दिया है और अब वो पूना से भी कहीं और मुंतक़िल हो गए हैं। पूरे नौ दिन बाद कन्हैयालाल कपूर के इंतिक़ाल की ख़बर पढ़कर मेरा दुख दोहरा हो गया। कन्हैयालाल कपूर का क़ुसूर सिर्फ़ इतना था कि वो उर्दू के तंज़-निगार थे। अगर वो अंग्रेज़ी या हिंदी के तंज़-निगार होते तो मुलक के मासमीडिया (Mass Media) के सारे वसायल उनकी मौत की तश्हीर करते। अख़बारात के सफ़हे काले होते और रेडियो और टीवी के गले फट जाते और क़ौम को अहसास दिलाया जाता कि उनके रुख़सत होने से हिंदुस्तानी अदब का कितना ज़बरदस्त नुक़सान हुआ है। सच तो यह है कि उर्दू के सिलसिले में होनेवाले दुःखों को अब आपस में बाँटना भी दुश्वार हो गया है। जब कन्हैयालाल कपूर की मौत का दुःख शिद्दत अख़्तियार करने लगा तो मैंने दुख को आपस में बाँटने के ख़्याल से 'फिक्र' तौंसवी को फोन किया। फ़िक्र तौंसवी की आवाज़ आई तो जी को इत्मीनान हुआ कि चलो फ़िक्र तौंसवी तो अभी ज़िंदा हैं।

फ़िक्र तौंसवी बोले, "यार! कन्हैयालाल कपूर के साथ यह क्या हो गया। ना सफ़े मातम बिछी, ना क़ौमी अख़बारात ने अज़्हारे ग़म किया। ना उर्दू वालों ने सर जोड़ के कपूर को याद किया। यह कैसी मौत है आख़िर?" मैंने कहा, "फ़िक्र साहिब! मुझे तो आज ही कपूर साहिब के इंतिकाल की इत्तिला मिली है।"

फ़िक्र तौंसवी बोले, "ज़्यादा दुःख ना करो। मुझे भी पाँच दिन के बाद कपूर के इंतिकाल की ख़बर मिली। भैया! हमें तो अब मरने की इत्तिलाएँ भी नहीं मिल सकेंगी। क्या पता कि हम ख़ुद कबके मर चुके हों और हमें इसकी इत्तिला ना मिली हो। मैं कब का मर चुका हूँ सदाएँ मुझे ना दो। भैया! अब उर्दू में जीने और मरने के अंदाज़ बदल गए हैं।" फ़िक्र तौंसवी से कन्हैयालाल कपूर के बारे में जी भर के बातें कीं तो दिल का बोझ कुछ हल्का हुआ। फिर कन्हैयालाल कपूर से वो आख़िरी मुलाक़ातें याद आईं जो 15 और 16 अप्रैल को अचानक बम्बई में हुई थीं। महाराष्ट्र

उर्दू अकैडमी ने पाकिस्तानी अदीबों-इंतिज़ार हुसैन और अहमद 'हमेश' को बम्बई बुलाया था। अकैडमी के सेक्रेटरी ख़्वाजा अब्दुल ग़फ़ूर साहिब ने मुझे भी उस मौक़े पर बम्बई आने की दावत दी थी। मुझे यह पता भी ना था कि अकैडमी ने और किन-किन अदीबों को मदऊ किया है। ग़फ़ूर साहिब ने मुझसे कहा था कि वो सांताक्रूज़ के हवाई अड्डे मुझे लेने के लिए आ जाएँगे। हवाई अड्डे पर कुछ देर तक उनका इंतिज़ार करता रहा। जब वो नहीं आए तो सामान लेकर बांद्रा में यूसुफ़ नाज़िम के घर चला गया। शाम को साबू सिद्दीक़ पालीटेक्निक पहुँचा जहाँ अकैडमी का जलसा होने वाला था। पाकिस्तानी अदीब अभी तक नहीं आए थे। मैं जावेद अख़्तर और यूसुफ़ नाज़िम बातों में मसरूफ़ थे कि अचानक ख़्वाजा अब्दुल ग़फ़ूर साहिब इंतिज़ार हुसैन, अहमद 'हमेश' और प्रो. गोपीचंद नारंग को लेकर हाल में दाख़िल हुए। मेहमानों से मिलने का सिलसिला शुरू हुआ तो एक साहिब बिलकुल कन्हैयालाल कपूर की तरह नज़र आए जो एक कोने में अलग-थलग खड़े थे।

मैंने यूसुफ़ नाज़िम से पूछा, "क्या आपने कभी कन्हैयालाल कपूर को देखा है?"

यूसुफ़ नाज़िम बोले, "आज तक उनसे मिलने का इत्तिफ़ाक़ ही नहीं हुआ। देखूँगा कैसे?"

मैंने कहा, "मैं जानता हूँ। आपसे मिलने का सवाल ही पैदा नहीं होता क्योंकि वो बरसों से पंजाब में बंद हैं। ताहम अगर आपने कन्हैयालाल कपूर को नहीं देखा तो उन साहिब को देखिए जो उस कोने में खड़े हैं। बिलकुल कन्हैयालाल कपूर से मुशाबेह[5] हैं। इतनी मुशाबिहत है कि मैं तो हैरान हूँ।"

यूसुफ़ नाज़िम बोले, "ज़रा ग़ौरे से देखिए कहीं कन्हैयालाल कपूर ही न हों।"

मैंने कहा, "यह हो ही नहीं सकता। कन्हैयालाल कपूर और बम्बई में! यह नामुमकिन है। वो पंजाब से देहली ही बड़ी मुश्किल से आते हैं। भला बम्बई कैसे आ सकते हैं। फिर आज के अख़बारों में जल्से की जो ख़बर छपी है, उसमें कहीं भी कन्हैयालाल कपूर का नाम नहीं है।"

यूसुफ़ नाज़िम बोले, "तो फिर हो सकता है यह साहिब कन्हैयालाल कपूर की पैरोडी हों।" मैंने दोबारा उन साहिब को ग़ौर से देखा। दोबारा भी वो कन्हैयालाल कपूर की तरह नज़र आए। मैंने सोचा कि जब यह साहिब कन्हैयालाल कपूर से इतनी मुशाबिहत रखते हैं तो क्या ना उन्हें क़रीब से देखा जाए। इस ख़्याल के साथ ही मैं उनके क़रीब गया। एक लम्हे के लिए उन साहिब की नज़र मुझ पर पड़ी तो उन साहिब ने मेरा हाथ ज़ोर से खींच कर मुझे अपने गले से लगा लिया और बोले, "अब मर्हबा हुसैन! बड़ा बदमाश है। दोपहर से मैं होटल में तेरे पलंग की हिफ़ाज़त कर रहा हूँ कि कहीं कोई दूसरा ना आ जाए और तू इधर बांद्रा में ही रह गया।"

मेरे लिए यह लम्हा सख़्त हैरानी का था। इसलिए कि मैं ख़्वाब में भी यह सोच नहीं सकता था कि कन्हैयालाल कपूर बम्बई आ सकते हैं।

मैंने कहा, "कपूर साहिब! कमाल है आप और बम्बई में।"

बोले, "यार पिछले चार-पाँच महीने से पूना से अपने बेटे के हाँ मुक़ीम हूँ। पहले भी गोशा-नशीनी[6] की ज़िंदगी गुज़ारता था, यहाँ भी गुज़ार रहा हूँ। ख़्वाजा अब्दुल ग़फ़ूर ने मुझे पूना में खोज निकाला और यहाँ ज़बरदस्ती बुला लिया है।"

मैं इस ग़ैर-मुतवक़्क़े मुलाक़ात पर जितना ख़ुश था उतना ही हैरान भी था। कपूर साहिब मुझे बेहद सेहतमंद नज़र आए।

मैंने कहा, "कपूर साहिब! आप ख़्वाहमख़्वाह इतने दिनों तक पंजाब की मुहब्बत में गिरफ़्तार रहे। पूना आने के बाद माशा अल्लाह आपकी सेहत बहुत अच्छी हो गई है।"

क़हक़हा लगाकर बोले, "मर्हबा हुसैन! चराग़ गुल होने से पहले इसी तरह भड़कता है।" फिर अचानक बोले, "तू तो जानता है मुझे बड़ी वहशत होती है। मैंने ग़फ़ूर साहिब से कहा कि तू मेरे कमरे में ही रहेगा। यह बता तेरा सामान कहा है?"

मैंने कहा, "कपूर साहिब! अस्ल क़िस्सा यह है कि गफ़ूर साहिब को सुबह एयरपोर्ट पहुँचने में देर हो गई। उनके पहुँचने से पहले मैं बांद्रा में यूसुफ़ नाज़िम के हाँ चला गया। वैसे मैं हमेशा बांद्रा में ठहरता हूँ क्योंकि 'अज़ीज़' क़ैसी, यूसुफ़ नाज़िम, जाक़िर मेहंदी, 'हसन' कमाल और 'हैदर' पठान जैसे दोस्त सब वहीं रहते हैं।"

बोले, "तो क्या मैं तेरा दुश्मन हूँ?"

मैंने कहा, "बात ऐसी नहीं है। मुझे पता ही ना था कि आप भी इस जलसे में आ रहे हैं। वर्ना मैं सीधे आपके पास पहुँचता।" फिर बात काटकर बोले, "अच्छा, यह बता 'फ़िक्र' कैसा है?"

मैंने कहा, "फ़िक्र साहिब अच्छे हैं, मज़े में हैं।"

हँसकर बोले, "इसके नसीब में अच्छा और मजे में रहना लिखा है (He is condemned to be happy)।" फिर एक ज़ोरदार क़हक़हा लगाया।

वो बम्बई आकर बहुत ख़ुश नज़र आ रहे थे। उसी अस्ना में ख़्वाजा अहमद अबबास नज़र आए तो मैंने उन्हें बताया कि वो देखिए ख़्वाजा अहमद अब्बास आ रहे हैं। मुझे पता था कि ख़्वाजा अहमद अब्बास उनकी कमज़ोरी है। कई मुलाकातों में वो ख़्वाजा अहमद अब्बास का मुझसे ज़िक्र कर चुके थे। ख़्वाजा अहमद अब्बास को जिन लोगों ने देखा है, वो जानते हैं कि उनके सर पर बाल बिलकुल नहीं थे। इसी मुनासबत से कन्हैयालाल कपूर ने अपनी किताब 'बालों पर' का इंतिसाब ख़्वाजा अहमद अब्बास के नाम किया था और उसके नीचे यह मिस्रा लिख दिया था—

कन्हैयालाल कपूर जब ख़्वाज़ा अहमद अब्बास से बग़लगीर हुए तो मैंने देखा कि उनकी आँखों में आँसू छलक आए थे। जिस तरह वो उनसे बग़लग़ीर हुए उससे अंदाज़ा हो रहा था कि वो अब्बास साहिब से पच्चीस-तीस बरस बाद मिल रहे हैं। बाद में मुझसे बोले, "चलो अच्छा हुआ। एक ख़्वाजा (ख़्वाजा अब्दुल ग़फ़ूर) ने दूसरे ख़्वाजा (ख़्वाजा अहमद अब्बास) से मिलने का बंदोबस्त कर दिया।"

फिर जलसा शुरू हुआ तो वो डायस पर अपनी निशस्त[7] छोड़कर मेरे बराबर वाली निशस्त पर आकर बैठ गए। अकैडमी की तक़्रीब दो दिन की थी। पहले दिन रस्मी तक़्रीरों के इलावा मुझे और कन्हैयालाल कपूर को मज़ामीन पढ़ने थे। मैंने मज़्मून पढ़ दिया तो कपूर साहिब ने उर्दू-तंज़ोमिज़ाह पर एक सेरहासिल[8] तक़्रीर की और तक़्रीर के दौरान असातिज़ा के शे'रों के बरजस्ता हवाले दिये। फिर मेरी तरफ इशारा कर के कहा, "यह मर्हबा हुसैन यहाँ बैठा है वो मुझ पर हमेशा एतिराज़ करता है कि मैं नस्र में शे'रों के पैबंद क्यों लगाता हूँ। भाई मेरे मैं जब भी कोई बात कहना चाहता हूँ तो पता चलता है कि उर्दू के किसी न किसी शाइर ने यह बात पहले ही कह रखी है और अच्छे ढंग से कह रखी है। उर्दू की ताक़त उसकी शाइरी है।"

दूसरे दिन जलसे में उनसे फिर मुलाक़ात हुई मगर बहुत सरसरी सी। जलसे के बाद अज़ीज़ क़ैसी ने कुछ अहबाब को अपने घर पर बुला लिया था। लिहाज़ा अज़ीज़ क़ैसी, मजरूह सुल्तानपुरी, निदा फ़ाज़िली, हसन कमाल, सुरेन्द्र प्रकाश और मैं जलसे से निकल आए। मैं कन्हैयालाल कपूर से रुख़सत लेने के लिए उनके पास गया। वो उस वक़्त अकेले खड़े थे।

मैंने कहा, "कपूर साहिब! मुझे जाने की इजाज़त दीजिए, मगर एक वादा यह कीजिए कि जब आप पूना आ गए हैं तो ज़िंदा दिलाने हैदराबाद के किसी जलसे में शिर्कत के लिए हैदराबाद भी आ जाइए।"

बोले, "अब हैदराबाद इतनी दूर नहीं रहा जितना मोगा से दूर था। अब मैं ज़रूर आऊँगा।"

मैंने कहा, "यह आपका पक्का वादा है।"

बोले, "बिल्कुल सोलह आने पक्का।"

उनसे पक्का वादा लेकर मैं हसन कमाल की मोटर में बैठ गया तो देखा कि उर्दू तज़ोमिज़ाह का कुतुबमीनार उसी आन-बान के साथ खड़ा था। उनसे बस यही आख़िरी मुलाक़ात थी। मुझे क्या पता था कि उर्दू का यह कुतुबमीनार बीस दिन बाद गिर जाएगा।

कन्हैयालाल कपूर की कितनी ही बातें अब याद आ रही हैं। सन् 1966 में जब मैंने हैदराबाद में मिज़ाह-निगारों की कुल हिंद कान्फ्रेंस की थी कि तो उन्हें कान्फ्रेंस

की सदारत के लिए मदऊ किया था। उनकी आदत थी कि ख़तों के जवाब नहीं देते थे। जब मैंने ख़तों का ताँता बाध दिया और कृश्न चंदर और 'मख़्दूम' मुहीउद्दीन से सिफ़ारिशी ख़त लिखवाए तो तंग आकर मुझे लिखा, "इन दिनों मेरी सेहत ख़राब है। डाक्टरों ने हमावक़्त लेटे रहने का मशवरा दिया है। भला मैं लेटे-लेटे आपकी कान्फ्रेंस की सदारत कैसे कर सकता हूँ? वो मुझे बहुत अज़ीज़ रखते थे। सन् 1960 में जब मैंने अपने मिज़ाहीया मज़ीमान का पहला मज्मूआ 'तकल्लुफ़ बरतरफ़' उनकी ख़िदमत में रवाना किया तो खिलाफ़े तक्क़को पाँचवें दिन कपूर साहिब का ख़त आ गया। लिखा था, "मैं ख़त लिखने को तज़ीए औक़ात[10] समझता हूँ। मगर तुम्हारे मज़ामीन पढ़ने के बाद मैं ख़त लिखने पर मजबूर हो गया। ऐसी तहरीरें क्यों लिखते हो कि मुझे अपने उसूल तोड़ने पड़ें। तुम्हारे तरकश में हर तरह के तीर हैं और हर तीर निशाने पर बैठता है। ख़ुदा तुम्हें ख़ुश रखे और तुम इसी तरह हमें हंसाते रहो।" वो मुझे हमेशा मर्हबा हुसैन कहकर मुख़ातिब करते थे। अदीबों और अहबाब से वो कतराते थे। मगर जब भी देहली आते तो मुझ से और फ़िक्र तौंसवी से ज़रूर मिलते थे। ज़िंदगी का बड़ा हिस्सा उन्होंने पंजाब के एक छोटे से क़स्बा 'मोगा' में गुज़ारा। पंजाब से बाहर वो बहुत कम निकले। उनकी गोशा-नशीनी बेनियाज़ी की गोशा-नशीनी थी। कृश्न चंदर मुझसे कहा करते थे कि "कन्हैयालाल कपूर ने जब से मोगा में अपने आपको बंद कर लिया है तब से उनके तंज़ोमिज़ाह में ठहराव सा आ गया है। तंज़ो-मिज़ाह-निगार को हमेशा ज़िंदगी की कशमकश और तज़ादात से क़रीब रहना चाहिए।"

कन्हैयालाल कपूर अदब में अपने मक़ाम और मर्तबे से बेनियाज़ थे। मुझे मालूम है कि कई रिसर्च स्कॉलर उनके फन पर काम करना चाहते थे मगर वो किसी के ख़त का जवाब नहीं देते थे। हैदराबाद के एक रिसर्च स्कॉलर ने उनकी शख़्सीयत और फ़न पर काम किया था। कपूर साहिब को उसने कई ख़त लिखे मगर कोई जवाब न आया। बाद में उसने मुझसे इस सिलसिले में कपूर साहिब को ख़त लिखाया तो कपूर साहिब ने मुझे जवाब दिया, "मियाँ! मुझे जो कुछ लिखना था वो मैंने लिख दिया है, रिसर्च स्कॉलर अब ख़ुद से अंदाजा लगा लें कि मैंने क्या लिखा है। अगर मेरी तहरीरें क़ाबिले एतिना हैं तो उनका नोटिस लें वर्ना अदब के कूड़ेदान में पड़ी रहने दें। मैं अब उन्हें लिखकर क्या बताऊँ कि मैंने क्या लिखा है।"

मैंने ऐसा अदीब आज तक नहीं देखा जो अपने अदब और अपनी तहरीरों से इतना बेनियाज़ हो। कन्हैयालाल कपूर अंग्रेज़ी के उस्ताद थे, मगर जान छिड़कते थे उर्दू पर! ग़ालिब के दीवाने थे। कहते थे, "दुनिया का सारा अदब एक तरफ़ और दीवाने 'ग़ालिब' एक तरफ़।" अंग्रेज़ी के किसी उस्ताद ने अंग्रेज़ी के शाइरों का उर्दू शाइरों के हवाले से इस तरह रुसवा[11] ना किया होगा। उनका मुतालआ बेहद वसीआ था। तमाम शोबाए उलूम[12] के बारे में गहरी वाक़िफ़ीयत[13] रखते थे।

उनका हाफ़िज़ा बेहद तेज़ था। असातिज़ा के हज़ारों शे'रों और बेशुमार लतीफ़े उन्हें याद थे। बातें बहुत दिलचस्प किया करते थे। एक बार मैंने कहा, "कपूर साहिब! आपकी बातें बेहद दिलचस्प होती हैं।"

बोले, "मर्हबा हुसैन! बातें किसी की भी अपनी नहीं होतीं। दुनिया में अब कोई ऐसी बात नहीं रह गयी है जो पहले ना कही गई हो। तुम जिन्हें मेरी बातें कहते हो, वो मेरी कहाँ हैं? कुछ लतीफे होते हैं और कुछ वाक़िआत होते हैं जिन्हें मैं उर्दू के मौज़ूं मुनासिब शे'रों से सजाकर तुम्हें सुना देता हूँ। बात मेरी नहीं होती, सिर्फ़ सलीक़ा मेरा होता है और अदब में बात की नहीं सलीके की ही अहमियत होती है। तो इसी बात पर असग़र गोंडवी का एक शे'र सुनो, कहता है—

सुनता हूँ बड़े ग़ौर से अफ़्सानाए हस्ती,
कुछ ख़्वाब है, कुछ अस्ल है, कुछ तर्ज़े अदा है।

अदब में तर्ज़े अदा की अहमियत सबसे ज़्यादा होती है।"

ग़रज़ साहिबे! वो दिलचस्प और अछूती बातें करने वाला तंज़-निगार अचानक हमारे बीच से चला गया है तो यह पता चलाना मुश्किल हो रहा है कि वो ख़्वाब था या अस्ल था। मगर सवाल यह है कि इसकी तर्ज़े अदा अब कौन ले आएगा। वो अपना तरकश उठाकर एक नई बस्ती की तरफ़ चला गया।

पढ़ते फिरेंगे गलियों में इन रेख़्तों को लोग।
मुद्दत रहेंगी याद ये बातें हमारीयां।

संदर्भ

1. प्रशंसकों, 2. हास्य-समारोह, 3. रसिक पाठक, 4. ईश्वर की कृपा से, प्रतिपूर्ति, 5. हमशक्ल, 6. एकान्त, 7. सीट, 8. सारगर्भित, 9. सारा समय, 10. समय नष्ट करना, 11. बदनाम, 12. विभाव, 13. जानकारी।

• एम. एफ़. हुसैन

मैं और सईद बिन मुहम्मद एक रेस्तोरान् में हुसैन साहिब का इंतिज़ार कर रहे थे। इनके जाने में ज़रा सी देर हो गई थी। मैंने कहा, "हर बड़ा आर्टिस्ट देर से ही आता है। तारीख़ और ज़माने को ऐसे आर्टिस्टों की आमद के लिए बरसों इंतिज़ार करना पड़ता है। हमें तो हुसैन साहिब के लिए सिर्फ़ चन्द मिनट इंतिज़ार करना है।"

अभी मैं यह कह ही रहा था कि रेस्तोरान् के धुँधले-धुँधले से कैनवस पर हुसैन ख़ुद अपने बनाए हुए किसी पोर्ट्रेट की तरह नुमूदार हुए! वह लंबी-सी दाढ़ी के हमराह तेज़ी से चलते हुए हमारी तरफ़ आए और फिर बड़ी ताक़त और गर्मजोशी से यूँ मुसाफ़हा किया जैसे वो कैनवस पर अपने ब्रश का कोई ताक़तवर स्ट्रोक लगा रहे हों। इसके बाद वो सोफ़े पर यूँ बैठ गए जैसे वहाँ कोई मुजस्समा[1] रख दिया गया हो।

मैंने कहा, "हुसैन साहिब! मेरा तो यह ख़याल है कि आपकी ज़ाहिरी शख़्सीयत ख़ुद आपको अपनी बनाई हुई तस्वीर नज़र आती है। ना जाने आप कब से अपने को पेंट कर रहे हैं आप मुसब्बिर[2] भी है और मॉडल भी।" वो बोले, "यह दुरुस्त है कि मैं ना सिर्फ तस्वीरों को पेंट करता हूँ बल्कि ख़ुद को भी पेंट करता हूँ।"

मैंने कहा, "हुसैन साहिब! मैं इस वक्त आपसे आप के फ़न के संजीदा पहलुओं के बारे में कोई बात नहीं करना चाहता बल्कि मैं तो आपकी जिंदगी और फ़न से उन वाक़िआत को इकट्ठा करना चाहता हूँ जिन्होंने आपको हँसने पर मजबूर किया होगा! रही आपके फ़न की बात तो इसके बारे में मेरा ज़ाती ख़याल यह है कि पैदाइशी अंधे भी आपकी तस्वीरों के मद्दाह हैं।" यह सुनते ही हुसैन साहिब ने जबरदस्त क़हक़हा लगाया और इस क़हक़हे ने तकल्लुफ़ की सारी फ़िज़ा को तहस-नहस कर दिया जो मेरे और उनके दरमियान हायल[3] थी। मैंने फ़ौरन इस क़हक़हे को अपनी गिरफ्त में ले लिया कि इसकी वजह से मुझे अपना मोर्चा सँभालने का मौक़ा मिल गया था। मैंने हुसैन साहिब से मुसाफ़हा करते हुए कहा, "यक़ीन मानिए मैंने अंधों को भी आपकी तस्वीरों की तारीफ़ करते हुए सुना है।"

वो बोले, "भई, यह कत्अन कोई मज़ाक़ नहीं। मज़ाक़ जब इंतिहा को पहुँच जाता है तो संजीदगी का रूप अख़्तियार कर लेता है। चुनांचे मैं आपको अपने एक मद्दाह का हाल सुनाना चाहता हूँ उनका नाम है वेद मेहता। यह बहुत बड़े अदीब है, और बहुत बड़े अंधे भी हैं। और इस वक्त अमेरिका में रहते हैं। इन्हें मेरी तस्वीरें बहुत पसंद हैं, मेरी कई तस्वीरें ख़रीद चुके हैं। वो मेरी तस्वीरों के रंगों और खुतूत पर ना सिर्फ़ अपने साथियों से बहस करते हैं बल्कि मौक़ा पड़े तो हुज्जत पर भी उतर आते हैं। यही नहीं बल्कि न्यूयार्क में जब मेरी फिल्म की नुमाइश हुई थी तो वो बतौरे ख़ास उसे देखने के लिए आए थे और उन्होंने बाद में मेरी फिल्म की तारीफ़ भी की थी।" मैंने अपने मज़ाक़ को वापस लेते हुए कहा, "तब तो मुझे अफ़सोस है कि मैं अंधा क्यों ना हुआ वर्ना मैं भी आपकी तस्वीरों को इसी शिद्दत के साथ पंसद कर सकता।" फिर मैंने पूछा, "हुसैन साहिब! यह तो ठीक है अंधे भी आपकी तस्वीरों को पंसद करते हैं लेकिन यह बताइए कि चश्मे नीना[4] रखने वालों ने आपकी तस्वीरों के साथ क्या सुलूक किया?"

वो बोले, "यह बात ना पूछिए मैं तो समझता हूँ मेरे 90 फ़ीसद मद्दाह ऐसे हैं जो मेरी तस्वीरों को समझ नहीं पाते। कभी मेरी तस्वीरें आगे निकल जाती हैं और मेरे मद्दाह पीछे रह जाते हैं और कभी मेरे मद्दाह आगे निकल जाते और तस्वीरें पीछे रह जाती हैं और मैं बीच में खड़ा इन दोनों को हैरत से देखता हूँ। इसकी मिसाल आपको इस तरह दे सकता हूँ कि सन् 1965 में दिल्ली में मेरी तस्वीरों की नुमाइश होने वाली थी। उन दिनों मैं मुल्ला और हुस्नो शबाब[5] के तज़ाद[6] के मौज़ूअ पर कई तस्वीर बना रहा था। मेरा इरादा यह था कि जुहदो तक़वा[7] और हुस्नो शबाब के तज़ाद को पेश करूँ। इस नुमाइश के लिए मैंने एक तस्वीर बनाई जिसमें एक मुल्ला को बताया गया था, इसकी बड़ी सी दाढ़ी थी, बड़ा नूरानी चेहरा था और सिर पर बहुत बड़ी पगड़ी थी। मैंने इस तस्वीर का उन्वान[8] 'अल्लामा' रखा था। जब नुमाइश का कैटलाग तबा[9] होने के लिए गया और कैटलाग की प्रूफ़रीडिंग का मर्हला आया तो प्रूफ़रीडिंग को जो एक बंगाली थे 'अल्लामा' के मानी समझ में ना आए। उन्होंने सोचा ज़रूर यहाँ टाइप की कोई गलती हुई है! लिहाज़ा उन्होंने अपनी बाकी मांदा[10] अक़्ल का इस्तेमाल करते हुए 'अल्लामा' को काटकर 'अल्लाह मियाँ' बना दिया। कैटलाग छप गया और नुमाइश के वक्त तक्सीम भी हो गया। मैंने बाद में कैटलाग का मुतालआ किया तो हैरान रह गया कि 'अल्लामा' के उन्वान में बड़ी फ़ाश[11] गलती हो गई है लेकिन कैटलाग तो तक़्सीम हो चुका था मैं चंद दिन तक ख़ामोश रहा। एक दिन मुझे अलीगढ़ के एक दानिशवर का ख़त वसूल हुआ जिसमें इन्होंने मेरी तस्वीर 'अल्ला मियाँ' की बेहद तारीफ़ की थी। उन्होंने लिखा था अल्लाह मियाँ की ऐसी नूरानी तस्वीर मैंने आज तक नहीं देखी। मैं अलीगढ़ से बेतौरे खास आपकी तस्वीरों की नुमाइश देखने के लिए दिल्ली आया था। आप

ने जिस कमाले फ़न का मुज़ाहरा किया है, इसके लिए मेरी मुबारकबाद क़ुबूल फ़र्माइए! और मैं इस ख़त को पाकर हैरान रह गया।" इस पर मैंने कहा, "हुसैन साहिब! मैं समझता हूँ यह दानिशवर साहिब महज़ इसी जुर्म में आख़िरत के रोज़ दोज़ख में डाले जाएँगे।"

हुसैन साहिब बोले "मगर मेरा क्या होगा?"

मैंने कहा, "आपको अपने किए की सज़ा तो ख़ुद दानिशवर साहिब ने इसी दुनिया में दे दी है। आपका हिसाब तो बेनाक हो गया। आपको दोज़ख में डालने की क्यों ज़रूरत पेश आएगी?"

फ़िर हुसैन साहिब ने कहा, "आर्ट की दुनिया में मुझे आए दिन अपने नित नए मद्दाहों से साबिक़ा पड़ता रहता है। कोई कुछ कहता है और कोई कुछ। सन् 1968 में बम्बई में मैंने अपनी तस्वीरों की एक नुमाइश मुन्अक़िद की थी इस मौक़ा पर मैंने मुनासिब समझा कि अपने फ़न के बारे में अपने मद्दाहों की राय भी जान लूँ। चुनांचे मैंने एक डिब्बा नुमाइश में रख दिया। नुमाइश को देखने के लिए आने वालों से ख्वाहिश की कि वो अपनी राय लिखकर इस डिब्बे में डाल दें। बेशुमार रायें वसूल हुईं। किसी में तारीफ़, किसी में मज़म्मत[12]। लेकिन एक राय मुझे उर्दू में मिली जिसमें मेरे लिए बेशुमार गालियाँ लिखी गई थीं और लिखने वाले ने आखिर में लिखा था कि मैं अपनी राय का इज़्हार उर्दू में इसलिए कर रहा हूँ कि मैंने जो गालियाँ आपको दी हैं उन्हें कोई दूसरा शख़्स पढ़ न सके और यह मामला सिर्फ़ हम दोनों तक ही महमूद रहे।" मैंने कहा, "हुसैन साहिब। इसका मतलब यह हुआ कि उसने आपके मक़ाम के तअय्युन[13] में ज़रूर गलती की थी। लेकिन उर्दू ज़ुबान के मक़ाम का सही-सही तअय्युन किया था।" हुसैन साहिब ने फ़िर क़हक़हा लगाया।

फिर मैंने पूछा, "क्या आर्ट को समझने के मामले में हम हिंदुस्तानी बहुत पीछे हैं?"

तो बोले, "आर्ट को ना समझने के मामले में अहले योरुप भी कुछ कम पीछे नहीं है। मुझे याद है कि सन् 1953 में जब मैं लन्दन गया तो मेरे साथ चन्द तस्वीरें थीं। जहाज़ से उतरकर जब मैं जाने लगा तो कस्टम वालों ने मेरी तस्वीरों पर ड्यूटी आएद करनी चाही। इस पर मैंने मज़ाक-मज़ाक में कह दिया कि ये तस्वीरें तो अभी मुक़म्मल भी नहीं हुई हैं और फिर ये तो अपनी तस्वीरें हैं।

इस पर कस्टम वालों ने फिर एक बार इन तस्वीरों का बगौर जायज़ा लिया और इन तस्वीरों को ड्यूटी से मुस्तग़ना क़रार देते हुए फ़ैसला सादिर फ़र्माया कि ये तस्वीरें वाकई नामुकम्मल हैं। हालाँकि तस्वीरें मुकम्मल हो चुकी थीं। और मैंने बाद में इनकी नुमाइश भी मुन्अक़िद की! मुश्किल यह है कि ख़ुद योरुप वाले भी माडर्न आर्ट को नामुकम्मल ही समझते हैं।" मैंने कहा, "आपने योरुप के कस्टम

वालों की आर्ट-फ़हमी पर तो रोशनी डाल दी है, हिंदुस्तान के कस्टम वालों के तअल्लुक से आपका क्या ख़याल है?"

वो बोले, "अजी बस कुछ ना पूछिए। इनका हाल तो मशहूर आर्टिस्ट अकबर पदमसी जानते हैं। वो एक बार योरुप से वापस हुए तो बम्बई के कस्टम वलों ने बदस्तूर इनकी तस्वीरों पर निगाहे गलत-अंदाज़ डाली। मुतालबा किया कि इनकी ड्यूटी अदा की जाए। अकबर पदमसी उन्हें समझाते रहे कि ये इन्हीं की तस्वीरें हैं। मगर कस्टम वाले ना माने। एक अफ़सर से कहा गया कि वह इन तस्वीरों की मालियत का अंदाजा करे। उन्होंने तस्वीरों को उलट-पलटकर देखा और फ़ी (एक) तस्वीर 30 रुपए मालियत का तअय्युन किया। इस पर दूसरे अफ़सर ने मुदाख़्लत[14] करते हुए कहा, 'यह कमर्शियल आर्ट नहीं है बल्कि फ़ाइन आर्ट है। इसकी कीमत भी कम होनी चाहिए।' बिल आखिर, अकबर पदमसी जैसे फ़नकार की एक तस्वीर की कीमत सिर्फ 12 रुपए मुतऐयिन को गई और अकबर पदमसी कस्टम वालों को सिर्फ़ देखते रह गए। इनकी तस्वीरों और इनके फ़न की इससे ज़्यादा तौहीन शायद ही किसी और ने की हो।"

मैंने मौज़ूअ को बदलते हुए कहा, "हुसैन साहिब! मेरा ख़याल है कि आप की शोहरत में आपके आर्ट के अलावा आपकी मख़्सूस शख़्सीयत का भी दख़ल है।"

वो बोले, "मेरी शोहरत की कई वजहें हैं। आप तो जानते हैं कि मैंने अपनी फ़िल्मों में काम भी किया था। अक्सर लोग मुझे फिल्मी अदाकार ही समझते हैं। दिल्ली के कनाट प्लेस में एक शख़्स ने मुझसे पूछा, 'क्या आप अब भी फ़िल्मों में काम कर रहे हैं और कब्ल इसके कि मैं उससे यह पूछता क्या आप अब भी मेरी फ़िल्मे देखते हैं, वो शख़्स चला गया!"

हुसैन साहिब ने कहा, "मेरी दाढ़ी और मेरे मख्सूस हुलिया की वजह से बाज़ औक़ात बड़ी दिलचस्प सूरतें भी पैदा हुईं मैं आपको एक दिलचस्प वाक़िआ सुनाऊंगा जिसका सिलसिला मेरी दाढ़ी से जा मिलता है। सन् 1953 में जब मैं रोम में था तो मेरे पास अचानक पैसे खक्स्त्म हो गए। मैंने घर से रक़म मँगवाई मगर वह भी बर्वक्त ना आई मैं जिस होटल में मुक़ीम[15] था उसका किराया भी बकाए में पड़ा हुआ था। बिल आख़िर होटल के मालिक ने एक रात मुझसे कह दिया कि जब तक किराया का बक़ाया अदा ना होगा उस वक़्त तक होटल में दाख़िल ना हो सकूँगा। मजबूरन मैंने अपना ओवरकोट पहन लिया और रोम की सड़कों पर आवारागर्दी करने के लिए निकल गया! भूख से बुरा हाल था। चलते-चलते मैं एक रेस्तोरान् के करीब पहुँचा, जहाँ शोकेस में खाने-पीने की मुख़्तलिफ़ अश्या[16] सजा कर रखी गई थीं। मैं बड़ी हसरत से आर्ट के उन नमूनों को देख रहा था कि अचानक रेस्तोरान् में से एक नौजवान जो शराब के नशे में धुत था बाहर निकल आया। वो मुझे देखकर कुछ ठिठक गया। फिर मुझसे बग़लगीर हो गया। वो मुझे जबरदस्ती रेस्तोरान् में

ले गया, ख़ूब खाना खिलाया मेरी ख़ूब तवाज़ों की और फिर मुझसे घर चलने के लिए इस्रार करने लगा।"

मैंने कहा, "हुसैन साहिब! उसने ज़रूर आपको गदागर समझा होगा।" तो बोले, "वो मुझे गदागर समझता तो कोई बात भी थी। वो तो मुझे अपना बाप समझ रहा था।"

मैंने हैरत से पूछा, "वो कैसे?"

हुसैन साहब बोले, "जब वो अपने घर चलने के लिए मुझसे इस्रार करने लगा तो मैंने पूछा कि आख़िर वो मुझे अपने घर ले जाने पर क्यों मुसिर[17] है?"

इस पर उस नौजवान ने कहा, "बात दरअस्ल यह है कि कल ही मेरे बाप का इंतिकाल हो गया है और आप मेरे बाप से मिलते-जुलते हैं। लिहाजा आपको मेरे घर चलना होगा।"

मैंने हँसकर पूछा, "तो गोया, हुसैन साहिब! रोम में बालिदैन का तक़र्रूर भी अमल में आता है।" वो बोले, "मगर यह बहुत अच्छा हुआ कि मेरा तक़र्रूर उसके बाप की हैसियत से अमल में ना आ सका।" मैंने पूछा, "क्यों? क्या उसकी माँ बहुत बदसूरत थी?"

वो बोले, "माँ की बात तो छोड़िए जब वो मुझे जबर दस्ती अपने घर ले गया और अपने घर का दरवाज़ा खटखटाया तो एक खूबसूरत लड़की बाहर निकल आई। यह लड़की उस अजनबी की बीवी थी। वह एक लम्हा के लिए ठिठकी, मुझे गौर से देखा और बड़ी तेज़ी से उसने दरवाज़ा बंद कर दिया और अंदर से चीख-चीख कर कहने लगी, 'मैं इस बुड्ढ़े को घर में ना जाने दूँगी।' और बिल आखिर मुझे वहाँ से वापस हो जाना पड़ा।"

मैंने कहा, "मैं समझता हूँ। उसने भी आपको अपना मर्हूम ख़ुसुर समझा होगा! उसने सोचा होगा कि यह तो कल मर गया था आज़ फ़िर कैसे जिंदा हो गया और ज़ाहिर है कि मरा हुआ ख़ुसुर अगर दोबारा जिंदा हो जाए तो बहू के लिए यह कितनी तकलीफ़देह बात है।"

हुसैन साहिब ने अपनी दाढ़ी में से एक और तिनका निकालते हुए कहा, "मेरी इसी दाढ़ी की वजह से रोम के बाज टैक्सी ड्राइवर काफ़ी परेशान हो गए थे। वो मुझे मशहूर अदाकार चार्लटन हस्टन समझने लगे थे और उनमें से बाज ने इस मसले पर शर्त भी लगा रखी थी। लेकिन जब उन्हें मालूम हुआ कि मैं चार्लटन हस्टन नहीं हूँ तो बहुत मायूस हुए।"

मैंने कहा, "हुसैन साहिब! मुझे चार्लटन हस्टन से दिली हमदर्दी है अगर वो बेचारा कभी रोम चल जाए तो लोग उसे आप समझकर कोई अहमियत ना देंगे। वो बोले, "मेरा हम शक्ल होने की इतनी तो सजा उसे मिलनी चाहिए!" हुसैन साहिब ने अपना बयान जारी रखते हुए कहा, "इसी दाढ़ी की वजह से एक बार मैं मुश्किल

में फँस गया था। हिंद-पाक जंग के दौरान मैं दिल्ली में था कि मेरी दाढ़ी की वजह से मुझे पाकिस्तानी जासूस समझ लिया गया। मुझे ना सिर्फ़ थाना की हवा खानी पड़ी बल्कि बाज मनचलों ने मेरी दाढ़ी भी मूँड़ दी! मैं उन्हें लाख समझाता रहा कि मैं आर्टिस्ट हुसैन हूँ मगर लोगों को उस वक्त मेरे आर्ट से कहीं ज़्यादा मेरी दाढ़ी की फ़िक्र पड़ी हुई थी। लिहाज़ा मेरी दाढ़ी बड़े एहतियात से मूँड़ दी गई।"

मैंने कहा, "हुसैन साहिब। इन लोगों की इस हरकत का शायानेशान जवाब देने का एक ही तरीक़ा था कि दाढ़ी मूँड़ देने के बाद आप उनके हाथों में एक रुपया थमा देते कि यह लो हजामत बनाने की उज्रत। इस तरह उन्हें अपना जायज़ मक़ाम मिल जाता।"

मैंने हुसैन साहिब की मज़्लूम दाढ़ी की तरफ़ देखते हुए कहा, "सच तो यह है कि ये लोग बड़े नादान थे। उन्हें क्या मालूम कि एक आर्टिस्ट की दाढ़ी मूँड़ दी जाए तब भी वो आर्टिस्ट ही बरकार रहता है।"

फिर मैंने हुसैन साहिब के हुलिया का मौजूअ बदलते हुए पूछा, "यह आप के नंगे पैर घूमने-फिरने की क्या वजह है? लोग आपको नंगे पाँव घूमते-फिरते देखने के इस क़दर आदी हो गए है कि परसों जब आप शेरी मज्मूआ की **रस्म इज्रा** के मौक़े पर चप्पल पहन कर आए तो एक साहिब ने किसी कदर राज़दाराना अंदाज़ में मुझसे पूछा था, 'क्या हुसैन साहिब आज नमाज पढ़ने के लिए गए थे?'

वो बोले, "भई! यह नंगे पाँव फिरने की दास्तान बहुत लंबी है! 4मेरे बच्चे अक्सर मुझे अच्छे-अच्छे जूते खरीद लाने की फ़रमाइश किया करते थे और मैं महज यह साबित करने के लिए कि ज़ाहरी शानो शौकत कोई मानी नहीं रखती, जिद में जूते पहनने छोड़ दिए और अब तक इस जिद की सज़ा भुगत रहा हूँ।"

फिर उन्होंने कहा, "मेरे नंगे पाँव फिरने की आदत ने भी बहुत सी क़यामतें ढाई हैं। एक बार मैं एक साहिब के घर नंगे पाँव चला गया उन साहब को मेरी इस शरीफ़ाना आदत का पता नहीं था। जब मैं वापस जाने लगा तो उनकी नज़र मेरे पाँव पर पड़ी देखा तो पाँव में जूते मौजूद नहीं थे। उन साहिब के बच्चे बड़े शरीर थे उन्होंने समझा कि ज़रूर उनके बच्चों ने मेरे जूते छुपा रखे हैं मैंने लाख समझाया कि मैं जूते पहनकर नहीं आया था। मगर वो समझते रहे कि मैं महज़ मुरव्वतन ऐसा कह रहा हूँ। उन्होंने बारी-बारी बच्चों को पीटना शुरू कर दिया। मैं हर तरह समझाता रहा, बीच-बचाव करता रहा, मगर वो एक लफ़्ज़ भी सुनने के लिए तैयार ना थे। 'जूतम पेजार' की नौबत आ गई बच्चों की खूब पिटाई हुई।"

मैंने पूछा, "आख़िर इस बे-भाव की जूतियों का बच्चों के पास से क्या नतीजा बरामद हुआ?"

वो बोले, "नतीजा क्या बरामद होता है। थोड़ी देर के बाद बच्चे इस मार-पीट से इतने आजिज़ आ गए कि उन्होंने वाकई जूतों की एक जोड़ी अपने वालिद की ख़िदमत में पेश कर दी कि ये रहे हुसैन के जूते।"

मैंने कहा, "सही तफ़्तीश हो तो माले मस्रूक़ा इसी तरह बरामद होता है। तो क्या फिर आपने ये जूते पहन लिए?"

वो बोले, "मरता क्या न करता। मुझे मजबूरन जूते पहन लेने पड़े, वर्ना अंदेशा था कि कहीं वो मुझ पर भी नाराज़ ना हो जाएँ।"

मैंने कहा, "किसी ने क्या ख़ूब कहा कि ख़ुदा जब देने पर आता है तो छप्पर फाड़कर देता है।" मैंने फ़िर मौज़ूअ बदलते हुए पूछा, "हुसैन साहिब! मैं आपकी शाइरी के बारे में कुछ पूछना चाहता हूँ। आप तो बहुत बड़े मुसाव्विर हैं, आपको अचानक शाइरी के ज़रीआ अपने आपको बदनाम करवाने की क्या सूझी। क्या आप यह समझते है कि मुसव्विरी आपके जज़्बात के इज़्हार के लिए काफ़ी नहीं है।"

वो बोले, "मेरी शाइरी के पीछे एक राज़ पोशीदा है वर्ना मैं यह तोहमत अपने सर ना लेता। मगर जब माहौल इतना बेतकल्लुफ़ हो गया है तो मैं आज इस राज़ को भी फ़ाश किए देता हूँ। क़िस्सा यह है कि योरुप में क़याम के दौरान मुझसे एक हसीन सी गलती हो गई और मैं किसी की ज़ुल्फ़े गिरिहगीर का असीर हो गया। और इस हद तक असीर हो गया कि जब हिंदुस्तान वापस हुआ तो मैंने उस पैकरे हुस्न तक अपने ज़ज्बों के इज़्हार के लिए खुतूत लिखने शुरू किए और इसी मक़सद के लिए अंग्रेजी में उसके नाम नज़्में लिखने लगा। मेरी नज़्में अस्ल में मेरे निजी खुतूत हैं। मुसाव्विर होने के नाते मैं यह तो नहीं कर सकता था कि अपने जज़्बों के इज़्हार के लिए हर रोज़ एक नई तस्वीर बनाकर उसे भेज देता। लिहाज़ा मैंने शाइरी का सहारा लिया! कोई तीन बरस तक खुतूत का यह सिलसिला जारी रहा और इसके बाद अर्सा हुआ यह सिलसिला बंद हो गया। बाद में दोस्तों ने मशवरा दिया कि मैं अपनी नज़्मों को शाए कर दूँ। सो ये नज़्में शाए हो गईं।"

मैंने पूछा, "तो गोया इसके बाद आपने फिर नज़्में नहीं कहीं।" वो बोले, "जी नहीं। इसकी नौबत ही नहीं आई।" मैंने कहा, "तब तो आपको अपनी नज़्मों का दूसरा मज्मूआ शाए करने के लिए फिर हसीन गलती करनी होगी।"

उन्होंने कहा, "अब आगे ऐसी ग़लती नहीं होगी।"

मैंने पूछा, "कौन सी ग़लती? ज़ुल्फ़े गिरिहगीर में असीर होने की या शाइरी करने की। क्योंकि आप ने तो एक गलती के साथ दूसरी गलती को नत्थी कर दिया है।"

हुसैन साहिब ने हस्बे मामूल फिर जोरदार क़हक़हा लगाया।

अबकी बार मैंने शाइरी का पीछा छोड़ते हुए कहा, "हुसैन साहिब! मेरा ख़याल है कि आप अपनी शख़्सीयत और अपने आर्ट के बारे में बड़े मुहतात वाके हुए हैं। क्योंकि सन् 1950 में आप जिस स्टाइल से तस्वीर बनाया करते थे आज भी इसी ढंग की तस्वीर बनाते हैं। हालाँकि उस अर्से में आर्ट के मैदान में कई रुजहानात आए और चले गए मगर आपके फ़न में कोई बुनियादी तब्दीली ना आई।"

मेरे इस संजीदा सवाल के जवाब में हुसैन साहिब भी कुछ संजीदा से हो गए और बोले, "आपने बिल्कुल दुरुस्त कहा। मेरे स्टाइल में कोई तब्दीली नहीं आई! लेकिन इस बात को मुहतात होने से ताबीर नहीं किया जा सकता। मैं अस्ल में रियाज़ और मश्क़ का क़ायल हूँ। मैं फ़न में अक़ीदे की अहमियत को मानता हूँ और जब फ़नकार का एक अक़ीदा बन जाता है तो वो अपने फ़न को बार-बार तब्दीलियों की नज़्र नहीं कर सकता। आर्ट के मैदान में हर छह महीने के बाद एक नया रुजहान आता है और इसके ज़िम्मेदार आर्ट के नक़्क़ाद भी होते हैं जो छह महीनों तक खामोशी की जिंदगी गुज़ारते हैं और इसके बाद अचानक आर्ट में नए रुजहान की तलाश शुरू कर देते हैं और वो शोर मचाते हैं कि इस हड़बोंग में बेचारे फ़नकार भी परोशान हो जाते हैं और बिल आखिर एक नए रुजहान को जन्म देकर ही दम लेते हैं। मैं तेज़ी से बदलते हुए रुजहान का कायल नहीं हूँ एक आर्ट क्रिटिक ने मेरी तस्वीरों को देखकर कहा था, 'हुसैन साहब! आप तो वही पुरानी औरतों को अब तक पेंट कर रहे हैं।' और मैंने जवाब दिया, 'भाई मैं नई औरतें कहा से लाऊँ?'

हुसैन साहिब ने कहा, "मेरे आर्ट की बुनियादी स्टाइल तो वही है जो पहले था। अलबत्ता योरुप से वापसी के बाद मुझ पर मग़्रिब के आर्ट की तकनीक का किसी क़दर असर हो गया था। चुनांचे सन् 56 से लेकर 59 तक मैंने जो तस्वीरें बनाई उनमें मगरिब के आर्ट की तकनीक की झलकियाँ नज़र आती हैं। लेकिन रफ़्ता-रफ़्ता मुझे यह अहसास होने लगा कि मेरे आर्ट की क़दरें भी मशिरक़ी होनी चाहिए। चुनांचे इसके बाद मैंने आनी तस्वीरों में हिंदुस्तानी कद्रों को ज़्यादा नुमाया करने की कोशिश की।" इस पर मैंने बात को काटते हुए कहा, "हुसैन साहिब, इसका मतलब यह हुआ कि हिंदियाने का नारा सबसे पहले जनसंघ ने नहीं दिया आप ने दिया था?"

हुसैन साहिब ने हँसते हुए कहा, "बिल्कुल दुरुस्त। आर्ट में जब मैंने हिंदियाने का तसव्वुर दाख़िल किया तो उस वक्त बलराज मधोक तिफ़्ले मक्तब ही थे।"

मैंने कहा, "लेकिन अगर जनसंघ वालों को यह मालूम हो जाए कि आप हिंदियाने के नज़रीया के मूजिद हैं तो वो आपको भी अपनी जमाअत में शरीक कर लेंगे।"

हुसैन साहिब बोले, "अगर जनसंघ हिंदियाने के मेरे तसव्वुर पर अमल करे

तो मुझे इनका साथ देने में कोई एतिराज़ ना होगा।" यह कहकर हुसैन साहिब कुछ संजीदा सा हो गए और वो सोफ़ा पर एक मुजस्समा की तरह नज़र आने लगे!

मैंने पूछा, "हुसैन साहिब! आप ने अब तक कितनी तस्वीरें बनाई हैं?"

वो बोले, "कोई दो हज़ार तस्वीरें बना चुका हूँ।"

मैंने पूछा, "क्या आप एक वक़्त में एक ही तस्वीर बनाते हैं या बयकवक़्त बनाते हैं?"

वो बोले, "मैं बयकवक़्त कई तस्वीरों पर काम शुरू कर देता हूँ। सन् 68 में तो मैंने दिल्ली की आर्ट गैलरी के सामने पेटिंग का अमली मुज़ाहरा किया था। मैंने बयकवक़्त छह तस्वीरों पर जिनके मूड्स भी अलग थे, पेंटिंग का काम शुरू किया था। इस मुज़ाहिर में शिर्कत की आम इजाज़त थी। बेशुमार लोग मुझे पेंट करता हुआ देखने के लिए आया करते थे। एक दिन डा. जाकिर हुसैन भी इस मुज़ाहिरा को देखने के लिए आए थे।"

मैंने पूछा, "एक मूड वाली पेटिंग पर काम करते-करते क्या आपको दूसरे मूड वाली पेंटिंग पर काम करने में दुश्वारी पेश नहीं आती। ज़ाहिर है कि इस तरह आपको अपनी जज़्बाती कैफ़ियत भी बार-बार बदलनी पड़ी होगी।"

वो बोले, "कोई दुश्वारी पेश नहीं होती।"

मैंने कहा, "हुसैन साहिब! आप अगर सियासी लीडर होते तो बड़े फ़ायदे में रहते, क्योंकि ऐसी कैफ़ियत पार्टियाँ बदलने के लिए बड़ी साजगार होती हैं।"

वो बोले, "मुझे इसमें कोई दुश्वारी पेश नहीं आती, मैं बड़ी आसानी से एक कैफ़ियत में दाखिल हो जाता हूँ।"

मैंने महसूस किया कि हुसैन साहिब फ़िर संजीदगी की तरफ़ वापस आ रहे हैं। लिहाज़ा मैंने अपनी घड़ी की तरफ़ देखते हुए कहा, "साढ़े आठ बज रहे हैं आपको काफ़ी देर बैठना पड़ा।"

सईद बिन मुहम्मद साहिब ने, जो हमारी बातचीत को अब तक बड़ी ख़ामोशी से सुनते रहे थे, कहा, "हम साढ़े तीन घंटे से यहाँ बैठे हैं। मैं समझता हूँ कि इतने अर्से में रेस्तोरान् से बाहर आर्ट के मैदान में कोई नया रुजहान भी आ चुका होगा और हमें इसका पता भी ना चल सका। चलो, जल्दी बाहर चलें।"

मैंने भी इत्मीनान दिलाते हुए कहा, "सईद साहिब। इत्मीनान रखें कि अगर इन साढ़े तीन घंटों में कोई नया रुजहान आया भी होगा तो वो अब तक ख़त्म हो चुका होगा।"

और हुसैन साहिब ने क़हक़हा लगाते हुए कहा, "यह तो बहुत अच्छा है कि साढ़े तीन घंटों तक यहाँ बैठे रहे, वर्ना हम भी आर्ट के इस नए रुजहान की जद में आ जाते।"

और जब हम बाहर निकले तो हुसैन साहिब का चेहरा फिर संजीदा और गंभीर नज़र आने लगा, जैसे वो हँसना जानते ही ना हों और मुझे यूँ लगा जैसे वो अपने चेहरे को फिर से पेंट करने में मस्रूफ़ हो गए हैं।

(1972)

संदर्भ

1. मूर्ति, 2. चित्रकार, 3. बाधक, 4. नेत्र द्रष्टा, 5. यौवन और सुंदरता, 6. अंतर्विरोध, 7. संयम, 8. शीर्षक, 9. छपाई 10. बची हुई, प्रकट, 11. निंदा, 12. निर्धारण, 13. हस्तक्षेप, 14. ठहरा हुआ था, 15. वस्तुओं, 16. आवभगत, 17. हठी।

इंद्रकुमार गुजराल

बाज़ शख़्सीयतें ऐसी होती हैं जिनके बारे में आप महसूस तो बहुत करते हैं लेकिन जब उनके बारे में अपने एहसासात[1] के इज़्हार का मामला दरपेश[2] हो तो लफ़्ज उन एहसासात को छूने के अह्ल नज़र नहीं आते।

फ़िराक़ गोरखपुरी ने कहा था :

ख़ुद अपने ख़यालों को हमदम मैं हाथ लगाते डरता हूँ।

गुजराल साहिब के तअल्लुक़ से मेरे एहसासात का भी यही आलम है। मैं उनका सिर्फ एक अदना सा अक़ीदतमंद[3] हूँ और वह मेरे मुहसिन[4] हैं। मेरी जिंदगी में दो-चार हस्तियाँ ऐसी रही हैं जिनके बारे में जब भी कुछ लिखने के लिए कलम उठाता हूँ तो मुझसे ज़्यादा मेरे क़लम को पसीना आ जाता है। उनके तअल्लुक़ से जब भी कुछ सोचता हूँ तो ना जाने क्यों मुझे उस अरबिस्तान का ख़याल आ जाता है जहाँ तेल अभी दरयाफ़्त नहीं हुआ था और अरबों ने दूसरी क़ौमों का और बड़ी क़ौमों ने ख़ुद अरबों का तेल निकालना शुरू नहीं किया था। उस ज़माने के एक ए'राबी से किसी ने पूछा, "तुम खाते क्या हो?"

ए'राबी ने जवाब दिया, "ऊँट।"

पूछा, "पीते क्या हो?"

कहा, "ऊँट।"

"ओढ़ते क्या हो?"

जबाव दिया, "ऊँट।"

"बिछाते क्या हो?....ऊँट।"

पूछा, "सवारी क्या है?"

जवाब दिया, "ऊँट।"

सवाल करने वाला परीशान होकर कहने लगा, "तुमने यह क्या, ऊँट, ऊँट की रट लगा रखी है?"

ए'राबी बोला, "हुजूर। ऊँट का गोश्त खाता हूँ, ऊँटनी का दूध पीता हूँ, ऊँट

की खाल के कपड़े पहनता हूँ, ऊँट की खाल को ओढ़ता और बिछाता हूँ। ऊँट की सवारी करता हूँ। ऊँट ही मेरी दुनिया और मेरी जिंदगी है।" अब अगर आज कोई मेरे बारे में चंद निजी सवालात कर बैठे तो मेरे जवाबात भी कुछ इस तरह के होंगे। मसलन अगर मुझसे पूछा जाए, "तुम्हें हैदराबाद से देहली किसने बुलाया?"

तो मेरा जवाब होगा, "इंद्रकुमार गुजराल।"

अगर सवाल यह हो कि "तुम्हें देहली में सबसे पहले सरकारी मकान किसने एलाट किया?"

तो मेरा जवाब होगा, "इंद्रकुमार गुजराल।"

"तुम्हारे बेटे को इंजीनियरिंग की आला तालीम[5] के लिए सोवियत यूनियन किसने भिजवाया?"

मेरा जवाब होगा, "इंद्रकुमार गुजराल।"

"मिज़ाह-निगारों की एक कान्फ्रेंस में तुम्हारे बाज़ बेरूनी[6] मिज़ाह-निगारों की इण्डियन काउंसिल फार कल्चरल रिलेशन्स का मेहमान किसने बनाया?"

मेरा जवाब होगा, "इंद्रकुमार गुजराल।"

इस तरह के सवालात की फेहरिस्त या यूँ कहिए कि गुजराल साहिब के एहसानात की फेहरिस्त ख़ासी तवील है लेकिन मैंने यहाँ सिर्फ़ वही सवालात पेश किए हैं जिनके जवाबात शायद खुद गुजराल साहिब को भी मालूम हैं। उनके वो एहसानात इस फ़ेहरिस्त में शामिल नहीं हैं। जो उन्होंने मुझ पर किए मगर मैंने बकमाले होशियारी[7], उनकी इत्तिला उन्हें ना होने दी क्योंकि मैं जानता हूँ कि गुजराल साहिब जिस तहज़ीब के परर्वदा[8] हैं उसमें अहसान करने वाले की नज़रें कभी ऊँची नहीं, हमेशा नीची ही रहती हैं। अजीबोगरीब तहज़ीब थी तभी वो मिटती जा रही है।

हज़्रात! सच तो यह है कि शख्सी तौर पर मेरे लिए गुजराल साहिब की वही हैसयित है जो पुराने ए'राबी पर ऊँट के इतने एहसानात के बावजूद ख़ुद ए'राबी को पता नहीं चलता था कि उसका ऊँट किस कर्वट बैठेगा। लेकिन मैं अच्छी तरह जानता हूँ कि गुजराल साहिब के अक़ीदे और नज़रिया का ऊँट जब भी बैठेगा तो बाईं कर्वट ही बैठेगा। रवादारी[9], सैकुलरिज़्म और इंसाफ़ दोस्ती की सिम्त ही बैठेगा।

मुझे इस वक़्त आंजहानी[10] कृश्न चंदर की याद बेसाख़्ता आ रही है, क्योंकि उन्हीं की मारफ़त मैं पहले-पहल गुजराल साहिब से मिला था। यह कोई बीस बरस पुरानी बात है। कृश्न चंदर मुझे बहुत अजीज़ रखते थे और यह उन्हीं की ख़्वाहिश थी कि मैं हैदराबाद से निकलकर या तो बम्बई में आबाद हो जाऊँ या देहली में। उन दिनों गुजराल साहिब मर्कज़ी वज़ीर इत्तिताआत[11] थे। कृश्न जी ने मेरे बारे में गुजराल साहिब को दो-चार ज़बरदस्त सिफ़ारिशी ख़त लिखे और जब हुकूमते हिंद ने उर्दू की तर्वीजो इशाअत[12] के लिए एक कमेटी क़ायम की जिसके सद्रनशीन[13] ख़ुद गुजराल साहिब थे तो एक दिन कमेटी के दफ़्तर से मेरे नाम मुरासला आया

कि मियाँ देहली चले आओ और कमेटी की रिपोर्ट लिखने में हुकूमत का हाथ वग़ैरा बँटाओ।

यह वही तारीख़ी कमेटी है जिसका अस्ल नाम है COMMITTEE FOR PROMOTION OF URDU था। मगर बाद में इसने 'गुजराल कमेटी' की हैसियत से शोहरत पाई। यूँ समझिए कि यह नाम इस कमेटी का तख़ल्लुस बन गया। जी तो चाहता है कि गुजराल साहिब की बजाय इस कमेटी का एक ख़ाका लिखा जाए। कमेटियाँ तो आए दिन बनती रहती हैं। और कमेटियाँ बनाई भी इसलिए जाती हैं कि जिस मामले के लिए कमेटी बनाई जा रही हो, उस मामले को लटका दिया जाए। अगर कमेटी से मामला लटक ना सके तो ज़ैली कमेटियाँ बना दी जाएँ। मगर गुजराल कमेटी वाहिद कमेटी थी जो मामला को लटकाने की बजाय उसे निपटाना चाहती थी और उसकी इस कोशिश में कमेटी के सद्रनशील की नीयत को बड़ा दख़्ल था। और दुनिया जानती है कि जब इस कमेटी ने उर्दू के मामला को निपटाने के लिए एक जामे[14] और मब्सूत[15] रिपोर्ट पेश कर दी तो अर्बाबे इक़्तिदार[16] में खलबली सी मच गई और उन्होंने सोचा कि अगर कमेटी ने अपने क़ियाम के अस्ली मक़्सद से रूगर्दानी[17] करते हुए रिपोर्ट पेश कर दी है तो क्यों न इस रिपोर्ट को ही लटका दिया जाए। चुनांचे तब से अब तक गुजराल कमेटी की रिपोर्ट लटकती चली आ रही है। सत्रह बरस हो गए इसे लटकते हुए। बहुत कम रिपोर्टें ऐसी होंगी जिन्होंने लटकने का इतना लंबा रिकार्ड क़ायम किया हो और पूरे सत्रह बरस बाद जब पिछली हुकूमत को गुजराल कमेटी की याद आई तो इस भूली-बिसरी कमेटी की सिफ़ारिशात को रूब अमल[18] लाने के लिए एक और कमेटी बना दी जिसने 'सरदार जाफ़री कमेटी' के नाम से शोहरत पाई है। यूँ समझिए कि रिश्ता में 'सरदार जाफ़री कमेटी' 'गुजराल कमेटी' की बेटी है। अब देखिए इस कमेटी का क्या बनता है और यह कब साहिबे औलाद बनाती है। उसके बारे में तो सत्रह बरस बाद ही कुछ पता चल सकेगा क्योंकि साहिबे औलाद बनने के लिए एक उम्र तो दरकार[19] होती है। ख़ैर जाने दीजिए इस क़िस्से को...! मुश्किल तो यह है कि अर्बाबे इक़्तिदार ने गुजराल कमेटी की रिपोर्ट को हमेशा 'ईद की शेरवानी' के तौर पर इस्तेमाल करने की कोशिश की है। जब भी मुनासिब मौक़ा आता है तो इस रिपोर्ट को झाड़-पोंछकर बक्से में से निकाला जाता है। ईद की शेरवानी और गुजराल कमेटी में फ़र्क सिर्फ़ इतना है कि ईद की शेरवानी खुशी के मौक़े पर निकाली जाती है और गुजराल कमेटी की रिपोर्ट को बुरे वक़्त या आड़े वक़्त में निकाला जाता है। गुजराल साहिब ने ख़ुद अपने एक इंटरव्यू में उन हालात को बयान किया है जिनमें किस तरह इस कमेटी की सिफ़ारिशात को लैतोला'ल[20] में डाला गया है। मैं इस सिलसिले में मज़ीद कुछ कहना नहीं चाहता। इतना ज़रूर कहना चाहूँगा कि गुजराल कमेटी अब अपनी मख़्सूस शोहरत के बाइस

ज़र्बुलमसल[21] के तौर पर भी इस्तेमाल होने लगी है। किस तरह इस्तेमाल हो रही है इसके लिए चंद मुकालमे[22] मुलाहज़ा हों :

"यार! मैं इस लड़की से शादी करना चाहता हूँ। मगर वो मेरे साथ गुजराल कमेटी कर रही है।"

"एक ज़माना था जब आठों पहर तुम्हारी याद आती थी। अब यह हाल है कि गुजराल कमेटी की तरह याद आती हो।"

"बेटी! तुम्हारे वालिदैन ने जहेज़ में एक तिनका नहीं दिया। कुछ देने की सक्त नहीं थी तो गुजराल कमेटी की रिपोर्ट ही दे देते, जिस पर अमल-आवरी की आस लगाए बैठे तो रहते।"

"भैया! वो जो मैंने तुम्हें दस साल पहले कर्ज़ दिया था, उसे अब वापस होना चाहिए। इससे ज़्यादा गुजराल कमेटी नहीं चलेगी। गुजराल कमेटी की भी तो एक हद होती है।"

हज़्रात! गुजराल कमेटी की याद आ गई तो मुझे वो दिन याद आ रहे हैं जब उस रिपोर्ट की तैयारी में हम जैसों को भी दिन-रात काम करना पड़ता था। रिपोर्ट के एक-एक बाब[23] के बीसियों मसविदे[24] तैयार होते थे और हर मसविदे की एक-एक सतर[25] गुजराल साहिब की नज़र से गुज़रती थी। जगह-जगह गुजराल साहिब ख़ुद अपने हाथ से मसविदों में तर्मीम करते थे। कमेटी ने हिंदुस्तान के कोने-कोन का दौरा किया। हर जगह गुजराल साहिब मौजूद होते थे। हर छोटे मामला की बड़ी से बड़ी तफ़्सील में वो जाते थे।

इस मौक़ा से फ़ायदा उठाते हुए मैं उर्दू वालों को यह बताना भी ज़रूरी समझता हूँ कि गुजराल साहिबा ने उर्दू के हर मामले को सिर्फ़ सिफ़ारिश के तौर पर रिपोर्ट में पेश करने पर ही इक्तिफ़ा नहीं किया। बल्कि उन्होंने अपने खुसूसी इख़्तियारात[26] और शख़्सी रुसूख़ का इस्तेमाल करते हुए रिपोर्ट की पेशकशी से बहुत पहले ही कई रियासती हुकूमतों को पाबंद किया कि वो उर्दू के फ़रोग के लिए खुसूसी और अमली इक़्दामात करें। उन्होंने रियासतों के चीफ़ मिनिस्टरों को बेशुमार खुतूत लिखे। चुनांचे यह गुजराल साहिब का ही शख़्सी कारनामा है कि आज हिंदुस्तान की कई रियासतों में उर्दू अकैडमियाँ क़ायम हैं। रेडियो में उर्दू प्रोग्रामों का वक्त बढ़ाया गया। पहली मर्तबा नेशनल काउंसिल आफ एजूकेशनल रिसर्च एंड ट्रेनिंग जैसे क़ौमी इदारा को पाबंद किया गया कि वो हिंदी और अंग्रेज़ी के इलावा उर्दू में भी निसाबी[27] किताबें शाए करे। कई स्कूलों में उर्दू की तालीम का बंदोबस्त किया गया। मुझे लगता है कि गुजराल साहिब को जैसे अंदाज़ा था कि इस कमेटी की रिपोर्ट के साथ बाद में क्या सुलूक किया जाएगा। इसीलिए उन्होंने दूरअंदेशी से काम लेते हुए इन मामलों को रिपोर्ट का हिस्सा बनाने के साथ-साथ इन पर फ़ौरी अमल-आवरी[28] की जानिब भी क़दम उठाया।

गुजराल कमेटी का ज़िक्र कुछ तवील हो गया है। लेकिन गुजराल साहिब का जब भी जिक्र होगा तो गुजराल कमेटी का जिक्र तो आएगा ही। "कहा जापान का डर है, कहा जापान तो होगा" वाला मामला है। मैं गुजराल कमेटी की रिपोर्ट को सिर्फ़ हुकूमत की एक रिपोर्ट नहीं समझता बल्कि इसे उर्दू के लिए गुजराल साहिब की शख़्सी मुहब्बत का एक ज़ावियाए निगाह है, तर्ज़े ज़िंदगी है, जिंदगी को बरतने के सलीक़ा का नाम है। उर्दू उनके मिजाज़ का सबसे रौशन पहलू है। उर्दू के हर बड़े जदीब और उर्दू की हर अच्छी तहरीक़[29] से गुजराल साहिब का ज़ाती तअल्लुक रहा है। मैं गुजराल साहिब की इज़्जत सिर्फ इसलिए नहीं करता कि बो एक सियासतदान हैं। बल्कि इसलिए करता हूँ कि वो सियासतदान से बहुत आगे की चीज़ हैं। वो पहले एक मुदब्बिर[30] और दानिशवर[31] हैं और बाद में सियासतदान हैं। इसलिए तो उनकी कही हुई बात में मानी और नीयत को तलाश करने में कोई दुशवारी नहीं होती। वो जो लफ़्ज़ भी इस्तेमाल करते हैं उसके सही मानी व मफ़्हूम[32] को ज़ेहन में रखकर इस्तेमाल करते हैं। दीगर सियासतदानों की तरह नहीं कि लफ़्जों के मानी तक नहीं जानते लेकिन उनका बेदरेग़[33] इस्तेमाल करते चले जाते हैं।

गुजराल साहिब बैनुल अक़्वामी[34] सियासी हालत पर कितनी गहरी नज़र रखते हैं, इसकी मिसाल पेश करने के लिए मैं आप हज़्रात की तवज्जोह उनके इस मज़्मून की जानिब मब्ज़ूल[35] करवाना चाहता हूँ जो अभी दो हफ़्ते पहले रोज़नामा 'सियासत' में शाए हुआ था। उन्होंने सोवियत यूनियन के बदलते हुए हालत का तफ़्सीली जाइज़ा लेते हुए यह पेशीनगोई[36] की थी कि सोवियत यूनियन में गोर्बाचोफ़ को इक़्दार से हटाने के लिए बहुत जल्द बग़ावत बरपा हो जाएगी और इस मज़्मून की इशाअत के 24 घंटों में सोवियत यूनियन में बग़ावत हो गई। अगर गोर्बाचोफ़ ने एक दिन पहले यह मज़्मून पढ़ लिया होता तो उनकी वो हालत ना होती जो आज येल्तिसिन के हाथों होती दिखाई देने लगी है। उर्दू ना जानने का यही तो नुक़्सान है।

मुझे इस वक़्त सोवियत यूनियन के एक सीनियर डिप्लोमेट की बात याद आ रही है जिससे कुछ दिन पहले देहली की एक महफ़िल में मुलाकात हुई तो मैंने सोवियत यूनियन का हाल पूछा। उसने राज़दाराना अदांज़ में मुझसे कहा था, "जनाबे वाला! दुनिया के हर मुल्क का मुस्तक़्बिल ग़ैर-यक़ीनी होता है और उसके मुस्तक़्बिल के बारे में कोई पेशीनगोई नहीं की जा सकती। लेकिन सोवियत यूनियन दुनिया का बाहिद मुल्क है जिसके माज़ी[37] के बारे में कोई पेशीनगोई नहीं की जा सकती। हमें पता ही नहीं चलता कि आने वाले कल में हमारे माज़ी में क्या होने वाला है।" मुझे उस डिप्लोमेट की बात अच्छी लगी थी और आप देख रहे हैं कि लोग अब आंजहानी लेनिन के हालाते ज़िदगी को जो उनके जीते जी बहुत अच्छे थे, उनकी बफ़ात के कमोबेश सात दहों बाद बिगाड़ने में लगे हुए हैं। मगर गुजराल साहिब ने सोवियत यूनियन की हालीय[38] बग़ावत की कामयाब पेशीनगोई कर के यह साबित

कर दिया है कि आदमी में सही सियासी तदब्बुर[39] और सूझबूझ हो तो किसी भी मुल्क के मुस्तक़्बिल के बारे में पेशीनगोई की जा सकती है चाहे वो मुल्क सोवियत यूनियन ही क्यों न हो। गुजराल साहिब की यह अदा मुझे बहुत पसंद है कि सियासतदान होने के बावजूद वो अदीबों, फ़नकारों और दानिशवरों की सुहबत में अपने आपको ज़्यादा मुत्मइन और मस्रूर पाते हैं। उनके घर का माहौल भी कुछ ऐसा ही है। उनके भाई सतीश गुजराल हिंदुस्तान के मायानाज़ आर्टिस्ट हैं। उनकी बेगम मोहतरमा शीला गुजराल पंजाबी और हिंदी की मशहूर शाइरा हैं, निहायत रखरखाव की ख़ातून हैं। एक मक़ूला है कि हर बड़े आदमी की कामयाब ज़िंदगी के पीछे औरत का हाथ होता है बशर्ते कि औरत भी बड़े आदमी को बड़ा आदमी समझे। यह मोहतरमा शीला गुजराल की बड़ाई नहीं तो और क्या है कि वो भी गुजराल साहिब को बड़ा आदमी समझती हैं।

गुजराल साहिब ना सिर्फ बड़े दानिशवर और सियासतदान हैं बल्कि बहुत बड़े अदीब भी हैं। जब भी उन्हें फुर्सत नसीब होती है तो वह हिंदूस्तान के मुतआद्दिद रसाइल[40] के इलावा उर्दू के रोज़नामा 'सियासत' के लिए पांबदी से मज़ामीन लिखते हैं।

पिछले बरसों में मैंने गुजराल साहिब के कई दौर देखे हैं। मर्कज़ी विज़ारते इत्तिलाआत के वज़ीर वाला वो दौर भी देखा जब उनके चेहरे पर लेनिन-मार्का दाढ़ी नहीं थी (कत'ए कलाम मुआफ़! अब जबकि सोशलिस्ट मुल्कों में लेनिन के मुजस्समों को हटाया जा रहा है और उनकी तस्वीरें निकाली जा रही हैं, आने वाली नस्लों को हम गुजराल साहिब के हवाले से यह बता सकेंगे कि लेनिन की दाढ़ी कैसी थी और उनके नज़रीयात क्या थे) मैंने उनका वो दौर भी देखा है जब वो बाज़ाहिर इक़्तिदार[41] की कुर्सी पर नहीं थे, लेकिन उनके मुँह से निकला हुआ एक लफ़्ज़ बड़ी-बड़ी कुर्सियों पर बैठने वालों के लिए हुक्म का दर्जा रखता था। इसीलिए तो मेरा ज़ाती ख़याल यह है कि कुर्सी पर बैठकर कहा जाने वाला लफ़्ज़ ख़ुद अपने आप में कोई अहमियत नहीं रखता। अहमियत इस बात की होती है कि यह लफ़्ज़ किस के मुँह से अदा हो रहा है। मुझे याद है कि मेरे और मेरे बाज़ अहबाब के कई मुश्किल काम गुजराल साहिब के उस वक़्त के लफ़्ज़ों से पूरे हो गए थे जब वो इक़्दार की कुर्सी पर विराजमान नहीं थे। गुजराल साहिब का शख़्सी इक़्दार किसी भी कुर्सी का मर्हूने भिन्नत[42] नहीं रहा। यूँ कहिए कि उनका नाम ही एक मंसबे[43] जलीला[44] है।....

मेरे पास कहने को बहुत सी बातें हैं। लेकिन मुझे वक़्त की तंगी का अहसास है। आख़िर में इतना कहूँगा कि गुजराल साहिब अब सिर्फ़ एक फ़र्द नहीं रह गए हैं बल्कि हमारे कल्चर ही बेहतरीन रिवायात[45] की एक अलामत[46] बन गए हैं। उर्दू वालों के ए'तिमाद का नाम इंद्रकुमार गुजराल है। सेकुलरिज़्म का हिंदुस्तानी तर्जुमा

इंद्रकुमार गुजराल है। इन्सान दोस्ती और रवादारी को इंद्रकुमार गुजराल भी कहते हैं। मेरे साथ अक्सर यह होता है कि पुरआशोब[48] हाल को देखकर मैं खौफ़ज़दा सा हो जाता हूँ। देहली की धक्के खाती हुई और गिरती-पड़ती जिंदगी में मैं मायूस सा हो जाता हूँ तो ऐसे में अचानक न जाने क्यों गुजराल साहिब का ख़याल आ जाता है। मैं सोचता हूँ कि यह क्या कम है कि इस संगीन[48] दौर में गुजराल साहिब जैसी दो-एक शख़्सीयतें हमारे बीच मौजूद हैं। इस अहसास के साथ ही मैं इत्मीनान का एक लंबा साँस लेता हूँ और मेरे लिए इत्मीनान के इस लंबे साँस का नाम इंद्रकुमार गुजराल है।

(11 मई, 1990)

संदर्भ

1. अनुभूतियाँ, 2. सामने, 3.श्रद्धालु, 4. उपकारी, 5. उच्च शिक्षा, 6. विदेशी, 7. पूरी होशियारी से, 8. पोषित, 9. उदारता, 10. स्वर्गीय, 11. केंद्रीय सूचना मंत्री, 12. प्रसार तथा प्रचार, 13. अध्यक्ष, 14. व्यापक, 15.विस्तृत, 16. सत्ताधारी, 17. मुँह फेरना, 18. कार्यान्वित करना, 19. आवश्यक, 20. टालमटोल, 21. कहावत, 22. संवाद, 23. अध्याय, 24. ड्राफ्ट, 25. पंक्ति, 26. विशेष अधिकार, 27. पाठक्रम, 28. तुरंत अमल करना, 29. आंदोलन, 30. दूरदर्शी, 31. बुद्धिजीवी, 32. अर्थ, 33. निःसंकोच 34. अन्तर्राष्ट्रीय, 35. आकर्षित, 36. भविष्यवाणी, 37. भूतकाल, 38. इन्हीं दिनों की, 39. दूरदर्शिता, 40. बहुत से, 41. पत्रिकाएँ, 42. प्रकट रूप से, 43. आभारी, 44. उच्चपदवी, 45. परम्पराएँ, 46. प्रतीक, 47. विपत्तियों से भरा हुआ, 48. कठिन।

अपनी याद में

मुज्तबा हुसैन (जिन्हें मरहूम[1] कहते हुए कलेजा मुँह को आना चाहिए मगर जाने क्यों नहीं आ रहा) परसों इस दुनिया से रुख़्सत हो गए! ये उनके मरने के दिन नहीं थे क्योंकि उन्हें तो बहुत पहले न सिर्फ मर जाना बल्कि डूब मरना चाहिए था! सच तो ये है कि जिस दिन वो पैदा हुए थे तब से ही लगातार मरते चले जा रहे थे! गोया उन्होंने मरने में पूरे अस्सी साल लगाए! लोग एड़ियाँ रगड़-रगड़ कर मरते हैं ये एड़ियाँ रगड़-रगड़ कर जिंदा रहे! उनकी जिंदगी भी क़िस्तों में चल रही थी और मरे भी वो क़िस्तों में ही।

जब तक वो ज़िंदा रहे उन्होंने कभी पलटकर नहीं देखा (पलटकर देखते भी तो क्या देखते वहाँ कुछ था ही नहीं) अस्ल वजह ये थी कि मरहूम ने जब इस दुनिया में आँखें खोलीं तो देखने के लिए तो बहुत कुछ था लेकिन करने के लिए उनके पास कुछ भी नहीं था! क्योंकि देश को आज़ाद होने में सिर्फ ग्यारह बरस बाकी रह गए थे! उनकी बड़ी ख़्वाहिश थी कि देश की आज़ादी की जंग में भरपूर हिस्सा लें लेकिन सात-आठ बरस की उम्र में कौन उन्हीं जंगे आज़ादी में आने देता। बड़ी उम्र के लोग तो इस जंग में पहले ही से मसरूफ़ थे[2]! उनकी बड़ी तमन्ना थी कि अंग्रेज़ की लाठी खाएँ! चुनांचे जब जब वो इस तमन्ना का इज़हार अपने वालिद से करते तो वालिद की लाठी ज़रूर खाते! अंग्रेज़ की लाठी खाने में जो मज़ा था वो बाप की लाठी में कहाँ! जिन लोगों ने उस ज़माने में ग़ल्ती से भी अंग्रेज़ की लाठी खाई थी उन्हें देखिए कि आज कितने मज़े में हैं! और आज कितनी ऊँची-ऊँची कुर्सियों पर विराजमान है! चाहते तो वो भी ज़ी कड़ा करके ग्यारह साल की उम्र में भी जाते हुए अंग्रेज़ की आख़िरी लाठी खा सकते थे लेकिन मुश्किल ये थी कि मरहूम कुल नौ भाइयों में से एक थे और उनसे ऊपर के पाँच बड़े भाई इसी काम में लगे हुए थे। एक ही खानदान के कितने भाई आख़िर इस काम में लगे रहते। इसलिए ये हाथ पर हाथ धरे बैठे रहे! मरहूम की जिंदगी की ट्रेजिडी ये थी कि वक़्त उनकी जिंदगी में कभी वक़्त पर नहीं आया! हर काम या तो कब्ल अज़ वक़्त[3] क्या

या बाद अज़ वक़्त! गोया जिंदगी भर वक्त से आँख मिचौली खेलते रहे! यहाँ तक कि आँख मिचौली खेलते-खेलते उनका आख़िरी वक़्त आ गया! शादी भी की तो वक़्त से पहले, यानी उस उम्र में की जब इन्हें ये भी पता नहीं था कि लोग शादी क्यों करते हैं! चुनांचे शादी की पहली ही रात को मरहूम अपने कम उम्र दोस्तों के साथ चाँदनी रात में कबड्डी खेलने के लिए निकल पड़े। बुजुर्ग उन्हें ज़बरदस्ती पकड़ कर ले आए और तनूहाई में समझाया कि कबड्डी खेलना ही है तो अपनी नई नवेली दुल्हन के साथ खेलों। मूरहूम तैयार तो हो गए लेकिन ज़िद यही करते रहे कि वो अपनी बीवी के साथ खुली चाँदनी में कबड्डी खेलेंगे! उन्हें बाद में पता चला कि ये कबड्डी चाँदनी में नहीं खेली जाती! मरहूम की ज़िन्दगी में चाँद और चाँदनी दोनों की बड़ी अहमियत रही! पूरे चाँद को देखकर उनके वजूद में न जाने क्या हो जाता था कि आपे से बाहर हो जाते थे। अपनी नौजवानी में जब तक छोटे कस्बों और देहातों में रहे वो चाँदनी रातों में बावले से हो जाते थे और खेतों में बड़ी दूर तक निकल जाते थे! पता नहीं वो चाँद में क्या ढूँढ़ते थे बाद में वो रौशनी से जगमगाते हुए बड़े शहरों में रहने लगे और चाँद और चाँदनी दोनों ही धुँधला गए तो तब भी चाँदनी की तलाश में अँधेरे रास्तों पर निकल पड़ते! वो तो अच्छा हुआ कि एक अर्से बाद नील आर्मस्ट्रांग ने चाँद पर कदम रखा! ये नाराज़ से हो गए क्योंकि नील आर्मस्ट्रांग को वो अपना रक़ीब समझते थे। कहते थे अब चाँदनी उनके लिए कुँवारी और अछूती नहीं रह गई है! फिर चाँदनी की तरफ़ नजर उठाकर भी नहीं देखा! अगर कभी देखा तो उन पर पागलर्पन का दौरा नहीं पड़ा, क्योंकि अब चाँद उनके लिए परायी औरत की तरह था! रहने को घर नहीं था लेकिन मरहूम चाँद सूरज सितारे और ऐसी ही चीज़ों पर अपना पूरा हक़ बनाए रखने की ख़्वाहिश रखते थे! ऐसी ही ख़्वाहिशों की वजह से जिंदगी में भी कभी उन्हें सुकून न मिल सका! आदमी इतना छोटा और ख़्वाहिश इतनी बड़ी।

मरहूम ने जिंदगी में एक बार भरपूर इश्क़ भी किया लेकिन मामिला वही था कि ग़लत वक़्त पर किया। देखा जाए तो जिंदगी में जब उन्होंने सच्चा इश्क़ किया तो वो वक़्त बहुत सी मौजूँ[4] था क्योंकि मरहूम की उम्र उस वक़्त इक्कीस बाईस बरस की थी और यही उम्र इश्क़ करने के लिए बहुत मुनासिब होती है! लेकिन मस्ला ये था कि उस वक़्त के आने से पहले ही मरहूम ने न सिर्फ़ अनजाने में शादी कर ली थी बल्कि अनजाने में एक बच्चे के बाप भी बन गए थे। मरहूम अपने इस बाद अज़ वक़्त[5] इश्क़ को सही साबित करने के लिए अपने दिल को तसल्ली भी करते थे कि शादी तो माँ-बाप की मरज़ी से की थी अब इश्क़ अपनी मरज़ी से करेंगे! चुनांचे कुछ बरस अपनी मरज़ी से इश्क़ करते रहे ये और बात है कि बाद में महबूबा ने अपनी मरज़ी से कहीं और शादी कर ली। वक़्त ने मरहूम को अपने इश्क़ के जौहर दिखाने का मौक़ा नहीं दिया वर्ना तारीख़ में उनका दर्जा मजनूँ

फर्हाद और रोमियो वगैरा से कम न होता! उनका पहला इश्क़ तो नाकाम हो गया लेकिन ख़राबी ये हुई कि उस वक़्त तक उन्हें इश्क़ करने की आदत सी पड़ गई थी। बाद में जितने भी इश्क़ किए आदत से मजबूर होकर किए! चुनांचे अधेड़ उम्र में जब वो अपने माज़ी को याद कर के लम्बी आह भरते थे! ख़ुद उन्हें पता नहीं चलता था कि उस 'आह' का तअल्लुक़ किस भोली बिसरी महबूबा से है! वो तो अच्छा हुआ कि उनकी बीवी न सिर्फ़ सुघड़ और वफ़ाशिआर थी बल्कि इसे उनके मज़ाज और उनके मुआश्क़ों[6] का भी अंदाज़ा था पुराने ज़माने की औरत थी जिसकी ख़्वाहिश सिर्फ़ इतनी होती है कि उसका शौहर रात चाहे कहीं भी गुज़ारे सुबह उसे अपने घर के बिस्तर ही से उठना चाहिए। मरहूम ने सारी जिंदगी उसकी इस ख़्वाहिश का ज़ी जान से एहतिराम किया! आख़िरी उम्र में तो वो आपनी बीवी से भी चोरी छिपे इश्क़ करने लगे थे! चोरी छिपे इसलिए कि इस वक़्त तक मरहूम के घर में दो बहुएँ आ चुकी थीं और नवासे-नवासियों और पोते-पोतियों का आना जाना भी शुरू हो गया था! हाय कमबख़्त को किस वक़्त ख़ुदा याद आया।

ग़लत वक़्त पर आदमी सही काम करना चाहे तो हमेशा मुश्किल पेश आती है। वक़्त ने यहाँ भी उनका साथ नहीं दिया। आख़िरी उम्र में मरहूम की अटूट वफ़ादारी को देखकर उनकी बीवी हमेशा इस ख़्वाहिश का इज़हार करती थी कि उसका दम मरहूम की बाँहों में ही निकले लेकिन मरहूम की ये बड़ाई नहीं तो और क्या है कि हमेशा उसको ये कहकर चुप करा देते थे कि ऐसा हरगिज़ नहीं हो सकता। मैंने जब तुम्हें अपनी बीवी बनाया है तो अब बेवा भी बनाऊँगा! बीवी बनाना तो मेरे इख़्तियार में नहीं था लेकिन बेवा बनाना तो मेरे इख़्तियार में है! मरहूम बात के बड़े धनी थे! साठ बरस से भी ज़्यादा अपनी बीवी के साथ जैसे तैसे गुज़ार कर उसे बेवा का दर्जा देकर उस दुनिया में कूच कर गए।

मरहूम ने जब होश सँभाला (यूँ तो सारी जिंदगी उनके होश उड़े रहे लेकिन बुरा वक़्त आने पर कभी-कभी वो अपने होश सँभाल भी लेते थे) देश आज़ाद हो गया था! लेकिन लोगों की समझ में नहीं आ रहा था कि वो आज़ादी को लेकर क्या करेंगे। अज़ीब दौर था। न सिर्फ़ देश तक़्सीम हो गया था बल्कि ख़ानदान भी तक़्सीम हो रहे थे। जगह-जगह फिर्क़ावाराना फ़सादात भी हो रहे थे। उन्हीं दिनों बारह बरस की उम्र में उन्होंने अपने मामू को एक फिर्क़ावाराना फ़साद में अपनी आँखों के सामने बल्वाइयों के हाथों हलाक होते हुए देखा! ये मंजर उनकी आँखों में मरते दम तक ताज़ा रहा लेकिन इस मंजर ने कभी उनके अंदर इंतक़ाम के जज़्बात को पैदा नहीं होने दिया! ये ज़रूर हुआ कि इस हादसे को भुलाने के लिए उन्होंने अपना ज़्यादा से ज़्यादा वक़्त दोस्तों में गुज़ारना शुरू किया! मरहूम ने अपनी तालिब इल्मी का ज़्यादातर वक़्त होटलों में गुज़ारा! बाद में अपनी गृहस्थी बसाने की बारी आई तो जिंदगी भर घर में यूँ रहे जैसे कोई होस्टल में रहता है। रातों को देर से

घर वापस आना और दूसरे दिन अलीउलसुब्ह[7] घर से निकल जाना मरहूम का म़ामूल[8] था! अगर किसी दिन गलती से जल्दी घर वापस आ जाते तो उनके घर वाले परेशान हो जाते थे कि कहीं उनकी तबीयत तो खराब नहीं हो गयी है! आख़िरी उम्र में तो वो अपने आप को सेहतमंद साबित करने की कोशिश में जानबूझकर देर से घर आने लगे थे! क्योंकि उनके देर से घर आने की सारी वज्हें ख़त्म हो चुकी थीं।

लोग अक्सर सवाल पूछते हैं कि ऐसा बेढंगा आदमी कलमकार कैसे बन गया! सवाल पूछने वालों को मालूम होना चाहिए कि बेढंगा आदमी ही कलमकार बनता है! लेकिन मरहूम के साथ एक और मस्ला ये था कि जिंदगी में जो कुछ वो बनना चाहते थे वो बनने की कोशिश नहीं की! दोस्तों और लोगों ने उन्हें जो कुछ बनाना चाहा वो बनते चले गए! वो तो अच्छा हुआ कि किसी ने इन्हें जेब कतरा बनाने की कोशिश नहीं की वर्ना वो भी बन जाते! वो अपने दोस्तों और चाहने वालों की बात को कभी भी टालने के क़ाईल नहीं थे! जितनी भी तालीम दोस्तों के कहने से हासिल कर सकते थे वो हासिल की फिर दोस्तों के कहने पर ही हैदराबाद के रोज़नामा 'सियासत' में काम करने लगे! उन दिनों सरकारी नौकरियों का मिलना यूँ भी मुश्किल था! शुरू में इस अख़बार में सीधे-सादे सहाफ़ी[9] की तरह काम करते रहे। उस अख़बार में तंज़ो मज़ाह का एक कालम होता था जैसे उस ज़माने के एक मशहूर अदीब शाहिद सिद्दीकी लिखा करते थे ये। 1962 ई. की बात है एक दिन ये अदीब अल्लाह को प्यारे हो गए तो अख़बार के इंतजामियाँ ने उन्हें हुक्म दिया कि वो तंज़ो मज़ाह का ये कालम लिखने की ज़िम्मेदारी सँभाल लें। उससे पहले उन्हें पता नहीं था कि तंज़ किसे कहते हैं और मज़ाह किस चिड़िया का नाम है। बहुत मना किया! हाथ-पैर जोड़े कि ये काम उन्हें न सौंपा जाए, लेकिन उनकी एक न चली! लोग पेट के लिए रोते हैं ये पेट के लिए हँसने लगे। आदमी चूँकि डरपोक थे इसीलिए अपने मज़ामीन में दूसरों का मज़ाक उड़ाने के बजाय अपना मज़ाक उड़ाने लगे थे ये सबसे आसान तरीक़ा था! मगर बाद में कुछ तन्कीद निगारों[10] ने उनकी तारीफ़ में ये कहना शुरू कर दिया कि दूसरों का मज़ाक़ तो हर कोई उड़ाता है लेकिन खुद अपना मज़ाक़ उड़ाना बड़ा हिम्मत का काम है। इस तारीफ़ से वो इतना खुश हुए कि जिंदगी भर तंज के अपने ही तारों से अपने आपको हलकान करते रहे! इतने कम मुआवजे[11] में शायद ही किसी ने अपने आप को इतना लहूलुहान किया हो! बस, इतनी ही वज़ा थी उनके तंज निगार बनने की! लोगों ने उन्हें सर आँखों पर बिठाया! चाहते तो वो उन्हें किसी बड़ी कुर्सी पर भी बिठा सकते थे। लेकिन वहाँ पहले ही से लोग बैठे हुए थे! इसलिए मरहूम को जिंदगी भर अपने चाहने वालों के सर आँखों पर ही बैठना पड़ा और वहीं बैठे-बैठे उन्होंने पन्द्रह किताबें लिखीं।

जैसा कि पहले भी कहा जा चुका है कि मरहूम जिंदगी भर कभी वो न बन सके जो बनना चाहते थे। हमेशा वो बने जो लोग बनाना चाहते थे! उम्र के

आख़िरी हिस्से में उन्हें पता चल गया था कि तंजो मज़ाह वो बिल्कुल नहीं लिख पाते क्योंकि अंदर से वो बहुत ग़मग़ीन आदमी थे! दोस्तों की महफ़िलों में जी खोल कर हँसते और क़हक़हे लगाते थे। दुनिया को दिखाने के लिए उन्हें ऐसा करना पड़ता था, लेकिन जब तनहा होते तो यहाँ तक सोचते कि क्यों न ख़ुदकुशी कर लें। इस मामिला में दोस्तों से मशविरा[12] भी किया! एक दोस्त ने कहा कि उन्हें खुदकुशी कर लेना चाहिए। वो इसके लिए तैयार भी हो गए थे। लेकिन ठीक इसी वक़्त दूसरे दोस्त ने उन्हें ऐसा करने से मना कर दिया। दोस्तों की बात वो कभी नहीं टाल सकते थे! इसलिए दोनों को एक दूसरे से मिला दिया कि उनकी खुदकुशी के मामिले में पहले वो मुत्तफ़िक़[13] हो जाएँ तो फिर कोई फैसला करें! दोनों दोस्त इस मसले पर बरसों तबादलए ख़्याल[14] करते रहे और किसी नतीजा पर नहीं पहुँचे! लिहाज़ा उन्हें बेकार ही जिंदा रहना पड़ा! आख़िर में वो दोनों दोस्त तबादलए ख़्याल करते खुद अल्लाह को प्यारे हो गए।

मरहूम ने अपनी नौजवानी के दिन हैदराबाद में गुज़ारे थे उन्हें वो गलियाँ हमेशा याद आती थीं जिनमें अपनी जवानी खोने के इलावा बहुत कुछ खोया था! मगर वो शहर जिनमें वो बाद में रहे कभी उनकी जिंदगी का हिस्सा न बन सके! जहाँ उन्होंने खोया कम और पाया ज़्यादा था! मरहूम को घाटे का सौदा बहुत पसंद था! हैदराबाद से निकलकर उन्होंने मुल्कों मुल्कों की सैर की! बर्रे-आज़म[15] आस्ट्रेलिया को छोड़कर सारे बर्रे आजमों की सैर की और दिलचस्प बात ये थी कि सफ़र अपने पल्ले से पैसा खर्च करके नहीं किए! उनके चाहने वालों ने न सिर्फ उनके सफ़र का किराया अदा किया बल्कि सामाने सफ़र भी दोस्तों ने ही दिया! इतने सारे शहरों की सैर करने के बाद भी कोई शहर उनके दिल में हैदराबाद की जगह न ले सका! हैदराबाद को छोड़े हुए तीस बरस बीत गए थे! सच तो ये है कि अब इस शहर में उनके दोस्त अहबाब तो क्या रिश्तेदार भी कम ही बाकी रह गए थे! पता नहीं क्या ढूँढ़ने जाते थे! उन गलियों और सड़कों के ख़दो खाल ही बदल गए थे जहाँ वो कभी ठोकरें खाया करते थे वहाँ अब बड़ी-बड़ी बिल्डिंगें खड़ी थीं! इन्हें अपने ज़हन से हटाकर वहाँ चालीस-पचास बरस पुराने कच्चे पक्के मकान खड़े कर देते थे। और जो कुछ उनकी नंगी आँखों के सामने अब मौजूद नहीं था उसे देखकर ख़ुश होते थे! हैदराबाद अस्ल में उनके लिए बाहर आबाद नहीं था बल्कि उनके अंदर आबाद था! दोस्तों से बड़े फ़ख्र से कहा करते थे कि हैदाराबाद में बीसवीं सदी की पाँचवीं और छठी दहाई में जैसा चाँद निकला करता था वैसा चाँद अब दुनिया में कहीं नहीं निकल पाता! पता नहीं किस चाँद और किस सूरज की बात करते थे! यूँ भी एक लम्बे अर्से से उन्होंने चाँद की तरफ़ देखना भी छोड़ दिया था।

मरहूम ने अगरचे कभी अपने आपको अदीब[16] नहीं माना लेकिन उन्हें कई अस्ली इनामात भी मिले थे। अस्ली इनाम इसलिए कि उन्होंने और अदीबों की तरह

उन इनामात को हासिल करने की कोशिश नहीं की थी! कभी-कभी तो उन्हें भी शक सा होने लगता था कि कहीं वो वाकई अदीब तो नहीं बन गए हैं! मरहूम की खूबी ये थी कि वो ग़लतफ़हमी में तो मुब्तिला हो सकते थे लेकिन खुशफ़हमी को कभी अपने पास फटकने नहीं देते थे! उनकी नाकाम व नामुराद जिंदगी का यही राज़ था।

जैसा कि पहले कहा जा चुका है मरहूम जिंदगी भर रातों को देर से घर आने के आदी रहे! आख़िरी उम्र में जब उनके पास देर से घर वापस आने की सारी वजहें ख़त्म हो चुकी थीं तब भी वो रातों को देर गए तक एक वीरान पार्क में एक टूटी-फूटी बेंच पर अकेले बैठा करते थे। वो चाहते तो किसी खुशनुमा पार्क की अच्छी और आरामदेह बेंच पर भी बैठ सकते थे लेकिन कहते थे कि खुशनुमा[17] और आरामदेह[18] चीज़े उन्हें काट खाने को दौड़ती हैं। वीरान जगहों पर बैठ कर आदमी को अपना सुनहरा माज़ी और भी खुला और रौशन नज़र आता है! पता नहीं इस बेंच पर बैठकर क्या सोचते थे मुस्तक़्बिल[19] के बारे में तो वो सोच नहीं सकते थे क्योंकि उनके पास बचा ही कितना था।

करोड़ों बरस पुरानी दुनिया में बीसवीं और इक्कीसवीं सदी के बीच ये जो अस्सी बरस उन्हें मिले थे उनसे वो मायूस बिलकुल नहीं थे! कभी-कभी मौज में होते तो अपना मुकाबिला दुनिया की बड़ी हस्तियों से कर के उन हस्तियों को आन की आन में चित कर देते थे! अपने आपको सिकंदरेआज़म से बड़ा इसलिए समझते थे कि सिकंदरेआज़म ने लता मंगेशकर का गाना नहीं सुना था! अकबरेआज़म को भी अपने आगे हेय समझते थे कि उसने दीवाने ग़ालिब नहीं पढ़ा था! एक बार जूलियस सीज़र को सिर्फ़ इस बात पर अपने से छोटा क़रार दे दिया था कि उसे शेक्सपियर का ड्रामा जूलियस सीज़र पढ़ने का मौक़ा नहीं मिला था। लोगों ने समझाया कि जूलियस सीज़र खुद अपना ड्रामा पढ़ कर क्या करता! कहने लगे कि जूलियस सीज़र ने अपने आपको शेक्सपियर की नज़र से देखा ही कहाँ था! एक बार देख लेता तो उसे अपनी अज़मत का अंदाजा हो जाता! जंगल में मोर नाचा किसने देखा! एक बार तो बड़े ग़ुलाम अली खाँ की आड़ लेकर नेपोलियन की ऐसी तैसी कर दी थी! हद हो गई कि मरने से कुछ दिन पहले वो कार्ल मार्क्स को सिर्फ़ इसलिए अपने से कमतर समझते थे कि कार्ल मार्क्स ने भीमसेन जोशी का गाना नहीं सुना था।

गरज़ मरहूम ऐसी ही ऊटपटाँग बातें सोच कर अपनी बेमज़ा और बेरंग जिंदगी में रंग भरते रहे। उनके सारे दोस्त एक-एक करके उस दुनिया से उठ गए थे! उनके लिए उन दोस्तों की याद के बोझ को उठाना दूभर होता जा रहा था। एक दिन वीरान पार्क की इसी पुरानी बेंच पर बैठकर उन्होंने हिसाब लगाया कि इस शहर में अब उनके सिर्फ़ चार दोस्त बाकी रह गए थे! और उन्होंने अचानक फैसला किया

अब मरने में ज़्यादा देर नहीं करनी चाहिए। क्योंकि उनके जनाज़े को काँधा देने के लिए कम से कम चार आदमियों का होना तो ज़रूरी था! कहने को उनके दो जवान बेटे भी थे लेकिन मरहूम का ख़्याल था कि दोस्तों के कंधों पर दोस्त की लाश का बोझ बेटों के कंधों पर बाप की लाश के बोझ से कहीं ज़्यादा हलका महसूस होता है! नाप-तौल का ये नया पैमाना भी उनका अपना था! मरने से दो दिन पहले यही सोच कर वीरान पार्क से जल्दी घर वापस आ गए! उनकी बीवी परेशान हो गई कि कहीं उनकी तबीयत तो ख़राब नहीं हो गई! बोले अब तो तबीयत के सँभलने की बारी आ गई है! इस रात उन्होंने फर्माइश कर के अपनी बीवी से बैंगन का भरता बनवाया! जिसे वो बहुत शौक़ से खाते थे! दूसरे दिन वो बहुत देर तक अपने ही घर में सोते रहे! घर वालों के लिए ये अनोखी बात थी। शाम को वो अपने उन चारों दोस्तों से मिलने के लिए चले गए! इन सबको ताकीद की कि वो दूसरे दिन सुबह में उनके घर ज़रूर आ जाएँ। दोस्तों ने वजह पूछी तो कहने लगे कि एक ज़रूरी काम है जिसके लिए उनका आना निहायत ज़रूरी है। दूसरे दिन भी वो रात को जल्दी घर वापस आ गए। उनकी बीवी ने भुरते के बारे में पूछा तो बोले आज ख़्वाहिश नहीं है! आधी रात को अचानक वो नींद से जाग गए और बत्ती जलाकर किताबों की अलमारी में कुछ ढूँढ़ने लगे! एक-एक किताब खोल कर देखते जाते थे बीवी ने पूछा इतनी रात को क्या ढूँढ़ रहे हो। हँस कर बोले मुझे याद पड़ता है बीस बरस पहले मैंने तुमसे छिपाकर एक हज़ार रुपए के क्रंसी नोट उस अलमारी की किसी किताब में रख दिए थे! उन्हें ढूँढ़ रहा हूँ।

बीवी ने कहा सुबह को ढूँढ़ लेना ऐसी भी क्या जल्दी है। बोले, बीस बरस के बाद तो ये बात याद है अब भूल जाऊँगा तो फिर उसके याद आने में बीस बरस और लग जाएँगे।

आख़िरकार एक किताब में से सचमुच एक हज़ार रुपए के क्रंसी नोट निकल आए तो बहुत ख़ुश हुए! इन नोटों को अपनी बेगम के हाथों में थमाते हुए बोले, अब याद आया बीस बरस क़ब्ल जापान जाते हुए एयरपोर्ट जाने से पहले मैंने ये हिंदोस्तानी क्रंसी इस किताब में छिपा दी थी उसे अब अपने पास रखो! शायद तुम्हारे किसी काम आ जाए! ये कहकर वो गहरी नींद सो गए! दूसरे दिन सुब्ह में वो फिर देर तक अपने ही घर में सोते रहे! आख़िरकार उनके चारों दोस्त वक़्ते-मुक़र्ररा पर उनके बताए हुए ज़रूरी काम के सिलसिले में आ गए तो बच्चों ने इन्हें जगाने का फैसला किया! बच्चों ने उन्हें बहुत जगाया मगर मरहूम जागने पर राज़ी न हुए! जाग कर भी क्या करते अब दुनिया में उनके लिए कोई काम भी तो बाकी नहीं रह गया था! लता मंगेशकर का गाना वो सुन चुके थे। ग़ालिब और शेक्सपियर को पढ़ चुके थे। बड़े गुलाम अली खाँ और भीमसेन जोशी को भी निपटा चुके थे।

और तो और इन्हें वो एक हज़ार रुपए भी वापस मिल गए थे जिन्हें वो एक किताब में रख कर भूल चुके थे भला और जी कर क्या करते।

ख़ुदा ही बेहतर जानता है कि मरहूम दूसरी दुनिया में किस हाल में हैं लेकिन हम इतना ज़रूर जानते हैं कि अगर जन्नत में हैं तो ज़रूर हूरों के झुरमुट में होंगे और अपने आपको इसी तरह बना रहें होंगे जिस तरह हूरें इन्हें बनाना चाहती होंगी और अगर ख़ुदा न करे दोज़ख़ में हैं तो अपने जिस्म को बड़े जतन के साथ दमकते अंगारों पर इस तरह जलवा रहे होंगे कि कोई हिस्सा जलने से बाकी न रह जाए! मरहूम ने जिंदगी में जो भी काम किया वो सच्ची लगन के साथ किया! मरने के बाद वो भला अपनी आदतों को क्या भूल पाएँगे! फिर दोज़ख में उनके लिए ख़ुशी की बात ये भी होगी कि उनके बहुत से दोस्त जो इन्हें इस दुनिया में छोड़कर चले गए थे वहीं मौजूद होंगे! नीचे की दुनिया में अच्छी सोहबत में न रहने का फायदा दूसरी दुनिया में दोज़ख में पहुँचकर ही मिलता है।

दिलचस्प बात ये थी कि उनके मरने से अदब में कोई ख़ला पैदा नहीं हुआ क्योंकि मरहूम का दावा था कि लोग मरकर अदब में ख़ला पैदा करते हैं लेकिन उन्होंने जिंदा रहकर अदब में लगातार ख़ला पैदा किया था। उनकी जिदंगी और उनके अदब की यही बड़ाई है।

आख़िरी उम्र में वो अपने अज़ीज दोस्त शहरयार का ये शेर अक्सर गुनगुनाते थे–

जुस्तजू जिसकी थी उसको तो न पाया हमने
इस बहाने से मगर देख ली दुनिया हमने

(1990)

(हिंदी महानामा हंस के सम्पादक राजेंद्र यादव ने अपने रिसाले में अदीबों से Self obetuary लिखवाने का एक सिलसिला शुरू किया था ये उसी फर्माइश में लिखा गया था।)

संदर्भ

1. स्वर्गीय, 2. समय से पहले, 3. व्यस्त, 4. उचित, 5. समय के बाद, 6. प्रेम 7. तड़के, 8. नित्य नियम, 9. पत्रकार, 10. समालोचक, 11. प्रतिदेय, 12. सलाह, 13. सहमत, 14. विचार विनिमय, 15. महाद्वीप, 16. साहित्यकार, 17. प्रियदर्शक, 18. सुखदायी, 19. भविष्य।

●●●